高职高专规划教材

经济学基础

- 主 编 丁 勇 郭世静
- 副主编 邱林华

苏州大学出版社
Soochow University Press

图书在版编目(CIP)数据

经济学基础 / 丁勇，郭世静主编. -- 苏州：苏州大学出版社，2024.6
高职高专规划教材
ISBN 978-7-5672-4814-4

Ⅰ.①经… Ⅱ.①丁… ②郭… Ⅲ.①经济学-高等职业教育-教材 Ⅳ.①F0

中国国家版本馆CIP数据核字(2024)第099006号

Jingjixue Jichu
书　　名：经济学基础
主　　编：丁　勇　郭世静
责任编辑：施小占
装帧设计：刘　俊
出版发行：苏州大学出版社(Soochow University Press)
社　　址：苏州市十梓街1号　邮编：215006
印　　刷：镇江文苑制版印刷有限责任公司
邮购热线：0512-67480030
销售热线：0512-67481020
开　　本：787 mm×1 092 mm　1/16　印张：17　字数：383千
版　　次：2024年6月第1版
印　　次：2024年6月第1次印刷
书　　号：ISBN 978-7-5672-4814-4
定　　价：48.00元

图书若有印装错误，本社负责调换
苏州大学出版社营销部　电话：0512-67481020
苏州大学出版社网址　http://www.sudapress.com
苏州大学出版社邮箱　sdcbs@suda.edu.cn

前言

高等职业教育是我国高等教育的重要组成部分,高等职业教育的应用性、岗位性、可操作性等特点,要求在教学上改革传统教学模式,强调理论联系实际,加强实践操作,注重培养学生的职业技术能力。

本教材在保留经济学基本理论框架的基础上,致力教学内容的整合和提炼,用通俗易懂的文字向学生解释、说明经济学的基本概念、基本理论和基本分析方法,同时结合我国经济发展过程中遇到的实际问题,给予合理解释和说明,培养学生的经济学思维和分析问题、解决问题的能力。本教材具有以下三个方面的特点。

第一,内容充实,体系完整。本教材围绕经济学的基本问题,对经济学的基本理论、基本知识和基本分析方法做了全面的介绍,内容基本上反映了当代经济学发展的最新成果,形成了较为完整的知识体系。

第二,通俗易懂,喜闻乐见。本教材的读者群为高等职业院校的学生。为增强教学的实用性和教材的可读性,本教材通过丰富的案例、生动活泼的体例,以及大量的习题和延伸阅读来全方位、多角度解释经济学的基本原理。

第三,融会贯通,学以致用。本教材编写的宗旨是引导学生独立思考经济学问题,培养其运用经济学原理解决现实生活中的经济学问题的能力。为此,本教材设计了大量的技能训练项目,让学生边学边练,逐步提高经济分析能力。

本教材由江苏食品药品职业技术学院丁勇、郭世静主编,其中第1—7章由丁勇教授负责编写,第8章由邱林华编写,第9—12章由郭世静副教授编写。本教材的统稿和最后的文字润色由丁勇教授负责。平安证券有限公司投资银行总部执行总经理陆满平博士任本教材主审,并在审定过程中提出了许多宝贵意见,在此表示衷心感谢。

本教材在编写过程中引用了众多中外学者的观点,在此谨向这些学者致以由衷的敬意!

由于编者水平有限,本教材难免存在疏漏之处,敬请同行和读者批评指正,以便修订时加以改正、提高。

编 者

2024 年 3 月

目 录

第一章 经济学导论 ... 1
第一节 经济学的研究对象 ... 2
第二节 微观经济学与宏观经济学 ... 9
第三节 经济学的研究方法 ... 12

第二章 需求、供给与均衡价格 ... 16
第一节 需求理论 ... 17
第二节 供给理论 ... 22
第三节 均衡价格及其应用 ... 26
第四节 弹性理论及其应用 ... 30

第三章 消费者行为理论 ... 44
第一节 效用 ... 45
第二节 基数效用论 ... 46
第三节 序数效用论 ... 55

第四章 生产者行为理论 ... 66
第一节 企业与生产函数 ... 67
第二节 短期生产函数 ... 71
第三节 长期生产函数 ... 76
第四节 成本效益分析 ... 84

第五章 不同市场结构下的厂商均衡 ... 95
第一节 市场与市场类型 ... 96
第二节 完全竞争市场 ... 98
第三节 完全垄断市场 ... 106
第四节 垄断竞争市场 ... 111
第五节 寡头垄断市场 ... 117

第六章　生产要素价格及收入分配 …… 122

第一节　生产要素的需求与供给 …… 123
第二节　生产要素价格的决定 …… 127
第三节　社会收入分配 …… 135

第七章　市场失灵与微观经济政策 …… 142

第一节　外部性 …… 143
第二节　公共物品 …… 148
第三节　信息不对称 …… 151
第四节　垄断 …… 153

第八章　国民经济核算与收入决定 …… 158

第一节　国民收入核算理论 …… 159
第二节　总需求分析（一）：简单国民收入决定模型 …… 170
第三节　总需求分析（二）：IS-LM 模型 …… 176
第四节　总需求和总供给分析：AD-AS 模型 …… 180

第九章　失业与通货膨胀 …… 188

第一节　失业 …… 189
第二节　通货膨胀 …… 193
第三节　失业与通货膨胀的关系 …… 200

第十章　经济增长和经济周期 …… 207

第一节　经济增长 …… 208
第二节　经济周期 …… 215

第十一章　宏观经济政策 …… 222

第一节　宏观经济政策概述 …… 223
第二节　财政政策 …… 226
第三节　货币政策 …… 232

第十二章　开放经济下的国际贸易与国际金融 …… 243

第一节　国际贸易 …… 244
第二节　国际金融 …… 252

主要参考文献 …… 263

第一章 经济学导论

学习目标

1. 掌握稀缺性的含义；
2. 掌握机会成本与生产可能性曲线的含义；
3. 了解经济学的研究对象；
4. 了解各种经济体制及其资源配置方式；
5. 了解微观经济学与宏观经济学的基本内容及相互关系；
6. 了解实证分析与规范分析之间的差异。

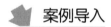

安吉余村的理性选择

浙江省安吉余村是国家 4A 级旅游景区、全国文明村。2020 年 3 月 30 日下午，正在浙江省考察调研的习近平总书记专程来到这里。这也是时隔 15 年，他重回故地。这次，他发现了一个跟 15 年前不一样的安吉余村，不仅环境美，而且产业兴、百姓富。可是，曾经的安吉余村，矿山、水泥厂遍布，虽然靠"卖石头"致了富，却破坏了山体，污染了水和空气，甚至还会发生矿山事故。安吉余村也想走生态优先、绿色发展之路，关停污染企业，可是直线下降的收入又让他们陷入犹豫和彷徨。

2005 年 8 月 15 日，时任浙江省委书记的习近平来到安吉余村调研，在座谈会上听了村里对未来发展有些困惑的汇报后，赞赏关停矿山、水泥厂是高明之举，并首次提出"绿水青山就是金山银山"的科学论断。"两山论"的提出，给安吉余村吃下了"定心丸"，也为安吉余村的发展指明了方向。打定主意的安吉余村，依托"竹海"资源和优美的自然环境，因地制宜地发展白茶、椅业等产业，还开起了民宿、农家乐，办起了漂流，大力发展生态休闲旅游经济。这些年，从杭州、上海等周边城市，甚至全国各地赶来休闲度假的游客络绎不绝。由此，安吉余村的经济也发展起来了。从"卖石头"到"卖风景"，安吉余村靠着"绿水青山"，实现了"金山银山"。

安吉余村通过走生态经济之路，既保护了绿水青山，又发展了经济，成为全国实践"绿水青山就是金山银山"发展理念的典范。

安吉余村的选择是"两山论"的生动实践，蕴含着丰富的经济学思想内涵。安吉余村把生态资源环境优势转化为经济优势、竞争优势和发展优势，体现了"绿水青山"这一稀缺资源配置和利用得当就能源源不断带来"金山银山"般价值创造的哲理。安吉余村的选择背后体现的是发展理念、发展模式、发展思路的深刻变革。

（资料来源：央视新闻客户端，2020-03-31，有改动）

案例思考：安吉余村是如何配置和利用"绿水青山"这一稀缺资源的？资源的稀缺性与经济学有何联系？

在西方，经济学被称作"社会科学的皇后、最古老的艺术、最新颖的科学"，这是一门让很多人感兴趣的学科。生活在当下，如果不懂一点经济学，不知道需求、供给、国内生产总值（GDP）、居民消费价格指数（CPI）、股票指数、个人所得税，你就会觉得仿佛置身于世外。那么，地位显赫、既古老又年轻的经济学是怎么产生的？经济学又是怎样一门学科？我们为什么要学习经济学，又怎样才能学好经济学？

第一节　经济学的研究对象

一、稀缺性与经济学

人类社会从产生开始就面临着各种各样的经济问题，这些问题的根源在于人类的欲望是无限的，而满足人类欲望的资源是有限的，这就是资源的稀缺性。经济学家认为，经济学就是为解决人类经济活动中经常面临的欲望的无限性与资源的稀缺性之间的矛盾而产生的。

欲望是指人们的需要，它是一种缺乏与不满足的感觉及求得满足的愿望。欲望是一种心理现象。由于人类需求层次的多样性，人的欲望是无穷无尽的。在一种欲望得到满足后（甚至还没有完全得到满足时），新的欲望就会产生。无穷的欲望都要靠资源所生产的物品与劳务去满足。

供人们消费的物品分为自由物品和经济物品两种。自由物品是现成的，相对于人类的欲望来说，其数量是无限的，且取用时不需要花费任何成本，如空气、阳光等；经济物品则需要人类去生产，而生产需要消耗资源，生产的数量取决于人类的生产能力和资源的数量，也就是说人类要得到经济物品是要花费成本的。在现实生活中，人类欲望的满足绝大多数依靠经济物品，而相对于人类的无限欲望来说，经济物品及生产这些经济物品的资源总是有限的，这就是稀缺性。

稀缺性是一个相对概念，即相对于人类欲望的无限性来说，经济物品和资源总是有限的。当然，稀缺性又是绝对存在的，它存在于人类历史的各个时期和一切社会。从历史上看，在原始社会，很多人没有足够的食物；而在封建社会，很多农民没有足够的土地。从现实中看,近年来很多国家出现了"电荒"和"油荒",有些非洲国家的国民得不到足够的食物和就业岗位,而有些欧洲国家因人口老龄化陷入劳动力供给不足的困境。

历史上,许多自然资源曾经被视为自由物品。随着社会的发展和技术的进步,人类利用自然资源的能力越来越强,因而自由物品的种类也越来越少。新鲜空气和自然界的水曾经被视为自由物品,但随着污染的加剧和使用量的增加,在许多地方,新鲜空气和水都已经成为稀缺性资源。

所以,稀缺性是一切经济问题产生的根源,经济学的研究对象也正是由这种稀缺性决定的。

二、经济学与资源配置

(一) 稀缺性与选择

稀缺性决定了每一个社会和每一个个人都必须做出选择。一种资源有多种用途,人们的欲望也有轻重缓急之分,因此,在用有限的资源去满足人类的不同欲望时,就必须做出选择。选择就是用有限的资源去满足什么欲望的决策或者说如何使用有限的资源的决策。这些选择构成了经济学的三大基本问题,即"生产什么""怎样生产""为谁生产"。

"生产什么",即将稀缺的资源用于生产什么产品及生产多少的问题。人们有各种欲望,而资源是有限的,这就需要选择究竟生产哪些产品,各生产多少,以满足人们哪些欲望及在多大程度上满足。例如,土地资源是有限的,可以用来种粮,也可以用来盖房,这都是人们需要的。那么究竟多少用来种粮、多少用来盖房,就是人们要进行选择的。

"怎样生产",即选择何种生产方式来生产。生产的过程是将生产资源进行组合的过程。不同的组合方式,得到的产量会存在差异。例如,同样的电器产品,可以采取完全自动化的流水线生产,也可以采用人工组装方式生产,前者投入的机器设备多,而投入的劳动少;后者投入的机器设备少,而投入的劳动多。究竟哪种方式最有经济效率,也是人们要进行选择的。

"为谁生产",即生产出来的产品分配给谁的问题。这是为了解决谁来享受经济活动的成果,根据什么原则、采用什么机制进行产品分配,分配的数量界限如何把握等问题。

稀缺性是人类社会永恒的问题,只要有人类社会存在,就会存在稀缺性,所以选择问题,也就是"生产什么""怎样生产""为谁生产"的问题,是人类社会所必须解决的问题。这三个问题通常被称为资源配置问题。

(二) 机会成本与生产可能性曲线

1. 机会成本

由于资源是稀缺的,因此产生了选择的必要性。选择就是善于利用有限的资源,"尽我们所有的,做我们最好的"。做出选择有所得就会有所失,这就是经济学家所说的"天下没有免费的午餐"。人们把某一既定资源投入某一特定用途所放弃的利用该资源在其他用途中所能获取的最大利益称为机会成本，也可以说是做出一种选择而放弃另一种选择的实际代价。例如，一个人选择上三年制高职，他就必须放弃三年工作所能得到的收入，放弃的这些工作收入就是选择上高职的机会成本。

2. 生产可能性曲线

生产可能性曲线可以用来说明稀缺性、选择和机会成本的关系。

生产可能性曲线又称生产可能性边界，它表示一个经济社会在一定的技术条件下，充分利用既定的社会资源所能生产的各种产品的最大数量的不同组合。

经济资源是稀缺的，这是西方经济学认定的一条普遍法则。可以用简单的数字和图形来说明资源的稀缺性。假设全社会的所有资源只用来生产黄油和大炮两种物品。大炮代表武器，能满足国民安全的需要；黄油代表食物，能满足国民温饱的需要。二者都是经济物品，必须消耗资源才能生产出来，在社会资源一定的情况下，多生产武器势必导致少生产食物，多生产食物则会导致少生产武器。

假定一个社会拥有一定量的资源，如全部用来生产大炮可以生产15万门大炮，如果全部用来生产黄油可以生产5万吨黄油，在这两种极端的可能性之间，还存在着大炮与黄油不同数量的组合，如表1-1所示。

表1-1 大炮与黄油生产可能性表

可能性	黄油/万吨	大炮/万门
A	0	15
B	1	14
C	2	12
D	3	9
E	4	5
F	5	0

根据表1-1，我们可以作出图1-1。在图1-1中，连接 A、B、C、D、E、F 点的 AF 线是在资源既定和技术水平不发生重大变化的条件下所能达到的大炮与黄油最大产量组合，被称为生产可能性曲线或生产可能性边界。AF 线上的任何一点（如 C 点，代表了2万吨黄油和12万门大炮）都是资源被充分利用时所能达到的最大产量组合。AF 线内的任何一点（如 G 点，代表了2万吨黄油和6万门大炮）都是在现有资源和技术水平条件下能够达到的产量组合，但是存在着资源浪费的现象。AF 线外的任何一点（如 H 点，代表了4万吨黄油和12万

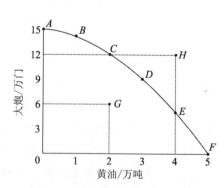

图1-1 大炮与黄油生产可能性曲线

门大炮）则是在现有资源和技术水平条件下无法达到的产量组合。

"大炮与黄油的矛盾"使得我们面临着选择的问题，即如何利用有限的资源去生产尽可能多的经济物品，以最大限度地满足自身的各种欲望。

三、经济学与资源利用

在现实中，人类社会往往面临这样一种矛盾：一方面资源是稀缺的，另一方面稀缺的资源还得不到充分利用。

这种情况说的就是产量组合没有落在生产可能性曲线上，而是落在生产可能性曲线的里面（图1-1中的G点）。这说明在现实生活中，尽管资源与经济物品是稀缺的，但是仍然存在着资源与经济物品的浪费和不合理使用问题。当然，人类社会为了更好地生存和发展，不能仅仅满足于达到生产可能性曲线的水平，还要使既定的资源生产出更多的经济物品（图1-1中的H点）。这样就引出了另一个问题，即资源利用问题。所谓资源利用，就是人类社会如何更好地利用现有的稀缺资源，生产出更多的经济物品。

资源利用问题包括这样几个相关的问题：第一，在资源既定的情况下，如何使稀缺资源得到充分的利用，使产量达到最大；第二，为什么产量不能始终处于生产可能性曲线上，而是时高时低，也就是说在现实中经济为什么会经常发生波动；第三，货币实际购买力的变动会对产量产生什么样的影响。

由上可见，稀缺性不仅引起了选择问题（资源配置问题），而且还引起了资源利用问题。经济学产生的根源在于稀缺性，因而经济学以资源配置和资源利用为研究对象。这样，我们就可以给经济学下一个完整的定义了，即经济学是一门研究稀缺资源的配置和利用的科学。这个含义由三个重要概念组成，即人类无限的欲望、经济物品和资源的稀缺性及由此产生的资源配置和资源利用问题。

延伸阅读

曼昆的"经济学十大原理"

关于经济学的基本原理，就像经济学的定义一样，众说纷纭。美国经济学家N. 格里高利·曼昆在其代表作《经济学原理》中阐述了经济学十大原理。

原理一：人们面临权衡取舍。

原理二：某种东西的成本是为了得到它所放弃的东西。

原理三：理性人考虑边际量。

原理四：人们会对激励做出反应。

原理五：贸易可以使每个人的状况都变得更好。

原理六：市场通常是组织经济活动的一种好方法。

原理七：政府有时可以改善市场结果。

原理八：一国的生活水平取决于它生产物品与劳务的能力。

原理九：当政府发行了过多货币时，物价上升。

原理十：社会面临通货膨胀与失业之间的短期权衡取舍。

四、经济学与经济体制

所有的社会和国家都要面对资源稀缺性问题，也就是说要解决资源配置和资源利用问题，由于历史的和现实的原因，各国解决这两个问题的方式不尽相同。经济资源配置和资源利用的具体方式就是经济体制（也称经济制度），根据资源配置和资源利用方式的不同，可以将经济体制划分为四类：自然经济、市场经济、计划经济和混合经济。

（一）自然经济

自然经济的特点是每个家庭或村落生产他们消费的绝大部分物品，只有极少数物品与外界交换。在这种经济体制下，资源配置和资源利用由居民个人的直接消费需求决定，经济效率十分低下。

（二）市场经济

市场经济是指将市场作为资源配置的主要方式的一种经济体制。在市场经济体制下，资源配置是通过市场机制或价格机制实现的。在市场经济中，生产者、经营者和消费者是相互独立的，政府对企业的经营决策一般不进行直接干预，生产什么、生产多少和如何生产完全由企业按照自己的经营目标，根据市场价格的变动和市场供求状况来决定。在这里，市场机制或价格机制就如同一只"看不见的手"引导着生产者、经营者和消费者的经济活动，从而支配着资源在全社会范围内的配置。

（三）计划经济

计划经济是指根据政府计划调节经济活动的一种经济体制。其特点是生产要素公有并由政府统一管理。一般是政府按事先制订的计划，提出国民经济和社会发展的总体目标，制定合理的政策和措施，有计划地安排重大经济活动，引导和调节经济运行方向。产品数量、品种规划、价格、消费和投资方向及规模、就业和工资水平等都由政府计划决定。

（四）混合经济

混合经济是指既有市场调节，又有政府干预的一种经济体制。混合经济的基本特征是生产资料私人所有和国家所有相结合，自由竞争和政府干预相结合，因而它也是垄断和竞争相混合的经济。在这种经济体制下，市场机制和政府干预相互协调、取长补短，能够较好地解决资源配置和利用问题。

综上所述，解决资源稀缺性问题离不开一定形式的经济体制，因此应将经济学放到一定的经济体制下来讨论和研究。起源于西方发达国家的经济学，其研究的总背景是市场经济。市场是人类迄今发现的最为有效的资源配置方式，目前世界上绝大多数国家和地区都在实行市场经济。经济学不去研究自给自足的自然经济和完全的计划经济分别是如何运行的，也没有过多关注自然经济或计划经济如何过渡到市场经济。它是研究在市场经济条件下，人们如何决定"生产什么""怎样生产""为谁生产"的科学。

五、经济学的发展历程

经济学作为一门社会科学，主要研究人类的行为，尤其是市场体系中人的行为，市场经济则是随着资本主义生产方式的兴起而产生的，因此在历史上绝大部分时间里，经济学不是脱离一般社会思想的独立体系，甚至到了18世纪晚期，经济学的创始人亚当·斯密还把经济学看作法律学的一个分支。根据不同历史时期的经济学思想与理论的发展特点，经济学发展可以分为以下四个阶段。

（一）重商主义

经济学思想最早产生于古希腊思想家的著作中，色诺芬在其《经济论》中第一次提出"经济学"这个词，柏拉图和亚里士多德等均在其著作中或多或少地涉及了经济学的一些理论和概念。他们的经济学思想经古罗马人、早期基督教和欧洲中世纪的经院学派的继承与发展，到了资本主义早期发展阶段，产生了一个有较大影响的思想流派——重商主义。

重商主义产生于15世纪，终止于17世纪中期，其代表人物包括英国人约翰·海尔斯、托马斯·曼，法国人安·德·孟克列钦和法国人让-巴蒂斯特·科尔贝尔等。重商主义的基本观点是：① 金银形态的货币是财富的唯一形式；② 一国财富的来源主要依靠对外贸易，即社会财富主要来源于流通领域；③ 增加社会财富的方法就是扩大出口，限制进口；④ 主张国家干预经济，即利用国家的力量限制进口，增加出口，实行贸易保护主义。

重商主义的这些主张反映了原始积累时期资本主义经济发展的要求，从现在的观点来看，他们的很多观点是错误的，同时也没有形成一个完整的经济学理论体系，并且他们的研究领域主要集中于流通领域，因而还不能称之为真正的经济学，只能说是经济学的早期阶段。

（二）古典经济学

古典经济学从1776年开始，至1870年结束，是经济学的形成时期。1776年，英国经济学家亚当·斯密发表的代表作《国民财富的性质和原因的研究》（简称《国富论》）的出版，标志着古典政治经济学理论体系的建立。古典经济学的其他代表人物还有大卫·李嘉图、约翰·斯图亚特·穆勒等。

古典经济学把经济学的研究从流通领域转向生产领域，使经济学真正成为一门拥有独立体系的科学。古典经济学以研究国民财富如何增长为中心内容，确立了物质财富观，与重商主义不同，他们认为财富是物质产品而不仅仅是货币，认为增加国民财富的途径是通过增加资本积累和社会分工来发展生产。围绕这一点，古典经济学全面系统地研究了经济增长、价值、价格、收入分配等一系列经济问题。在政策主张上，古典经济学主张自由放任，即政府不干预经济。他们认为市场体系中的价格是只"看不见的手"，由其来调节经济，可以把个人的利己行为引向增加国民财富和社会福利的行为，因此，价格调节经济就是正常的自然秩序，政府也就没有必要去干预经济的运行了。自由放任是古典经济学的核心，反映了自由竞争时期经济发展的要求。

（三）新古典经济学

19世纪70年代奥地利经济学家门格尔、英国经济学家杰文斯和法国经济学家瓦尔拉斯等人不约而同地提出了边际效用价值论，即认为商品的价值取决于人们对商品效用的主观评价，被称为"边际革命"。1890年马歇尔出版其代表作《经济学原理》，综合了上述三人和当时其他一些经济学家的代表观点，形成了一个综合的、折中的经济学理论体系。

新古典经济学坚持自由放任思想，认为政府不应干预经济，因而是古典经济学的延续。之所以称之为新，是为了表明其与古典经济学的区别，其采用一种新的分析方法——边际分析法，同时也将经济学的研究重点从生产转向消费和需求，将资源配置作为经济学研究的中心，主要探讨价格如何调节经济以实现资源的最优配置，因而也被称为价格理论。这一阶段是微观经济学的形成时期。

（四）当代经济学

当代经济学是以20世纪30年代凯恩斯主义的出现为标志的。凯恩斯在1936年出版了其代表作《就业、利息和货币通论》，打破了自由放任的经济学传统思想，主张国家干预经济，同时提出了国民收入决定理论，从而创立了现代宏观经济学的基本框架和内容体系。

在凯恩斯经济学理论的指导下，第二次世界大战后西方各国开始加强政府对经济的干预。美国经济学家保罗·萨缪尔森把凯恩斯的宏观经济学与新古典经济学派的微观经济学结合在一起，形成了新古典综合派，也形成了当代经济学由微观和宏观两部分共同组成的格局。新古典综合派是20世纪50年代到60年代的主流经济学派别。20世纪60年代末美国等国出现的滞胀又引起了经济学家对国家干预主义的再思考，从而导致自由放任思想的再度复兴，以弗里德曼、卢卡斯和科斯等为代表的一大批当代著名经济学家都是自由放任思想的拥护者。

当代经济学是一个综合了微观经济学和宏观经济学的庞大理论体系，在其内部流派林立、分歧巨大，但是我们可以根据经济思想的不同而将其划分为两大派别：一派是新古典主义经济学，也称新自由主义经济学，他们坚持了古典经济学和新古典经济学的传统，主张自由放任，政府不干预或少干预经济；另一派是新凯恩斯主义经济学，也称新干预主义经济学，他们继承和发展了凯恩斯的经济学理论，主张政府干预经济。

同步练习

一、单项选择题

1. 经济学研究的基本问题是（　　　）。
   A. 生产什么　　　B. 怎样生产　　　C. 为谁生产　　　D. 以上都是

2. 资源的稀缺性是指（　　）。
A. 世界上的资源最终会因人们生产更多的物品而消耗光
B. 相对于人类无穷的欲望而言，资源总是不足的
C. 生产某种物品所需资源的绝对数量很少
D. 因存在资源浪费而产生的稀缺
3. 下列物品，不是经济物品的是（　　）。
A. 手机　　　　　B. 彩电　　　　　C. 空气　　　　　D. 汽车
4. 下列选项，说明了稀缺性的是（　　）。
A. 某些国家总是在生产可能性边界之内进行生产
B. 尽管资源是有限的，但是资源浪费大量存在
C. 资源的数量总是能保证生产出足够多的产品
D. 资源是有限的，而欲望是无限的

二、判断题

1. 资源的稀缺性决定了资源可以得到充分的利用，不会出现资源浪费的现象。
（　　）
2. "生产什么""怎样生产""为谁生产"这三个问题被称为资源利用问题。
（　　）
3. 自由物品是指在任何一个时期，都不需要支付代价即可取得的物品。（　　）
4. 资源丰富的国家不需要研究资源配置和资源利用问题，只有资源贫乏的国家才必须研究这些问题。（　　）
5. 我国现在实行的是计划经济体制。（　　）

第二节　微观经济学与宏观经济学

根据经济学理论研究解决的问题不同，经济学从总体上可以分为微观经济学和宏观经济学。前者研究资源配置问题，后者研究资源利用问题。

一、微观经济学

微观经济学以单个经济主体为研究对象，通过研究单个经济主体的经济行为和相应的经济变量来说明价格机制如何决定社会的资源配置。微观经济学主要包括需求理论、消费者行为理论、生产者行为理论、厂商均衡理论、分配理论、微观经济政策等内容。

微观经济学具有以下四个特点。

第一，研究对象是单个经济主体，即市场经济中具有自主经济活动能力的个人、家庭和厂商，其中个人、家庭是市场经济中的消费者，厂商是市场经济中的生产者。

第二，解决的问题是资源配置问题，力求使有限的资源为社会带来最大的经济福

利。对于消费者来说，就是如何以有限的收入更多地购买各种商品和服务，从而实现满足程度的最大化；对于生产者来说，就是如何把有限的资本用于各种物品的生产，从而获得最大的利润。

第三，中心理论是价格理论。微观经济学认为，在市场经济中，生产者和消费者的行为都受到价格支配，价格这只"看不见的手"调节整个社会的经济活动，使社会资源的配置达到最佳状态。

第四，研究方法是个量分析。个量分析研究经济变量的单项数值是如何决定的，主要分析单个企业中要素的投入量、产出量、成本和利润的决定及单个企业有限资源的配置，单个居民户收入的合理使用，以及由此引起的单个市场中商品供求的决定、个别市场的均衡等问题。

微观经济学理论的建立是以一定的假设条件为前提的，其中最主要的有以下三个假设。

一是完全理性，即"经济人假设"。假定各经济主体都是完全理智的，都是以利己为目的的，试图以最小的代价去获取最大的经济利益。

二是完全信息。假定各经济主体都能免费地迅速获取各种信息，并能根据这些信息及时调整自己的行为，从而实现利益最大化。

三是市场出清。假定市场价格能自由而迅速地上下波动，从而能对供求变化做出及时反应，使供给与需求总是处在相等的状态，资源得到充分利用，不存在闲置和浪费的现象。

二、宏观经济学

宏观经济学以整个国民经济为研究对象，通过研究经济中有关总量的决定及其变化来解决资源利用问题。宏观经济学包括国民收入决定理论、经济周期理论、经济增长理论、失业和通货膨胀理论、宏观财政与货币政策等内容。

宏观经济学具有以下四个特点。

第一，研究对象是整个国民经济。宏观经济学研究的不是个别的经济主体（单个消费者或生产者），而是由这些个别经济主体组成的整体，是从整体上分析经济问题，研究整个国民经济的运行方式和规律。

第二，解决的问题是资源利用问题。宏观经济学研究的是现有资源未能得到充分利用的原因、达到充分利用的途径及如何促进经济增长等问题。

第三，中心理论是国民收入决定理论。宏观经济学将国民收入作为最基本的研究对象，以国民收入的决定为中心来研究资源利用问题，分析整个国民经济的运行。这就使国民收入决定理论成为宏观经济学的核心，宏观经济政策则成为这一理论的实际运用。

第四，研究方法是总量分析。总量是指能反映整个经济运行情况的经济变量。宏观经济学的总量主要包括国民生产总值、总投资、总消费、价格水平、利率、汇率、货币供给量、货币需求量等。宏观经济学分析这些总量的决定、变动及相互关系，并以此说明经济的运行状况，决定经济政策。

宏观经济学的基本假设主要有以下两个。

一是市场机制是不完善的。自市场经济产生以来，市场经济就在繁荣与萧条的交替中发展，经济危机成为市场经济的必然产物。

二是政府有能力调节经济，纠正市场机制的缺点。整个宏观经济学是建立在对政府调节经济能力信任的基础上的。

三、微观经济学与宏观经济学的关系

微观经济学与宏观经济学是经济学的两大组成部分，二者既有区别，又有联系。其区别表现在研究对象、解决的问题、中心理论和研究方法都不相同。而其联系表现在以下几个方面。

第一，微观经济学与宏观经济学是相互补充的。经济学的研究目的是合理配置与利用资源，实现社会福利最大化，为了达到这一目的，既要实现资源的最优配置，又要实现资源的充分利用。微观经济学在假定资源实现充分利用的前提下分析资源如何达到最优配置的问题。宏观经济学在假定资源实现最优配置的前提下分析资源如何达到充分利用的问题。它们从不同角度分析社会经济现象与问题。从这一意义上说，微观经济学与宏观经济学是相互补充的，它们都是经济学的有机组成部分。

第二，微观经济学与宏观经济学采用的都是实证研究方法。微观经济学与宏观经济学都把社会制度看成是既定的，不分析社会制度对经济的影响。只分析这一制度下的资源配置和资源利用问题。这种不涉及制度问题，只分析具体问题的方法就是实证分析。从这一意义上说，微观经济学与宏观经济学都属于实证经济学的范畴。

第三，微观经济学是宏观经济学的基础。对总体经济行为的分析离不开对个体经济行为的分析，从个体的经济规律也可以大致看出或推演出总体的经济规律。但是，宏观经济行为一般并不是微观经济行为的简单加总，在微观里正确的结论，在宏观里则不一定正确。所以，研究经济问题时，应使微观分析与宏观分析有机结合，只有综合分析才能得出正确的结论。

同步练习

一、单项选择题

1. 作为经济学的两个组成部分，微观经济学与宏观经济学是（　　　）。
   A. 互相对立的　　　　　　　　B. 没有任何联系的
   C. 相互补充的　　　　　　　　D. 部分联系的
2. 古典经济学家亚当·斯密所说的"看不见的手"是指（　　　）。
   A. 技术　　　　　B. 信息　　　　　C. 价格　　　　　D. 行政命令
3. 微观经济学要解决的问题是（　　　）。
   A. 资源配置问题　　B. 资源利用问题　　C. 市场出清问题　　D. 完全理性问题

4. 宏观经济学的中心理论是（　　）。
   A. 失业理论　　　　　　　　B. 通货膨胀理论
   C. 国民收入决定理论　　　　D. 经济增长理论

二、判断题

1. 微观经济学要解决的是资源利用问题，而宏观经济学要解决的是资源配置问题。（　　）
2. 微观经济学的中心理论是价格理论，而宏观经济学的中心理论是国民收入决定理论。（　　）

第三节　经济学的研究方法

一、实证分析与规范分析

人们在研究经济学时，一般会有两种态度和方法：一种是只考察经济现象是什么，即经济现状如何、为何会如此及其发展趋势如何，至于这种经济现象好不好、该不该如此，则不做评价，这种研究方法被称为实证分析方法，也称实证经济学；另一种是对经济现状及其变化做出好与不好的评价，或是应该与不应该的判断，这种研究方法被称为规范分析方法，也称规范经济学。

实证分析的结果可以用事实、证据或从逻辑上加以证实或证伪，因此，实证分析具有客观性，即实证的命题有正确和错误之分，其检验标准是客观事实。所以，实证研究的目的是了解经济如何运行。

规范分析以一定的价值判断为出发点，提出行为的标准，并研究如何才能符合这些标准，它力求回答应该是什么的问题，涉及是非善恶、应该与否、合理与否的问题。由于人们的价值观是不同的，因此对于同一个经济现象会有不同的看法，也就是规范分析不具有客观性，不同的分析者会得出不同的结论。

规范分析和实证分析作为两种不同的经济学分析方法，具有三个方面的区别。第一，有无价值判断。规范分析是以一定的价值判断为基础的，而实证分析避开了价值判断。第二，二者要解决的问题不同。规范经济学要解决"应该是什么"的问题，而实证经济学要解决"是什么"的问题。第三，内容是否具有客观性。规范分析由于以一定价值判断为前提条件，不同的人得出的结论是不同的；而实证分析的内容具有客观性，可以用客观事实来检验其正误。

在经济学分析方法中，实证分析方法是主要的方法，规范分析方法也是不可缺少的。规范分析要以实证分析为基础，而实证分析也离不开规范分析的指导，二者是互相联系、互相补充的。

二、均衡分析与边际分析

均衡是物理学上的概念，表示物体所受各方向外力作用正好相互抵销（合力为零）而处于一种相对静止的稳定状态。

英国经济学家马歇尔把这一概念引入经济学，主要用以描述经济中各种对立的、变动着的力量处于一种力量相当、相对静止、不再变动的境界。均衡一旦形成，每个人都不会愿意再调整自己的决策，从而不再改变其经济行为。

所谓均衡分析方法，就是假定外界诸因素（自变量）是已知的和固定不变的，然后考察因变量达到均衡状态所需具备的条件，即均衡条件。例如，消费者均衡理论就是在给定消费者偏好、收入及商品价格的情况下，研究消费者购买行为达到均衡状态的条件；生产者均衡理论则是在给定生产要素价格和生产函数的情况下，研究生产者实现生产要素最佳组合（生产要素购买行为达到均衡状态）的条件。

均衡分析有局部均衡分析和一般均衡分析之分。局部均衡分析是仅仅就整个经济体系内的某一部分，如一种商品、一种生产要素或一个市场进行考察和分析，并假定这一部分以外的变量不会影响这个局部。这种方法虽然有局限性，但能把问题大大简化，易于理解。一般均衡分析则着重考察经济变量之间的相互影响、相互依存，它强调一个局部内的经济事物不仅受这个局部内的经济变量影响，而且受这个局部以外的其他变量影响。所以，这一方法也就是考察整个经济体系的各个局部同时达到均衡状态所需具备的条件。一般均衡分析法由瓦尔拉斯创立，后由帕累托、希克斯及萨谬尔森等加以发展。

在经济学中，所谓边际，是指经济变量的单位增加量，表示的是一个微小的增量带来的变化（数学中微分的含义）。边际分析是研究自变量的单位增加量对因变量的影响和意义，尤其是着重考察自变量的最后一单位的增加量与因变量的关系。比如，微观经济学中的边际效用、边际收益、边际成本、边际生产力等，宏观经济学中的边际消费倾向、边际储蓄倾向、资本边际效率等，都属于边际分析的范畴。现代西方经济学的产生与发展，是与边际分析法的广泛应用分不开的。

三、静态分析、比较静态分析与动态分析

静态分析就是分析经济现象的均衡状态及有关的经济变量达到均衡状态所需具备的条件，它完全抽掉了时间因素和具体变动过程，是一种静止、孤立地考察某些经济现象的方法。一般是在假定自变量已知和既定的条件下来考察因变量达到均衡状态的条件和在均衡状态下的情况。

比较静态分析就是分析在已知条件发生变化后经济现象均衡状态的相应变化，以及有关的经济变量在达到新的均衡状态时的相应变化，即对经济现象中有关经济变量一次变动（而不是连续变动）的前后进行比较，也就是比较一个经济变动过程的起点和终点，而不涉及变动期间和具体变动过程本身的情况。

动态分析则是对经济变动的过程进行分析，其中包括分析有关经济总量在一定时间内的变动、这些经济总量在变动过程中的相互影响和彼此制约关系，以及它们在每一时点上变动的速率等。这种分析考察时间因素的影响，并把经济现象的变化当作一个连续的过程来看待。微观经济学中的蛛网理论在局部均衡的基础上采用了动态分析方法。

四、经济模型与抽象分析

经济模型是用来描述所研究的经济现象有关的经济变量之间依存关系的理论结构。简单来说，就是把经济理论用变量的函数关系来表示。经济模型可以用文字说明（叙述法），也可以用数学方程式表达（代数法），还可以用几何图形表达（几何法、画图法）。

经济现象不仅错综复杂，而且变化多端，如果在研究中把所有变量都考虑进去，就会使实际研究无法开展，所以必须运用科学的抽象法，舍弃一些影响较小的变量，把可以计量的复杂现象简化并抽象为为数不多的主要变量，然后按照一定的函数关系把这些变量编成单一方程或联立方程组，构成模型。由于在建立模型的过程中所选取的变量不同及对变量特点的假定不同，即使对于同一个问题也可能建立起多个不同的模型。

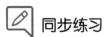

同步练习

一、单项选择题

1. 下列关于实证经济学与规范经济学的说法，正确的是（　　）。
  A. 二者并不是绝对相互排斥的，而应当是相互补充的
  B. 规范经济学以实证经济学为基础，而实证经济学以规范经济学作为指导
  C. 一般来说，越是具体的问题，实证的成分越多，而越是高层次的、决策性的问题，就越具有规范性
  D. 以上说法都对

2. 运用边际概念对经济现象的发展变化及其相互关系进行分析研究的方法是（　　）。
  A. 均衡分析　　　B. 实证分析　　　C. 边际分析　　　D. 规范分析

二、判断题

1. 微观经济学是实证分析，宏观经济学是规范分析。（　　）
2. 实证经济学要解决"应该是什么"的问题，规范经济学要解决"是什么"的问题。（　　）

本章小结

经济学作为一门社会科学，主要研究稀缺资源的配置和利用。根据经济学研究对象的不同，可以将经济学分为微观经济学和宏观经济学。其中，微观经济学以价格理论为中心理论，主要研究资源如何得到最优配置；宏观经济学以国民收入决定理论为中心理论，主要研究资源如何得到充分利用。西方经济学的发展主要经历重商主义、古典经济学、新古典经济学和当代经济学四个阶段。经济学的功能是解释世界和改造

世界。为此，经济学家必须运用科学的研究方法，这些方法包括实证分析与规范分析，均衡分析与边际分析，静态分析、比较静态分析与动态分析，经济模型与抽象分析，等等。

复习与思考

一、问答题

1. 列举三个你在生活中面临重要权衡取舍的例子。
2. 试述微观经济学与宏观经济学的区别和联系。
3. 试述实证分析与规范分析的区别和联系。
4. 如果经济学家讨论的是"人们的收入差距大一点好还是小一点好"，试问这是属于实证分析的问题还是属于规范分析的问题？
5. 试举例说明机会成本的含义。

二、技能训练

表1-2是某国在面包与公寓这两种商品的生产上的各种可能的数量组合，该表中的每一个产出都以该国资源及技术的充分利用为前提条件，请作出面包和公寓的生产可能性曲线。

表 1-2　面包与公寓生产可能性表

可能性	公寓/万套	面包/亿条
A	0	30
B	6	29
C	12	26
D	18	22
E	24	16
F	30	0

第二章 需求、供给与均衡价格

学习目标

1. 掌握需求和供给的含义及表示方法；
2. 掌握需求定理和供给定理；
3. 掌握均衡价格的决定及变动；
4. 了解均衡价格理论的应用；
5. 掌握需求价格弹性的含义、计算方法及其与收益的关系；
6. 了解需求收入弹性和需求交叉价格弹性的意义；
7. 了解供给价格弹性的含义和计算方法。

案例导入

鸦片战争以后，英国洋布为什么不能占领中国市场？

鸦片战争以后，英国商人因打开中国这个广阔的市场而欣喜若狂。

当时，英国棉纺织业中心——曼彻斯特的商人估计：中国有 4 亿人，假如有 1 亿人晚上戴睡帽，每人每年用两顶，那么整个曼彻斯特的棉纺厂日夜加班也不够满足中国市场。于是，他们把大量的洋布运到中国。可结果与他们的设想截然相反：中国人没有戴睡帽的习惯，并且衣服也都用自产的丝绸或土布，洋布根本卖不出去。

按当时中国人的收入，并不是没有购买洋布的能力，最起码许多上层人士的购买力还是相当强的！那英国人的洋布为什么卖不出去呢？关键在于中国人没有购买洋布的欲望。

购买的意愿或欲望，很大程度是由当时的消费时尚决定的。鸦片战争以后，中国仍然处于一种自给自足的封建经济，并在此基础上形成保守、封闭甚至排外的社会习俗。鸦片战争虽然打开了中国的大门，但并没有从根本上动摇中国自给自足的经济基础和保守封闭的意识形态，也没有改变在此基础上形成的消费时尚。当时，上层人士以穿丝绸为荣，一般群众以穿家织的土布为主，如果有人标新立异就会受到众人指责。洋布和其他洋货一样，受到冷落的原因不在于价格高，也不在于人们收入低，而在于人们没有购买的欲望。这种购买欲望既受当时消费时尚的影响，也是抵制洋货心理的结果。可见，购买意愿对需求的决定是极为重要的。

（资料来源：孙永伟，顾雅君．新编西方经济学教程［M］．2版．上海：上海财经大学出版社，2018：41．有改动）

案例思考： 哪些因素会影响需求？

微观经济学的核心问题是价格问题，而价格是由市场中商品的供给和需求两方面决定的。因此，本章重点分析需求、供给、均衡价格及相应的弹性理论。

第一节　需求理论

一、需求的定义

需求是指消费者在一定时期内，在各种可能的价格水平下愿意且能够购买的某种商品的数量。在这里要明确，消费者对某种商品产生需求必须具备两个条件：第一，消费者有购买商品的欲望；第二，消费者有支付能力。没有支付能力的购买意愿只是自然需要而不构成需求。因此，需求必须是欲望与支付能力的统一，也就是需求＝欲望＋支付能力。

二、影响需求的因素

（一）商品本身的价格

从大量经验事实中可以观察到，商品的价格越高，人们对该商品的购买量就会越少；商品的价格越低，人们对该商品的购买量就会越多。商品本身的价格是影响需求量最重要、最直接的因素，商品的价格与其需求量之间存在反方向关系。

（二）消费者的收入水平

对于大多数商品来说，在其他条件不变的情况下，当消费者的收入增加时，他会增加对某些商品的需求；相反，当消费者的收入下降时，他就不得不减少对这些商品的需求。在经济学中，把这类商品称为正常品。但也有一些商品，当消费者的收入增加时，其需求反而减少。例如，人们对低档服装的需求往往随着收入的增加而减少。在经济学中，把这类商品称为低档品。

（三）消费者的偏好

消费者的偏好主要是指消费者主观上对某种商品的喜爱心理。由于广告宣传、潮流等，消费者的偏好可能发生变化，从而影响对商品的需求。当消费者对某种商品的偏好程度增强时，对该商品的需求就会增加；相反，当消费者对某种商品的偏好程度减弱时，对该商品的需求就会减少。

（四）相关商品的价格

相关商品主要是指替代品和互补品。替代品是指使用价值相近、可以相互替代来满足人们同一需求的商品。如大米和白面、猪肉和牛肉、棉织品和化纤产品等，都是可以相互替代的商品。替代品之间的关系为：一种商品价格上升，导致对其需求减少，而对另一种商品的需求增加；反之，则会发生相反的变动。例如，对棉织品的需求，在棉织品价格既定的条件下，随着化纤产品价格的下降而减少，随着化纤产品价格的提高而增加。互补品是指共同配合来满足人们需求的商品。如汽车和汽油、视盘机和光盘、照相机和胶卷等，都是互补品。互补品之间的关系为：一种商品的价格上升，导致对其需求减少，而对另一种商品的需求也随之减少；反之，则会发生相反的变动。例如，汽油价格上升会引起人们对汽车需求的减少，反之则相反。由此可见，人们对某种商品的需求，除了取决于该商品的价格外，还受到与该商品有某种联系的其他商品价格的影响。

（五）消费者对未来价格的预期

当消费者预期某种商品的价格在下一期会上升时，就会增加对该商品的现期需求；当消费者预期某种商品的价格在下一期会下降时，就会减少对该商品的现期需求。例如，人们预期棉布价格以后会上涨，现在就会增加对棉布的购买量，这种预期对于金融市场和房地产市场尤为重要。当人们认为在不久的将来，股票和房地产的价格将上升时，现在就会增加购买量；反之，现在就会减少购买量。

影响需求的因素是复杂的，除了以上分析的五点外，政府的消费政策、文化传统、人口数量与结构等因素也会对需求产生不同程度的影响。

三、需求的表示方法

（一）需求函数

如果把影响需求的各种因素作为自变量，把需求量作为因变量，则可以用函数关系来表示影响需求的因素与需求量之间的关系，这种函数称为需求函数。以 Q_d 代表需求量，P 代表商品本身的价格，I 代表消费者的收入，T 代表消费者的偏好，P_S 代表替代品的价格，P_C 代表互补品的价格，E 代表消费者对未来价格的预期，等等，则需求函数可表示为

$$Q_d = f(P, I, T, P_S, P_C, E, \cdots) \tag{2.1}$$

由于影响商品需求量最重要的因素是商品本身的价格，所以为了简化，经济学通常采用抽象法，即假定影响需求的其他因素不变，只单独研究商品的需求量与其价格之间的关系。这样，需求函数可表示为

$$Q_d = f(P) \tag{2.2}$$

式（2.2）中，Q_d 代表商品的需求量，P 代表商品本身的价格。

（二）需求表

需求表是表示某种商品的各种价格水平和与各种价格水平相对应的该商品的需求量之间关系的数字序列表。表 2-1 是一张某商品的需求表。

表 2-1　某商品的需求表

价格—需求量组合	A	B	C	D	E	F	G
价格/元	1	2	3	4	5	6	7
需求量/件	700	600	500	400	300	200	100

从表 2-1 可以清楚地看到某商品价格与需求量之间的一元线性函数关系。例如，当商品价格为 1 元时，商品的需求量为 700 件；当商品价格上升为 2 元时，商品的需求量下降为 600 件；当商品价格进一步上升为 3 元时，商品的需求量下降为更少的 500 件；如此等等。

（三）需求曲线

需求曲线是以几何图形来表示商品价格和需求量之间的函数关系。商品的需求曲线是根据需求表中商品不同的价格—需求量组合在平面坐标图上所绘制的一条曲线。图 2-1 是根据表 2-1 绘制的一条需求曲线。

在图 2-1 中，横轴表示商品的需求量，纵轴表示商品的价格。需要指出的是，与数学中的表述习惯相反，经济学中分析需求曲线和供给曲线时，通常以纵轴表示自变量 P，以横轴表示因变量 Q。

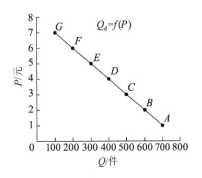

图 2-1　某商品的需求曲线

图 2-1 中的需求曲线是这样得到的：根据表 2-1 中商品的每个价格—需求量组合，在平面坐标图中描绘出相应的点 A、B、C、D、E、F、G，然后顺次连接这些点，便得到需求曲线 $Q_d=f(P)$。它表示在不同的价格水平下消费者愿意且能够购买的商品数量。

经济学在论述需求函数时，一般都假定商品的价格和相应的需求量的变化具有无限分割性，即具有连续性。正是由于这一假定，在图 2-1 中才可以将商品的各个价格—需求量的组合点 A，B，C，…连接起来，从而构成一条光滑的、连续的需求曲线。

图 2-1 中的需求曲线是一条直线，但实际上，需求曲线可以是直线型的，也可以是曲线型的。当需求函数为线性函数时，相应的需求曲线是一条直线，直线上各点的斜率是相等的。当需求函数为非线性函数时，相应的需求曲线是一条曲线，曲线上各点的斜率是不相等的。

四、需求定理

（一）需求定理的内容

从表 2-1 可以清楚地看到，随着商品价格的上升，商品的需求量越来越少。在图 2-1 中，需求曲线的明显特征就是向右下方倾斜，即它的斜率是负值，表示需求量与商品本身的价格呈反方向变动。一般来说，在其他条件不变的情况下，某商品的需求量与价格呈反方向变动,即需求量随着商品本身价格的上升而减少,随着商品本身价格的下降而增加,这就是需求定理。

需求定理是通过科学的假设而得出的,它以影响需求的其他条件不变为条件。也就是说,只有在这一条件下,才能揭示商品本身价格与其需求量之间的本质联系,得出科学的需求定理。例如,如果收入有大幅度提高,那么即使价格上升,需求量也会增加,但这种增加,反映不出它与价格的关系。这说明了科学的假设在理论形成中的重要性。

(二) 需求定理的例外情况

需求定理就绝大多数商品而言是成立的,但在现实生活中也有一些例外情况。

(1) 炫耀性商品。例如,珠宝玉石、钻石项链、豪华轿车等商品是用来显示人的社会地位与身份的,如果它们的价格下降,就不能再代表这种社会地位与身份,消费者对它们的需求量就会减少。

(2) 珍贵、稀罕性商品。例如,古董、古画、珍邮等商品,往往是价格越高越能显示出它们的珍贵性,从而对它们的需求量就会越大。

(3) 生活必需的低档商品。例如,马铃薯、玉米面等商品,在特定条件下,当价格下跌时,需求量会减少;当价格上涨时,需求量反而会增加。最著名的是因英国人吉芬而得名的"吉芬商品"。19世纪40年代爱尔兰大饥荒时,吉芬发现马铃薯价格上涨,需求量反而增加。这是因为饥荒造成爱尔兰人收入减少,虽然马铃薯价格上涨,但不存在更廉价的可供替代的必需品,所以马铃薯的需求量大增。

(4) 投机性商品。在投机性强的证券市场和期货市场,人们有一种"买涨不买跌"的心理,即价格上涨时抢购,价格下跌时反而抛出。这与人们对未来价格的预期和投机的心理有关,也可以视其为需求定理的一种例外。

需求定理反映了一般商品的客观实际,但并不排除某些特殊商品的例外,这些特殊商品只占极小的一部分,需求定理并没有因此而遭到破坏。

五、需求量的变动与需求的变动

(一) 需求量的变动

需求量的变动是指在其他条件不变的情况下商品本身价格的变动所引起的需求数量的变动。它表现为同一条需求曲线上点的移动,向左上方移动是需求量的减少,向右下方移动是需求量的增加。如图2-2所示,在需求曲线 D 上,由 a 点移动到 b 点,表示需求量从 Q_1 增加到 Q_2,价格从 P_1 下降到 P_2;由 b 点移动到 a 点,表示需求量从 Q_2 减少到 Q_1,价格从 P_2 上升到 P_1。

(二) 需求的变动

需求的变动是指除影响需求的价格因素外,由其他因素变动引起的需求数量的变动。这种变动表现为整条需求曲线位置的左右平行移动。如图2-3所示,在同样的价格水平上 (P_0),当需求曲线 D_0 向右上方平行移动到 D_2 时,表明需求增加;当需求曲线 D_0 向左下方平行移动到 D_1 时,表明需求下降。

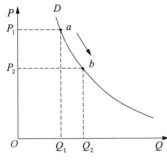
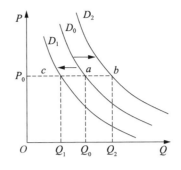

图 2-2 需求量的变动　　　　图 2-3 需求的变动

（三）需求量的变动与需求的变动的区别

需求量的变动表现为其他因素不变，价格变化带来的需求量的变化，在图形中，需求量的变动表现为商品的价格—需求数量组合点沿着同一条既定的需求曲线运动。需求的变动则表现为价格不变，其他因素变化带来的需求量的变化，在图形中，需求的变动表现为需求曲线的位置发生移动。

同步练习

一、单项选择题

1. 下列选项，体现需求规律的是（　　）。
A. 药品的价格上涨，使药品质量得到了提高
B. 汽油的价格上涨，小汽车的销售量减少
C. 丝绸的价格上涨，游览公园的人数增加
D. 照相机的价格下降，导致照相机的销售量增加

2. 当咖啡的价格急剧上升时，对茶叶的需求将（　　）。
A. 减少　　　　B. 保持不变　　　　C. 增加　　　　D. 以上都有可能

二、判断题

1. 需求曲线是一条向右上方倾斜的曲线。（　　）
2. 偏好的改变导致人们的需求在某条需求曲线上向上或向下移动，而收入的变动引起需求曲线的移动。（　　）
3. 当某种商品的价格上升时，其互补商品的需求将上升。（　　）
4. X 商品的价格下降导致 Y 商品的需求上升，说明两种商品是替代品。（　　）
5. 汽车的价格下降，会使汽油的需求曲线向左下方移动。（　　）

第二节　供给理论

一、供给的定义

供给是指生产者在一定时期内，在各种可能的价格水平下愿意且能够提供出售的某种商品的数量。要实现有效供给，生产者必须同时满足两个条件：一是要有生产的意愿；二是要有生产能力。如果仅有生产能力而没有生产的意愿，或者仅有生产的意愿而没有生产能力，供给都不可能实现。

二、影响供给的因素

商品的供给数量受多种因素的影响，其中主要的因素有商品本身的价格、生产要素的价格、生产的技术水平、相关商品的价格、生产者对未来的预期、生产者从事生产的目标和政府的经济政策。

（一）商品本身的价格

在影响某种商品供给的其他因素（如相关商品的价格和生产要素的价格）不变的条件下，商品的价格越高，生产者愿意供给的数量就越大；反之，商品的价格越低，生产者愿意供给的数量就越小。

（二）生产要素的价格

生产要素价格的变化直接影响到商品的生产成本，从而影响供给。在商品价格不变的情况下，生产要素的价格下降，生产成本下降，利润增加，供给会增加；反之，生产要素的价格上涨，供给会减少。例如，在葡萄酒价格等因素不变的条件下，如果葡萄的价格上涨，意味着厂商的生产成本增加，供给将会减少。供给量与生产要素的价格呈反方向变动。

（三）生产的技术水平

在一般情况下，生产技术水平的提高可以提高劳动生产率，降低生产成本，增加生产者的利润，生产者会提供更多的产量。

（四）相关商品的价格

当一种商品的价格保持不变，而与其相关的商品价格发生变化时，该商品的供给量会发生变化。例如，对于某个生产小麦和玉米的农户来说，在玉米价格不变和小麦价格上升时，该农户就可能增加小麦的种植面积和产量而减少玉米的种植面积和产量。

（五）生产者对未来的预期

如果生产者对未来的预期是乐观的，如预期商品的价格会上涨，生产者往往会扩大生产，增加商品供给。如果生产者对未来的预期是悲观的，如预期商品的价格会下降，生产者往往会缩减生产，减少商品供给。

（六）生产者从事生产的目标

经济分析中一般假定厂商以利润最大化为目标，即利润大小决定厂商供给的多少。但厂商有时也出于市场占有率、销售最大化及政治、道义、名誉等目标决定其供给，此时厂商愿意提供的产量很可能和以利润最大化为目标时提供的产量有所不同。

（七）政府的经济政策

政府主要通过计划、管制、税收、转移支付、货币政策等对国家经济发展进行宏观调控，并影响厂商的生产决策和消费者的选择。例如，政府增加对某种商品的课税将使该商品售价提高，在一定条件下会通过需求的减少使供给减少；反之，政府为了刺激消费，降低商品税负或给予补贴，使商品的价格降低而需求增加，从而使供给增加。

影响供给的因素要比影响需求的因素复杂得多，在不同的时期、不同的市场上，供给受多种因素的综合影响。还要强调的是，供给的变动与时间因素密切相关。一般来说，在价格变动之后的极短时期内，供给只能通过调整库存来做出反应，变动不会很大。在短期内可以通过变更原料、劳动力等生产要素来调节供给，变动会较大。但只有在长期内才能变更厂房、设备等生产要素，使供给适应价格而充分变动。此外，自然条件、社会条件和政治气候的突变也会影响供给，如自然灾害、战争、政治事变等都会使生产者的生产经营活动无法正常进行，对供给产生重大影响。

三、供给的表示方法

（一）供给函数

如果把影响供给的各种因素作为自变量，把供给量作为因变量，则可以用函数关系来表示影响供给的因素与供给量之间的关系，这种函数称为供给函数。以 Q_S 代表供给量，P，C，T，P_S，E，…分别代表影响供给的因素，则供给函数可表示为

$$Q_S = f(P, C, T, P_S, E, \cdots) \quad (2.3)$$

由于价格是影响供给量的主要因素，通常假定影响供给的其他因素不变，只单独研究商品的供给量与其价格之间的关系。这样，供给函数可表示为

$$Q_S = f(P) \quad (2.4)$$

式（2.4）中，Q_S 代表商品的供给量，P 代表商品本身的价格。

（二）供给表

供给表是表示某种商品的各种价格水平和与各种价格水平相对应的该商品的供给量之间关系的数字序列表。表 2-2 是一张某商品的供给表。

表 2-2 某商品的供给表

价格—供给量组合	A	B	C	D	E
价格/元	2	3	4	5	6
供给量/件	0	200	400	600	800

表 2-2 清楚地表示了某商品价格与供给量之间的一元线性函数关系。例如，当商

品价格为 6 元时，商品的供给量为 800 件；当商品价格下降为 4 元时，商品的供给量减少为 400 件；当商品价格进一步下降为 2 元时，商品的供给量减少为零。供给表实际上是用数字表格的形式来表示商品的价格和供给量之间的函数关系的。

（三）供给曲线

供给曲线是以几何图形来表示商品价格和供给量之间的函数关系。供给曲线是根据供给表中商品不同的价格—供给量组合在平面坐标图上所绘制的一条曲线。图 2-4 是根据表 2-2 绘制的一条供给曲线。

在图 2-4 中，横轴表示商品的供给量，纵轴表示商品的价格。在平面坐标图上，将供给表中商品的价格—供给量组合所得到的相应坐标点 A、B、C、D、E 连接起来的线，就是该商品的供给曲线。它表示在不同的价格水平下生产者愿意且能够提供出售的商品数量。和需求曲线一样，供给曲线也是一条光滑的和连续的曲线，它是建立在商品的价格和相应的供给量的变化具有无限分割性的假设基础上的。

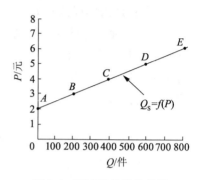

图 2-4 某商品的供给曲线

如同需求曲线一样，供给曲线可以是直线型的，也可以是曲线型的。如果供给函数是线性函数，则相应的供给曲线就是直线型的，如图 2-4 中的供给曲线。如果供给函数是非线性函数，则相应的供给曲线就是曲线型的。直线型的供给曲线上各点的斜率是相等的，而曲线型的供给曲线上各点的斜率是不相等的。

四、供给定理

（一）供给定理的内容

通过对大量事实的观察、统计和分析，可以得到这样一条规律：商品的供给量与其价格呈同方向变动，即在影响供给的其他因素给定不变的条件下，供给量随着商品本身价格的上升而增加，随着商品本身价格的下降而减少。这种现象普遍存在，被称为供给定理或供给规律。

供给定理同样是通过科学的假设而得出的，它以影响供给的其他因素给定不变为条件。也就是说，只有在这一条件下，才能揭示商品本身价格与其供给量之间的本质联系，得出科学的供给定理。

（二）供给定理的例外情况

供给定理是一般商品在一般情况下的规律，对于特殊商品来说也有例外情况。

（1）某些科技含量高、更新换代快的产品。如计算机芯片刚开始投放市场时，为了快速收回投资，采用高价销售，因而销量不大，供给量也较少。在新一代产品研制成功以后，旧产品就会大幅度降价，引起销量剧增，从而旧产品供给量大量增加，这时旧产品的供给曲线向右下方倾斜，斜率为负值。

（2）劳动力的供给有时也有例外。如在劳动力价格（工资）开始增加时，劳动力的供给会增加，但在工资增加到一定程度以后，再继续增加，劳动的供给不但不会增加，反而会减少。

（3）土地、古董、古画、古玩、名贵邮票等，由于受到各种环境和条件的限制，其供给量可能是固定不变的。

五、供给量的变动与供给的变动

（一）供给量的变动

供给量的变动是指在其他条件不变的情况下，由商品本身价格的变动所引起的供给数量的变动。供给量的变动在供给曲线上表现为点沿着曲线上下移动，如图2-5所示。在供给曲线S上，由a点移动到b点，表示供给量从Q_1增加到Q_2，价格从P_1上升到P_2；由b点移动到a点，表示供给量从Q_2减少到Q_1，价格从P_2下降到P_1。

（二）供给的变动

供给的变动是指在商品本身价格不变的条件下，由其他因素变动引起的供给数量变动。这种变动表现为整条供给曲线位置的左右平行移动，形成一条新的供给曲线。如图2-6所示，在同样的价格水平上（P_0），当供给曲线S_0向右下方平行移动到S_1时，表明供给增加；当供给曲线S_0向左上方平行移动到S_2时，表明供给下降。

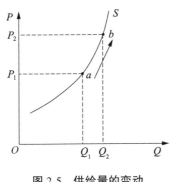
图2-5 供给量的变动

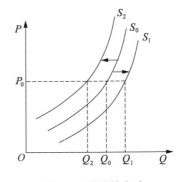
图2-6 供给的变动

（三）供给量的变动与供给的变动的区别

供给量的变动表现为其他因素不变，价格变化带来的供给量的变化，在图形中，供给量的变动表现为商品的价格—供给量组合点沿着同一条既定的供给曲线运动。供给的变动则表现为价格不变，其他因素变化带来的供给量的变化，在图形中，供给的变动表现为供给曲线的位置发生移动。

📝 同步练习

一、单项选择题

1. 描述在不同价格水平下厂商出售的商品数量的曲线被称为（　　）。

A. 需求曲线　　　　　　　　　　　B. 供给曲线

C. 生产可能性曲线 　　　　　　　　D. 预算约束线

2. 如果某种商品供给曲线的斜率为正值，在保持其他因素不变的条件下，该商品价格的上升，将导致（　　）。

A. 供给增加 　　　　　　　　B. 供给量增加

C. 供给减少 　　　　　　　　D. 供给量减少

3. 供给规律可以反映在（　　）。

A. 消费者不再喜欢消费某商品，使该商品的价格下降

B. 政策鼓励某商品的生产，因而该商品的供给量增加

C. 生产技术提高会使该商品的供给量增加

D. 某商品价格的上升将导致对该商品的供给量增加

4. 对大白菜供给的减少，不可能是由于（　　）。

A. 气候异常严寒

B. 政策限制大白菜的种植

C. 大白菜价格下降

D. 化肥价格上涨

5. 技术进步一般会导致（　　）。

A. 供给曲线右移

B. 供给量沿着供给曲线减少

C. 一个人增加他所消费的所有商品的数量

D. 供给量沿着供给曲线增加

二、判断题

1. 供给曲线是一条向右上方倾斜的曲线。　　　　　　　　　　　　（　　）

2. 在几何图形上，供给量的变动表现为商品的价格—供给量组合点沿着同一条既定的供给曲线运动。　　　　　　　　　　　　　　　　　　　　　　（　　）

第三节　均衡价格及其应用

一、均衡的定义

本章第一、第二节分别讨论了需求和供给的一般性质，以及影响需求和供给的主要因素，但并没有说明商品本身的价格是如何决定的。实际上，商品的价格是商品市场上供给和需求这两种力量共同作用并达到市场均衡的结果。

市场均衡是指市场上供给量与需求量相等时的状态。市场均衡，也称为市场出清。在经济分析中，市场均衡可以分为局部均衡和一般均衡。局部均衡是指单个市场或部分市场的均衡；一般均衡是指所有市场都达到均衡。一般均衡理论认为，各种商品的供求和价格是相互影响的。

二、均衡价格的形成

均衡价格是指一种商品的需求量与供给量相等时的价格。这时该商品的需求价格与供给价格相等,该商品的需求量与供给量相等。仍以表 2-1 和表 2-2 为例,如图 2-7 所示,需求曲线 D 与供给曲线 S 相交于 E 点, E 点所对应的价格 4 元即为均衡价格, E 点所对应的产量 400 件即为均衡数量。

均衡价格是在市场上供求双方的竞争过程中自发形成的,均衡价格的形成就是价格决定的过程。需要强调的是,均衡价格的形成是市场机制自发作用的结果,有外力干预的价格不是均衡价格。

在市场上,需求和供给对市场价格变化做出的反应是相反的。由于均衡是暂时的、相对的,而不均衡是经常的,所以供不应求或供过于求经常发生。如图 2-8 所示,当供过于求时,市场价格会下降,从而导致供给量减少而需求量增加;当供不应求时,市场价格会上升,从而导致供给量增加而需求量减少。供给与需求相互作用最终会使商品的需求量和供给量在某一价格水平上正好相等。这时既没有过剩(供过于求),也没有短缺(供不应求),市场正好均衡。这个价格就是供求双方都可以接受的均衡价格,市场也只有在这个价格水平上才能达到均衡。

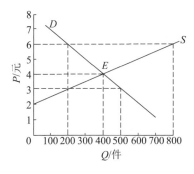

图 2-7 均衡价格

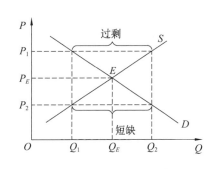

图 2-8 均衡价格的形成

图 2-8 所展示的模型是简单的,但不失一般性。这个模型适用于许多市场,如商品市场、证券市场、汇率自由浮动的外汇市场等。

三、供求变动与市场均衡

均衡价格是假设影响需求和供给的因素保持不变的前提下形成的价格。也就是说,它是在一定的市场条件下形成的价格。当市场条件发生变化时,需求和供给将会发生变化,商品的均衡价格也会随之发生变化。

从图 2-7 可以看出,一种商品的均衡价格是由该商品市场的需求曲线和供给曲线的交点决定的。因此,需求曲线或供给曲线位置的移动都会使市场均衡发生变动,也就是说需求或供给的变动将引起市场均衡的变动。我们用图 2-9 和图 2-10 分别说明需求和供给变动对市场均衡的影响。

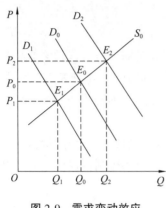
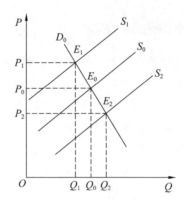

图 2-9 需求变动效应　　　　图 2-10 供给变动效应

（一）需求变动对市场均衡的影响

1. 需求增加，需求曲线向右上方移动

如图 2-9 所示，需求曲线由 D_0 移动至 D_2，D_2 与 S_0 相交于 E_2 点，决定了新的均衡价格为 P_2，均衡数量为 Q_2。这说明需求增加将会引起均衡价格的上升和均衡数量的增加。

2. 需求减少，需求曲线向左下方移动

如图 2-9 所示，需求曲线由 D_0 移动至 D_1，D_1 与 S_0 相交于 E_1 点，决定了新的均衡价格为 P_1，均衡数量为 Q_1。这说明需求减少将会引起均衡价格的下降和均衡数量的减少。

（二）供给变动对市场均衡的影响

1. 供给增加，供给曲线向右下方移动

如图 2-10 所示，供给曲线由 S_0 移动至 S_2，S_2 与 D_0 相交于 E_2 点，决定了新的均衡价格为 P_2，均衡数量为 Q_2。这说明供给增加将会引起均衡价格的下降和均衡数量的增加。

2. 供给减少，供给曲线向左上方移动

如图 2-10 所示，供给曲线由 S_0 移动至 S_1，S_1 与 D_0 相交于 E_1 点，决定了新的均衡价格为 P_1，均衡数量为 Q_1。这说明供给减少将会引起均衡价格的上升和均衡数量的减少。

（三）供求定律

综上所述，可以得到以下结论：在其他条件不变的情况下，需求的变动引起均衡价格和均衡数量同方向变动；供给的变动引起均衡价格反方向变动、均衡数量同方向变动。这就是"供求定理"。

四、均衡价格理论的应用

均衡价格是在市场上自发形成的，有其盲目性，并不一定符合整个社会的长远利益。政府为了实现自己的经济目标，往往会对市场价格进行干预。

（一）最低限价

最低限价也称支持价格或保护价格，是指政府为扶持某一行业发展而规定的该行业商品的最低价格。

最低限价总是高于市场自发形成的均衡价格，实行最低限价政策可保护生产者的利益。如图 2-11 所示，市场自发形成的均衡价格为 P_e，均衡数量为 Q_e。政府为扶持该行业发展而规定的价格为 P_1。此时供给量 Q_s 大于需求量 Q_d，市场上出现供过于求的情况。为了维持最低限价，政府通常会收购市场上过剩的商品，用于国家储备或出口。

最低限价政策主要适用于少数重要的农产品。现阶段我国执行最低限价政府的农产品主要有小麦和稻谷。

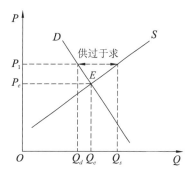

图 2-11　最低限价及其结果

（二）最高限价

最高限价也称限制价格，是指政府为限制某些商品的价格而对其规定的最高价格。政府对垄断性很强的基本生活必需品实行最高限价政策可控制这类商品价格上涨，抑制通货膨胀，保护消费者利益。

最高限价总是低于市场自发形成的均衡价格。如图 2-12 所示，市场自发形成的均衡价格为 P_e，均衡数量为 Q_e。政府为限制价格过高而规定的最高价格为 P_1，限制价格 P_1 低于均衡价格 P_e，此时产品供给量 Q_s 小于商品需求量 Q_d，市场上出现商品供不应求的情况。为了维持最高限价，政府通常会采取配给制，消费者凭票证购买商品。最高限价下的供不应求易导致市场上消费者排队抢购和黑市交易盛行。

最高限价政策主要适用于重要公用事业、公益性服务和网络型自然垄断行业。

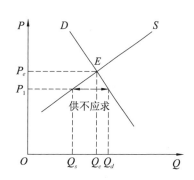

图 2-12　最高限价及其结果

同步练习

一、单项选择题

1. 假设某商品的需求曲线为 $Q=13-2P$，市场上该商品的均衡价格为 4，那么，当需求曲线变为 $Q=15-2P$ 后，均衡价格将（　　）。

　　A. 大于 4　　　　B. 小于 4　　　　C. 等于 4　　　　D. 小于或等于 4

2. 供给的变动引起（　　）。

　　A. 均衡价格和均衡数量同方向变动

　　B. 均衡价格反方向变动，均衡数量同方向变动

C. 均衡价格同方向变动，均衡数量反方向变动

D. 均衡价格和均衡数量反方向变动

3. 政府为了扶持农业发展，对农产品规定高于均衡价格的最低限价。政府为了维持最低限价，应该采取的相应措施是（　　）。

A. 增加对农产品的税收　　　　B. 实行农产品配给制

C. 收购过剩的农产品　　　　　D. 实行对农产品的生产补贴

4. 政府把价格限制在均衡价格水平以下可能会导致（　　）。

A. 黑市交易　　　　　　　　　B. 大量积压

C. 消费者买到了希望购买的商品　D. 以上均不对

二、判断题

1. 假定供给不变，需求的减少将引起均衡价格的下降和均衡数量的增加。
　　　　　　　　　　　　　　　　　　　　　　　　　　　　　　（　　）

2. 如果只知道需求和供给同时减少，但不知道它们变化的数量，那么均衡价格的变化方向无法确定。　　　　　　　　　　　　　　　　　　　　（　　）

第四节　弹性理论及其应用

一、弹性的概念

商品价格的变动会引起商品需求量和供给量的变动，但不同商品的需求量和供给量随着价格的变动而变动的幅度不同。当价格变动时，有的商品的需求量和供给量变动的幅度较大，有的商品的需求量和供给量变动的幅度较小。为了比较商品需求量或供给量对价格变动的敏感程度，就需要引入"弹性"概念。

弹性原是物理学上的概念，意指某一物体对外界力量的反应力。经济学中的弹性是指经济变量之间存在函数关系时，因变量对自变量变动的反应程度，其大小可以用两个变量变动的百分比之比，即弹性系数来表示。弹性系数的一般公式为

$$弹性系数 = \frac{因变量变动的百分比}{自变量变动的百分比}$$

若两个变量之间的函数关系为 $Y=f(X)$，设 X 为自变量，Y 为因变量，ΔX、ΔY 分别表示 X、Y 的变动量，E 为弹性系数，则

$$E = \frac{\Delta Y/Y}{\Delta X/X} = \frac{\Delta Y}{\Delta X} \cdot \frac{X}{Y} \tag{2.5}$$

弹性包括需求弹性和供给弹性。需求弹性主要有需求价格弹性（需求量对商品本身价格变动的反应程度）、需求收入弹性（需求量对消费者收入变动的反应程度）和需求交叉价格弹性（需求量对相关商品价格变动的反应程度）三种类型；供给弹性主要指供给价格弹性（供给量对商品本身价格变动的反应程度）。

二、需求弹性

(一) 需求价格弹性

1. 需求价格弹性的定义

需求价格弹性又称需求弹性,表示在一定时期内一种商品的需求量变动对该商品的价格变动的反应程度。或者说,它表示在一定时期内一种商品的价格变化百分之一所引起的该商品的需求量变化的百分比。如果用 E_d 表示需求价格弹性系数,用 Q 和 ΔQ 分别表示需求量和需求量的变动量,用 P 和 ΔP 分别表示价格和价格的变动量,则需求价格弹性系数可用公式表示为

$$E_d = -\frac{\text{需求量变动的百分比}}{\text{价格变动的百分比}} = -\frac{\Delta Q/Q}{\Delta P/P} = -\frac{\Delta Q}{\Delta P} \cdot \frac{P}{Q} \quad (2.6)$$

在通常情况下,由于商品的需求量和价格是呈反方向变动的,即当价格上升时,需求量减少,当价格下降时,需求量增加,所以 $\frac{\Delta Q}{\Delta P}$ 为负值。为了便于比较,需求价格弹性系数取正值,所以在式 (2.6) 中加了一个负号。

2. 需求价格弹性的计算

需求价格弹性计算可以分为弧弹性计算和点弹性计算。

(1) 需求价格弧弹性的计算。弧弹性是指商品需求曲线的两点之间需求量的变动对价格变动的反应程度。假定需求函数为 $Q_d = f(P)$,以 E_d 表示需求价格弹性系数,则需求价格弧弹性的计算公式为

$$E_d = -\frac{\frac{\Delta Q}{Q}}{\frac{\Delta P}{P}} = -\frac{\Delta Q}{\Delta P} \cdot \frac{P}{Q} \quad (2.7)$$

设某种商品的需求函数为 $Q_d = 2\,400 - 400P$,几何图形如图 2-13 所示。

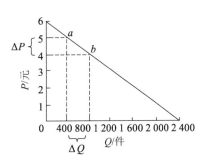

图 2-13 需求价格弧弹性

在图 2-13 中,需求曲线上 a、b 两点的价格分别为 5 元和 4 元,相应的需求量分别为 400 件和 800 件。当商品的价格由 5 元下降为 4 元时,或者当商品的价格由 4 元上升为 5 元时,应该如何计算相应的弧弹性值呢?根据式 (2.7),相应的弧弹性值计算如下。

由 a 点到 b 点 (降价时):

$$E_d = -\frac{\Delta Q}{\Delta P} \cdot \frac{P}{Q} = -\frac{Q_b - Q_a}{P_b - P_a} \cdot \frac{P_a}{Q_a} = -\frac{800 - 400}{4 - 5} \times \frac{5}{400} = 5$$

由 b 点到 a 点 (涨价时):

$$E_d = -\frac{\Delta Q}{\Delta P} \cdot \frac{P}{Q} = -\frac{Q_a - Q_b}{P_a - P_b} \cdot \frac{P_b}{Q_b} = -\frac{400 - 800}{5 - 4} \times \frac{4}{800} = 2$$

显然，由 a 点到 b 点和由 b 点到 a 点的弧弹性值是不相同的。其原因在于：尽管在上面两个计算中，ΔQ 和 ΔP 的绝对值都相等，但由于 P 和 Q 所取的基数值不相同，所以两种计算结果便不相同。这样一来，在需求曲线的同一条弧上，涨价和降价产生的需求价格弹性系数便不相等。

如果仅仅一般地计算需求曲线上某一段的需求价格弧弹性，而不是具体地强调这种需求价格弧弹性是作为涨价还是作为降价的结果，那么为了避免出现不同的计算结果，通常取两点价格的平均值 $\dfrac{P_1+P_2}{2}$ 和两点需求量的平均值 $\dfrac{Q_1+Q_2}{2}$ 来分别代替式（2.7）中的 P 和 Q，因此式（2.7）又可写为

$$E_d = -\frac{\Delta Q}{\Delta P} \cdot \frac{\dfrac{P_1+P_2}{2}}{\dfrac{Q_1+Q_2}{2}} \tag{2.8}$$

该公式也被称为需求价格弧弹性的中点公式。

根据式（2.8），上例中 a、b 两点间的需求价格弧弹性为

$$E_d = \frac{400}{1} \times \frac{\dfrac{5+4}{2}}{\dfrac{400+800}{2}} = 3$$

（2）需求价格点弹性的计算。当需求曲线上两点之间的变化量趋于无穷小时，需求价格弹性要用点弹性来表示。也就是说，它表示需求曲线上某一点的需求量变动对价格变动的反应程度。在式（2.7）的基础上，需求价格点弹性的计算公式为

$$E_d = \lim_{\Delta p \to 0} -\frac{\dfrac{\Delta Q}{Q}}{\dfrac{\Delta P}{P}} = -\frac{\mathrm{d}Q}{\mathrm{d}P} \cdot \frac{P}{Q} \tag{2.9}$$

例如，已知需求函数为 $Q_d = 2\,400 - 400P$，则

$$E_d = -\frac{\mathrm{d}Q}{\mathrm{d}P} \cdot \frac{P}{Q} = -(-400) \cdot \frac{P}{Q} = 400 \cdot \frac{P}{Q}$$

这时，可求出任何价格水平下的需求价格弹性系数，例如：

当 $P=5$（元）时，$E_d=5$，即图 2-13 中需求曲线上 a 点的弹性。
当 $P=4$（元）时，$E_d=2$，即图 2-13 中需求曲线上 b 点的弹性。

3. 需求价格弹性的种类

不同商品的需求价格弹性是不同的，根据弹性系数绝对值的大小可分为五类，如图 2-14 所示。

（1）$1<E_d<\infty$，即需求富有弹性。它表示需求量变动的百分比大于价格变动的百分比，即价格每升降 1%，需求量变动的百分比大于 1%。反映在图形上是一条比较平坦的需求曲线，如图 2-14（a）所示。

（2）$0<E_d<1$，即需求缺乏弹性。它表示需求量变动的百分比小于价格变动的百分比，即价格每升降1%，需求量变动的百分比小于1%。反映在图形上是一条比较陡峭的需求曲线，如图2-14（b）所示。

（3）$E_d=1$，即需求具有单位弹性。它表示需求量变动的百分比等于价格变动的百分比，即价格每升降1%，需求量变动的百分比等于1%。反映在图形上是一条正双曲线，如图2-14（c）所示。

（4）$E_d=\infty$，即需求完全有弹性。它表示在既定的价格水平上，需求量是无限的；而一旦高于既定价格，需求量即为零，说明需求量变动对价格变动异常敏感。此时需求曲线是与横轴平行的一条水平线，如图2-14（d）所示。

（5）$E_d=0$，即需求完全无弹性。它表示无论价格如何变动，需求量都不会变动。此时需求曲线是一条与横轴垂直的线，如图2-14（e）所示。

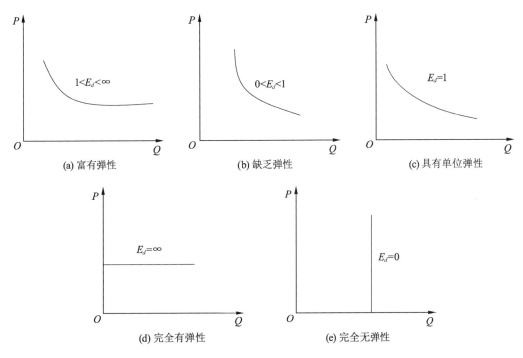

图2-14 需求价格弹性的种类

4. 影响需求价格弹性的因素

不同商品的需求价格弹性大小是不一样的，影响需求价格弹性的因素很多，一般认为主要有以下几种。

（1）商品的可替代性。一般来说，一种商品的替代品越多，与其他商品的相近程度越高，则该商品的需求价格弹性往往就越大；相反，该商品的需求价格弹性往往就越小。例如，对于水果来说，替代品较多，这样，某水果的需求价格弹性就比较大。又如，对于食盐来说，没有很好的替代品，所以食盐价格的变化所引起的需求量的变化几乎为零，它的需求价格弹性是极小的。

对一种商品的定义越明确、越狭窄，这种商品的相近的替代品往往就越多，需求价格弹性也就越大。譬如，豆沙馅面包的需求价格弹性要比一般的甜馅面包的需求价格弹性大，甜馅面包的需求价格弹性又比一般的面包的需求价格弹性大，而面包的需求价格弹性比一般的面粉制品的需求价格弹性又要大得多。

（2）商品用途的广泛性。一般来说，一种商品的用途越广泛，它的需求价格弹性就可能越大；相反，用途越是狭窄，它的需求价格弹性就可能越小。这是因为如果一种商品具有多种用途，当它的价格较高时，消费者只购买较少的数量用于最重要的用途；当它的价格逐步下降时，消费者的购买量就会逐渐增加，将商品越来越多地用于其他的各种用途。

（3）商品对消费者生活的重要程度。一般来说，生活必需品的需求价格弹性较小，非生活必需品的需求价格弹性较大。例如，食盐是人们生活中不可缺少的商品，所以其需求价格弹性极小；而旅游消费对于目前我国刚进入小康社会的老百姓来说并不是非常重要，所以其需求价格弹性相对较大。

（4）商品的消费支出在消费者预算总支出中所占的比重。消费者在某商品上的消费支出在其预算总支出中所占的比重越大，该商品的需求价格弹性可能越大；相反，则可能越小。例如，火柴、盐、铅笔、肥皂等商品的需求价格弹性就比较小。因为消费者每月在这些商品上的支出是很小的，消费者往往不太重视这类商品价格的变化；汽车消费在居民的消费支出中所占的比重较大，所以汽车的需求价格弹性也较大。

（5）消费者调节需求量的时间。一般来说，消费者调节需求量的时间越长，需求价格弹性就可能越大。因为消费者在决定减少或停止对价格上升的某种商品的购买之前，一般需要花费时间去寻找和了解该商品的替代品。例如，当石油价格上升时，消费者在短期内不会较大幅度地减少需求量。但在长期内，消费者可能找到替代品，那么石油价格上升会导致石油的需求量较大幅度地下降。

需要指出的是，一种商品的需求价格弹性大小是各种影响因素综合作用的结果。所以，在分析一种商品的需求价格弹性大小时，要根据具体情况进行全面的综合分析。

5. 需求价格弹性与厂商的销售收入

在实际生活中会发生这样一些现象：有的厂商提高商品价格，能使销售收入增加；有的厂商提高商品价格，反而使销售收入减少了。这意味着以降价促销来增加销售收入的做法，对有的商品适用，对有的商品不适用。如何解释这些现象？这便涉及商品的需求价格弹性和厂商的销售收入二者之间的相互关系。

我们知道，厂商的销售收入等于商品的价格乘以商品的销售量。在此假定厂商的商品销售量等于市场上对其商品的需求量。这样，厂商的销售收入就可以表示为商品的价格乘以商品的需求量，即

$$TR = P \cdot Q \tag{2.10}$$

式（2.10）中，TR 表示销售收入，P 表示价格，Q 表示销售量即需求量。不同

商品的需求价格弹性不同，价格变动引起的销售量的变动不同，销售收入的变动也就不同。

（1）需求富有弹性（$1<E_d<\infty$）的商品需求价格弹性与销售收入之间的关系。

假设电视机的需求价格弹性系数为2，当价格 P_1 为500元时，需求量 Q_1 为100台，此时厂商的销售收入 TR_1 为

$$TR_1=P_1 \cdot Q_1=500\times100=50\ 000（元）$$

若电视机价格降低10%，即 P_2 为450元，其需求量增加20%，即 Q_2 为120台，此时厂商的销售收入 TR_2 为

$$TR_2=P_2 \cdot Q_2=450\times120=54\ 000（元）$$
$$TR_2-TR_1=54\ 000-50\ 000=4\ 000（元）$$

显然，随着电视机价格的下降，厂商的销售收入相应增加。

若电视机价格上升10%，即 P_3 为550元，其需求量减少20%，即 Q_3 为80台，此时厂商的销售收入 TR_3 为

$$TR_3=P_3 \cdot Q_3=550\times80=44\ 000（元）$$
$$TR_3-TR_1=44\ 000-50\ 000=-6\ 000（元）$$

显然，随着电视机价格的上升，厂商的销售收入相应减少。

结论：一般来说，若某商品（如工业品）的需求是富有弹性的，则其价格与总收益呈反方向变动，即价格上升，总收益减少；价格下降，总收益增加。这个结论可以解释"薄利多销"这类现象。

（2）需求缺乏弹性（$0<E_d<1$）的商品需求价格弹性与销售收入之间的关系。

假设大米的需求价格弹性系数为0.5，当价格 P_1 为2元时，需求量 Q_1 为4 000千克，此时厂商的销售收入 TR_1 为

$$TR_1=P_1 \cdot Q_1=2\times4\ 000=8\ 000（元）$$

若大米价格降低10%，即 P_2 为1.8元时，其需求量增加5%，即 Q_2 为4 200千克，此时厂商的销售收入 TR_2 为

$$TR_2=P_2 \cdot Q_2=1.8\times4\ 200=7\ 560（元）$$
$$TR_2-TR_1=7\ 560-8\ 000=-440（元）$$

显然，随着大米价格的下降，厂商的销售收入相应减少。

若大米价格上升10%，即 P_3 为2.2元，其需求量减少5%，即 Q_3 为3 800千克，此时厂商的销售收入 TR_3 为

$$TR_3=P_3 \cdot Q_3=2.2\times3\ 800=8\ 360（元）$$
$$TR_3-TR_1=8\ 360-8\ 000=360（元）$$

显然，随着大米价格的上升，厂商的销售收入相应增加。

结论：一般来说，若某商品（如农产品）的需求是缺乏弹性的，则其价格与总收益呈同方向变动，即价格上升，总收益增加；价格下降，总收益减少。这个结论可以解释"谷贱伤农"这类现象。

(3) 需求为单位弹性（$E_d = 1$）的商品需求价格弹性与销售收入之间的关系。

如果某商品的需求为单位弹性，则无论该商品价格是上升还是下降，销售收入都是不变的。

综上所述，需求价格弹性与销售收入之间的关系如表 2-3 所示。

表 2-3 需求价格弹性与销售收入之间的关系

价格变化	需求价格弹性		
	$1<E_d<\infty$	$E_d=1$	$0<E_d<1$
涨价	收入减少	收入不变	收入增加
降价	收入增加	收入不变	收入减少

（二）需求收入弹性

1. 需求收入弹性的定义

需求收入弹性表示在一定时期内一种商品的需求量变动对消费者收入变动的反应程度。或者说，它表示在一定时期内消费者的收入变化百分之一所引起的商品需求量变化的百分比。如果用 E_m 表示需求收入弹性系数，用 M 和 ΔM 分别表示收入和收入的变动量，用 Q 和 ΔQ 分别表示需求量和需求量的变动量，则需求收入弹性系数可用公式表示为

$$E_m = \frac{\frac{\Delta Q}{Q}}{\frac{\Delta M}{M}} = \frac{\Delta Q}{\Delta M} \cdot \frac{M}{Q} \tag{2.10}$$

2. 需求收入弹性的种类

（1）商品需求收入弹性系数为正，即 $E_m>0$。这种商品被称为正常品。当消费者的收入水平提高时，对这种商品的需求随之增加；当消费者的收入水平降低时，对这种商品的需求随之减少，收入与需求呈同方向变动。在正常品中，$E_m<1$ 的商品为必需品，$E_m>1$ 的商品为奢侈品。这是因为当消费者的收入水平下降时，尽管消费者对必需品和奢侈品的需求都会减少，但对必需品需求的减少是有限的，或者说是缺乏弹性的；而对奢侈品需求的减少是较多的，或者说是富有弹性的。

（2）商品需求收入弹性系数为负，即 $E_m<0$。这种商品被称为低档品。当消费者的收入水平提高时，对这种商品的需求反而减少；当消费者的收入水平降低时，对这种商品的需求会增加，收入与需求呈反方向变动。

需要进一步指出的是，不同商品在一定的收入范围内具有不同的收入弹性，同一商品在不同的收入范围内也具有不同的收入弹性。收入弹性并不取决于商品本身的属性，而取决于消费者购买时的收入水平。这是因为当收入水平提高时，本来被认为是奢侈品的东西也许会被认为是必需品，本来被认为是正常品的东西也许会被认为是低档品。

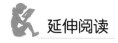

恩格尔系数

1857年，德国统计学家恩格尔阐明了一个定律：随着家庭和个人收入的增加，收入中用于食品支出的比例将逐渐减小。这一定律被称为恩格尔定律，反映这一定律的系数被称为恩格尔系数。其公式为

$$恩格尔系数=\frac{食品支出额}{家庭或个人消费支出额}\times 100\%$$

恩格尔定律主要表述的是食品支出占消费总支出的比例随收入的变化而变化的一定趋势，揭示了居民收入与食品支出之间的相关关系，用食品支出占消费总支出的比例来说明经济发展、收入增加对生活消费的影响程度。众所周知，吃是人类生存的第一需要，在收入水平较低时，其在消费支出中必然占有重要地位。随着收入的增加，在食物需求基本得到满足的情况下，消费的重心才会开始向穿、用等其他方面转移。因此，一个国家或家庭生活越贫困，恩格尔系数就越大；相反，生活越富裕，恩格尔系数就越小。

国际上常常用恩格尔系数来衡量一个国家（地区）人民生活水平的状况。根据联合国粮农组织提出的标准，恩格尔系数在60%以上为绝对贫困，50%~60%为温饱，40%~50%为小康，30%~40%为富裕，30%以下为最富裕。在我国运用这一标准进行国际和城乡对比时，要考虑到那些不可比因素，如消费品价格比价不同、居民生活习惯的差异及由社会经济制度不同所产生的特殊因素。

（三）需求交叉价格弹性

1. 需求交叉价格弹性的定义

需求交叉价格弹性表示在一定时期内一种商品的需求量变动对它的相关商品的价格变动的反应程度。或者说，它表示在一定时期内一种商品的价格变化百分之一时所引起的另一种商品的需求量变化的百分比。假设有两种商品 x 和 y，用 E_{xy} 表示需求交叉价格弹性系数，即 y 商品的需求量对 x 商品的价格变动的反应程度，用 P_x 和 ΔP_x 分别表示 x 商品变动前的价格和价格的变动量，用 Q_y 和 ΔQ_y 分别表示 y 商品的需求量和需求量的变动量，则需求交叉价格弹性系数可用公式表示为

$$E_{xy}=\frac{\frac{\Delta Q_y}{Q_y}}{\frac{\Delta P_x}{P_x}}=\frac{\Delta Q_y}{\Delta P_x}\cdot \frac{P_x}{Q_y} \tag{2.12}$$

2. 需求交叉价格弹性的种类

（1）需求交叉价格弹性系数为正，即 $E_{xy}>0$。这意味着 x 商品价格变化方向与 y 商品需求量变化方向相同，即当 x 商品价格提高时，消费者会从购买 x 商品转向购买 y 商品，从而对 y 商品的需求量增加，这表明 x 商品和 y 商品存在相互替代的关系。

需求交叉价格弹性系数越大，两种商品的替代性越强。

（2）需求交叉价格弹性系数为负，即 $E_{xy}<0$。这意味着 x 商品价格变化方向与 y 商品需求量变化方向相反，即当 x 商品价格提高时，消费者会同时减少对 y 商品的购买量，这表明 x 商品和 y 商品在消费上存在相互补充的关系。需求交叉价格弹性系数的绝对值越大，两种商品的互补性越强。

（3）需求交叉价格弹性系数为零，即 $E_{xy}=0$。这意味着 x 商品价格变化时，y 商品的需求量没有任何变化，或者变化量极小以至于可以忽略不计。这表明 x 商品和 y 商品在消费上不存在相关关系，两种商品互为无关品。

三、供给弹性

经济学中分析供给弹性时，主要分析供给价格弹性。

（一）供给价格弹性的定义

供给价格弹性表示在一定时期内一种商品的供给量变动对该商品的价格变动的反应程度。或者说，它表示在一定时期内一种商品的价格变化百分之一所引起的该商品的供给量变化的百分比。如果用 E_s 表示供给价格弹性系数，用 Q 和 ΔQ 分别表示供给量和供给量的变动量，用 P 和 ΔP 分别表示价格和价格的变动量，则供给价格弹性系数可用公式表示为

$$E_s = \frac{供给量变动的百分比}{价格变动的百分比} = \frac{\Delta Q/Q}{\Delta P/P} = \frac{\Delta Q}{\Delta P} \cdot \frac{P}{Q} \tag{2.13}$$

供给价格弹性系数为正值，这是因为一般情况下商品的价格与其供给量呈同方向变动。

（二）供给价格弹性的种类

根据弹性系数的大小，供给价格弹性可分为五类，如图 2-15 所示。

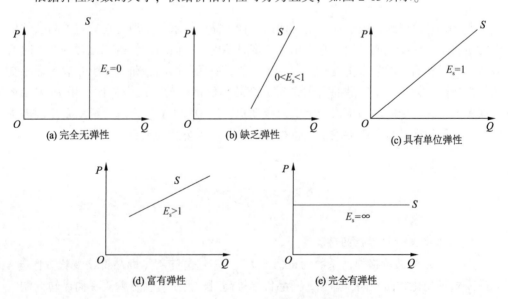

图 2-15 供给价格弹性的种类

1. 供给完全无弹性

若 $E_s=0$，则称该商品的供给完全无弹性。例如，稀有的古董及珍品也许全世界只有这一个，所以，其供给就完全无弹性。其供给曲线如图2-15（a）所示。

2. 供给缺乏弹性

若 $0<E_s<1$，则称该商品的供给缺乏弹性。如果供给量对价格变动的反应很小，可以说这种物品的供给是缺乏弹性的，如多数农产品。其供给曲线如图2-15（b）所示。

3. 供给具有单位弹性

若 $E_s=1$，则称该商品的供给具有单位弹性。其供给曲线如图2-15（c）所示。

4. 供给富有弹性

若 $E_s>1$，则称该商品的供给富有弹性。生产中受外界（如天气、自然灾害等）因素影响较少的商品，其供给富有弹性，如多数工业品。其供给曲线如图2-15（d）所示。

5. 供给完全有弹性

若 $E_s=\infty$，则称该商品的供给完全有弹性。供给完全有弹性的商品可以说几乎没有，很难找到适当的例子。其供给曲线如图2-15（e）所示。

可见，供给价格弹性系数以1为分界线，低于1，表示供给缺乏弹性；高于1，表示供给富有弹性。大多数商品的供给不是属于富有弹性一类，就是属于缺乏弹性一类。

供给价格弹性系数为无穷大的情况比较少见。通常认为劳动力严重过剩地区的劳动力供给曲线具有无穷大的供给价格弹性系数。在这些地区，一旦把劳动力的价格确定在某一水平，便会得到源源不断的劳动力供给。

（三）影响供给价格弹性的因素

供给价格弹性同样也受到许多因素的影响，这些因素主要包括以下几个方面。

1. 商品的成本状况

厂商向市场提供一定量商品所要求的价格取决于商品的成本。如果厂商大幅度地增加某种商品的产量，而生产成本只有较小幅度地增加，则供给曲线比较平缓，供给富有弹性；相反，如果产量增加的同时，生产成本也大幅度增加，则供给就缺乏弹性。

2. 考察时间的长短

时间因素对供给价格弹性的影响可能比对需求价格弹性的影响更为重要。时间越长，供给就越有弹性；时间越短，供给就越缺乏弹性。

如图2-16所示，S_1 表示某种商品在极短时间内的供给曲线，无论价格如何变动，厂商都来不及增加产量，供给价格弹性趋于零。S_2 表示该商品在短期内的供给曲线，随着价格的提高，厂商有可能调

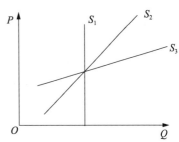

图2-16 时间因素对供给价格弹性的影响

整可变的生产要素,但没有足够的时间调整固定的生产要素,此时供给价格弹性比 S_1 有所提高。S_3 表示该商品在较长时间内的供给曲线,在这一期间内,厂商有条件调整可变的和固定的生产要素,其他厂商亦可进入该行业,使整个行业的供给量大幅度增加,此时供给价格弹性比 S_2 有所提高。

3. 调整产量的难易程度

供给价格弹性实际上是供给量对价格变动所做出反应的灵敏程度。一般来说,易于调整产量的商品的供给价格弹性就大;相反,难以调整产量的商品的供给价格弹性就小。比如,固定生产要素比重小的轻工业就比重工业易于调整;受自然条件约束小的工业就比农业易于调整;生产周期短的商品就比生产周期长的商品易于调整。相对而言,前者的供给价格弹性一般均高于后者。

4. 生产要素在商品生产中变动生产方式的难易

如果某些商品所使用的生产要素很容易变动其生产方式,即很容易用于各种不同商品的生产,也就是说,生产这些商品所需要的生产要素不成问题,则这些商品的供给价格弹性就比较大;否则,就比较小。

在分析某种产品的供给价格弹性时要把以上因素综合起来考虑。重工业产品,一般采用资本密集型技术,生产较为困难,并且生产周期较长,所以供给价格弹性较小。轻工业产品,尤其是食品、服装这类产品,一般采用劳动密集型技术,生产较为容易,并且生产周期短,所以供给价格弹性较大。农产品的生产尽管也多采用劳动密集型技术,但由于生产周期长,因此供给是缺乏弹性的。

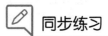

同步练习

一、单项选择题

1. 已知某种商品的需求是富有弹性的,假定其他条件不变,厂商想要获得更多的收益,应该(   )。
   A. 适当降低价格   B. 适当提高价格
   C. 保持价格不变   D. 提价还是降价要视情况而定

2. 如果一种商品的需求是富有弹性的,则该商品价格上升5%,将(   )。
   A. 增加需求量超过5%   B. 增加需求量小于5%
   C. 减少需求量超过5%   D. 减少需求量小于5%

3. 需求交叉价格弹性是衡量(   )。
   A. 一种物品的需求量对其价格变动的反应程度
   B. 一种物品的价格对收入变动的反应程度
   C. 一种物品的需求量对另一种物品的价格变动的反应程度
   D. 一种物品的需求量对收入变动的反应程度

4. 如果两种商品 a 和 b 的需求交叉价格弹性是-3,则(   )。
   A. a 和 b 是替代品   B. a 和 b 是正常品

C. a 和 b 是低档品　　　　　　D. a 和 b 是互补品

二、判断题

1. 如果价格和总收益呈同方向变动，则需求是富有弹性的。（　　）
2. 农产品的需求一般来说缺乏弹性，这意味着当农产品的价格上升时，农场主的总收益将增加。（　　）
3. 长期的需求价格弹性要比短期的需求价格弹性小。（　　）
4. 购买某种商品的支出占全部支出的比例越小，该商品的需求价格弹性就越小。（　　）
5. 如果某种商品很容易被别的商品替代，那么该商品的需求价格弹性就比较大。（　　）
6. 高档品因为占人们收入的比例比较大，所以需求价格弹性就比较小。（　　）
7. 生活必需品的需求价格弹性必定大于高档品。（　　）
8. 一种商品的用途变得更广泛，会使该商品的需求价格弹性变小。（　　）

本章小结

需求是指消费者在一定时期内，在各种可能的价格水平下愿意且能够购买的某种商品的数量。需求曲线是一条向右下方倾斜的曲线，表明需求量与价格是负相关的。影响需求的因素主要有商品本身的价格、消费者的收入水平、消费者的偏好、相关商品的价格、消费者对未来价格的预期等。

供给是指生产者在一定时期内，在各种可能的价格水平下愿意且能够提供出售的某种商品的数量。供给曲线是一条向右上方倾斜的曲线，表明供给量与价格是正相关的。影响供给的因素主要有商品本身的价格、生产要素的价格、生产的技术水平、相关商品的价格、生产者对未来的预期、生产者从事生产的目标、政府的经济政策等。

均衡价格是指一种商品的需求量与供给量相等时的价格。供求定律描述的是：需求的变动引起均衡价格和均衡数量同方向变动；供给的变动引起均衡价格反方向变动、均衡数量同方向变动。均衡价格理论的应用主要有最低限价政策和最高限价政策。

需求价格弹性、需求收入弹性、需求交叉价格弹性分别测算在其他因素不变的情况下，需求量对商品本身价格、消费者收入、相关商品价格的变动做出反应的程度。需求富有弹性的商品，价格与销售收入呈反方向变动；需求缺乏弹性的商品，价格与销售收入呈同方向变动。

复习与思考

一、问答题

1. 汽油价格变动，是引起汽油的供给曲线位移，还是沿着汽油供给曲线运动？

是引起汽车的供给曲线位移，还是沿着汽车供给曲线运动？

2. 用供求图来表示下面每句话。

(1) 当江南发生大旱灾时，稻米的价格上升。

(2) 当天气变凉时，承德的宾馆房间价格下降。

(3) 如果土豆的价格上升，薯条市场会发生什么变动？番茄酱市场呢？

3. 下列情况发生时，某种蘑菇的需求曲线如何移动？

(1) 卫生组织发布一份报告，称食用这种蘑菇会致癌。

(2) 另一种蘑菇价格上涨了。

(3) 消费者收入增加了。

(4) 培育蘑菇的工人工资增加了。

4. 下列五种情况，对于整个社会的房屋供给分别有何影响？

(1) 土地价格上涨。

(2) 水泥价格下跌。

(3) 建筑房屋的技术进步。

(4) 房租将要下跌。

(5) 从事工业投资的利润增加。

5. 运用均衡价格理论及弹性理论说明"谷贱伤农"的原因。

二、计算题

1. 已知某一时期内某商品的需求函数为 $Q_d = 50-5P$，供给函数为 $Q_S = -10+5P$。求均衡价格 P 和均衡数量 Q，并作出几何图形。

2. 假定表 2-4 是某种商品的需求函数 $Q_d = 500-100P$ 在一定价格范围内的需求表。

表 2-4　某商品的需求表

价格/元	1	2	3	4	5
需求量/件	400	300	200	100	0

(1) 求出价格在 2 元和 4 元之间的需求价格弧弹性。

(2) 根据给出的需求函数，求 $P=2$（元）时的需求价格点弹性。

3. 假定表 2-5 是某种商品的供给函数 $Q_S = -3+2P$ 在一定价格范围内的供给表。

表 2-5　某商品的供给表

价格/元	2	3	4	5	6
供给量/件	1	3	5	7	9

(1) 求出价格在 3 元和 5 元之间的供给价格弧弹性。

(2) 根据给出的供给函数，求 $P=4$（元）时的供给价格点弹性。

4. 某种商品原来的价格是每件 10 元，其销售量是 2 000 件，该商品的需求价格弹性系数是 0.4，由于市场原因，该商品的价格上升为每件 15 元。试分析该商品的收益变化情况。

三、案例分析题

某一天，小张和妈妈去超市购物。镜头一："这件羽绒服才280元，冬天要400多元，儿子，妈给你买一件。"镜头二：粮食、食盐、酱油等生活必需品价格上涨厉害，但妈妈还是买了不少。镜头三：家电柜台前，正在进行酬宾大减价，许多人排队等着购买，由于价格下降较多，一向节省的妈妈也购买了一部数码相机。镜头四："猪肉价格涨了，儿子，咱吃鸡吧！啊呀，怎么买鸡的人这么多？"镜头五："叫你开车来，你不，这么多东西，怎么拿？""汽油7元多一升，咱们尽量少开车。"

请问：（1）价格变动引起需求量的变动，是不是所有商品的反应程度都一样？

（2）猪肉涨价了，吃鸡的人增多了，而汽油涨价了，开车的人少了，说明了什么问题？

（3）镜头四和镜头五中哪些商品属于互补品，哪些商品互为替代品？在以上两组商品中，一种商品价格变动对另一种商品的需求量有什么影响？

第三章 消费者行为理论

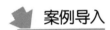 学习目标

1. 掌握效用、总效用和边际效用的概念；
2. 掌握边际效用递减规律；
3. 理解消费者均衡的条件；
4. 掌握无差异曲线的特点；
5. 掌握边际替代率的概念及其递减规律；
6. 掌握预算线的含义；
7. 了解价格变动的替代效应和收入效应。

案例导入

春晚的怪圈

1983年第一届中央电视台春节联欢晚会的播出，在当时娱乐业尚不发达的我国引起了极大的轰动。自此，我国老百姓在大年夜全家欢聚一堂收看春晚成了一种风俗，春晚的节目成为全国老百姓在街头巷尾和茶余饭后津津乐道的题材。

春晚年复一年地办下来了，投入的人力和物力越来越大，技术越来越好，场面越来越宏大，节目种类也越来越丰富。但不知从哪一年开始，人们对春晚的评价越来越多样了，原来街头巷尾和茶余饭后的赞美之词掺入了越来越多的质疑声，春晚成了一道众口难调的大菜，陷入了"年年办，年年骂；年年骂，年年办"的怪圈。

（资料来源：杨洁，喻文丹. 经济学基础 [M]. 3版. 北京：人民邮电出版社，2019：46. 有改动）

案例思考：春晚的怪圈反映了什么经济学原理？

我们在第二章中分析了需求与价格的关系，知道了需求与价格呈反方向变动，在平面坐标图中需求曲线向右下方倾斜，但是并没有说明形成这些特征的原因。本章我们将分析需求曲线背后的消费者行为，并由此推导出需求曲线。

第一节 效 用

消费者又称居民户，是指在经济社会中能做出统一消费决策的单位，它可以是个人，也可以是由若干人组成的家庭。居民户提供各种生产要素以获得相应的收入，并把这种收入用于消费。他们消费的目的是获得最大的满足。

一、效用的概念

消费者消费各种商品，为的是满足自己的各种欲望。欲望是消费者行为的出发点。欲望是一种缺乏的感觉与求得满足的愿望。也就是说，欲望是不足之感与求足之愿的统一，二者缺一都不能称之为欲望。

人的欲望是多种多样的，一种欲望得到满足之后，另一种欲望又会随之产生，因此，从这个意义上说，人的欲望是无限的，但又有轻重缓急和层次不同之分。

效用是指对商品满足人的欲望的能力评价，或者说，效用是消费者在消费商品时所感受到的满足程度。消费者消费某种商品能满足欲望的程度高，就是效用大；反之，就是效用小。如果消费者不仅没有获得满足感，反而感到痛苦，就是负效用。

西方经济学家认为，效用是消费者的一种主观心理感觉，它取决于消费者在消费某种商品时的主观感受。因此，效用会因人、因地而异。也就是说，同一商品对于不同的人会有不同的效用。比如，辣椒对于喜欢吃辣的人来说效用很大，但对于不喜欢吃辣的人来说效用很小，甚至因感到吃辣椒是一种痛苦而产生负效用。同样的商品对于不同的人在不同的时间和地点，效用也不同。比如，一瓶水对于一个住在泉水边上的人来说效用很小，但当他去沙漠旅行时，这瓶水的效用就会很大；冰块在夏天对人们具有较大的效用，但在冬天对正常的人就没有什么效用。因此，除非有特殊的假定，否则效用是不能在不同的人之间进行比较的。但就某一个确定的消费者而言，可以判断某种商品对他的效用的大小。

虽然效用是消费者的一种主观心理感觉，但它本身并不包括是非的价值判断。也就是说，一种商品效用的大小，仅仅看它能满足人们多少欲望或需要，而不考虑这一需要或欲望本身的好坏。例如，吸毒从伦理上看是坏欲望，但毒品（如鸦片、吗啡）能满足这种欲望，因而它就具有效用。

二、效用的度量

效用是用来表示消费者在消费商品时所感受到的满足程度，于是便产生了对"这种满足程度"即效用大小的度量问题。在这一问题上，西方经济学家先后提出了基数效用和序数效用的概念，并在此基础上形成了两种分析消费者行为的方法，它们分别是基数效用论者的边际效用分析法和序数效用论者的无差异曲线分析法。

基数效用论采用边际效用分析法来说明消费者均衡，即消费者效用最大化的实现。

序数效用论采用无差异曲线分析法来说明消费者均衡，即消费者效用最大化的实现。

同步练习

一、单项选择题

经济学家所说的"效用"是指（　　）。

A. 人们对电子服务的消费

B. 某种商品对人们的用处

C. 人们从消费一种商品中得到的满足程度

D. 人们消费商品的总成本

二、判断题

基数效用论采用的分析方法是无差异曲线分析法。（　　）

第二节　基数效用论

一、基数效用论的基本观点

在 19 世纪末和 20 世纪初，经济学家普遍使用的是基数效用论。其基本观点是：效用是可以计量并加总求和的，因此，效用的大小可以用基数（1，2，3，…）来表示。所谓效用可以计量，就是指消费者消费某一商品所得到的满足程度可以用效用单位来衡量。例如，消费者消费 1 块面包的效用为 5 单位，一杯牛奶的效用为 7 单位，这样，消费者消费这两种商品所得到的总效用就是 12 单位。根据此理论，可以用具体数字来研究消费者效用最大化问题。

二、总效用与边际效用

（一）总效用与边际效用的概念

1. 总效用

总效用（Total Utility，TU），是指消费者在一定时间内从一定数量商品的消费中所得到的效用量的总和。消费者追求的效用最大化就是追求总效用最大。假定消费者对一种商品的消费数量为 Q，则总效用函数为

$$TU = f(Q) \tag{3.1}$$

2. 边际效用

边际效用（Marginal Utility，MU），是指消费者在一定时间内增加一单位商品的消费所得到的效用量的增量，即每增加一单位商品消费所增加的效用。其数学表达式为

$$MU = \Delta TU/\Delta Q \tag{3.2}$$

式 3.2 中，MU 为边际效用，ΔTU 为总效用的增加量，ΔQ 为商品的增加量。

当商品的增加量趋于无穷小，即 $\Delta Q \to 0$ 时有

$$MU = \lim_{\Delta Q \to 0} \frac{\Delta TU(Q)}{\Delta Q} = \frac{dTU(Q)}{dQ} \tag{3.3}$$

（二）总效用与边际效用的关系

总效用与边际效用的关系可以用表 3-1 和图 3-1 来说明。表 3-1 列出了某消费者在消费某种商品时的总效用和边际效用数值。

表 3-1 某商品的总效用与边际效用

消费数量（Q）(1)	总效用（TU）(2)	边际效用（MU）(3)	价格（P）(4)
0	0	0	—
1	10	10	5
2	18	8	4
3	24	6	3
4	28	4	2
5	30	2	1
6	30	0	0
7	28	-2	—

根据表 3-1，可以作出总效用曲线和边际效用曲线，如图 3-1 所示。

在图 3-1（a）中，横轴代表商品消费数量 Q，纵轴代表总效用 TU。总效用曲线是一条从原点出发，向右上方渐升，达到最高点后，又向右下方倾斜的曲线。它表示：随着某商品消费数量的增加，在合理的消费阶段消费者的满足程度会不断增加，但当消费数量达到饱和，即消费者对该商品的消费欲望得到完全满足时，如果继续增加消费，总的满足程度不但不再增加，反而可能减少。

在图 3-1（b）中，横轴代表商品消费数量 Q，纵轴代表边际效用 MU，边际效用曲线是一条向右下方倾斜的直线，它表示：随着某商品消费数量的不断增加，消费者从增加的每一单位该商品的消费中得到的满足程度是递减的；当消费者的满足程度达到饱和，即总效用达到最大值时，边际效用为零；过了 A 点之后，如果继续增加消费，由于总效用开始下降，即总效用的增量为负，边际效用就成了负值。

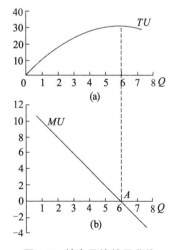

图 3-1 某商品的效用曲线

由以上分析可以看出，总效用和边际效用的关系为

当 $MU>0$ 时，TU 上升；

当 $MU<0$ 时，TU 下降；

当 $MU=0$ 时，TU 达到极大值。

三、边际效用递减规律

从表 3-1 和图 3-1 可以得出边际效用递减规律：在一定时间内，在其他商品的消费数量保持不变的条件下，随着消费者对某种商品消费数量的增加，消费者从连续增加的每一单位该商品的消费中所得到的效用增量即边际效用是递减的。

一般来说，消费者所消费的商品数量增加时，在一定范围内所获得的总效用也会增加。如表 3-1 和图 3-1 所示，某消费者消费 1 单位商品所获得的总效用为 10，边际效用也是 10；消费 2 单位商品所获得的总效用为 18，边际效用（消费第 2 单位商品所增加的效用）是 8；消费 3 单位商品所获得的总效用为 24，边际效用（消费第 3 单位商品所增加的效用）是 6；消费 4 单位商品所获得的总效用为 28，边际效用（消费第 4 单位商品所增加的效用）是 4；消费 5 单位商品所获得的总效用为 30，边际效用（消费第 5 单位商品所增加的效用）是 2；消费 6 单位商品所获得的总效用为 30，边际效用（消费第 6 单位商品所增加的效用）是 0；而第 7 单位商品的消费不但不能增加总效用，反而使总效用减少了 2 单位，即边际效用为-2。

为什么边际效用会递减呢？可以从以下两个方面进行解释。

一方面，从生理或心理的角度看，消费一种商品的数量越来越多，即某种刺激不断反复，人生理上的满足或心理上的反应会减少，从而满足程度会下降。例如，肚子饿，连续吃几块面包时，通常会有这种感觉：吃第一块时感觉很好，吃第二块、第三块时满足程度越来越小。吃饱时边际效用为零，再吃就难受了，出现边际效用为负的情况。

另一方面，从商品本身用途的多样性看，每种商品都有许多用途，这些用途的重要性不同，消费者会根据重要程度不同对其进行排队。当他只有 1 单位商品时，作为理性的人一定会将该商品用于满足最重要的需要，而不会用在次要的用途上；当他有 2 单位商品时，其中之一会用在次要的用途上；而当他有 3 单位商品时，将以其中之一用在第三级用途上；如此等等。所以，某种商品后一单位的消费给消费者提供的效用一定小于前一单位，也就是边际效用在递减。设想每种商品（如水）都有几种用途（饮用、洗衣、浇花草），再假定消费者把这些用途按其重要性加以分级，如此，消费者必然把第一单位的水用在最重要的用途（饮用）上，然后再把其他单位的水依次用在较不重要的用途（洗衣、浇花草）上。这样，由于不同单位的水先后用在重要性依次下降的用途上，该商品的边际效用必然随消费数量的增加而呈递减趋势。

总之，边际效用递减规律是西方经济学在研究消费者行为时用来解释需求规律或需求定理的一种理论观点。根据边际效用递减规律，消费者在对某商品的最初消费中所获得的效用最大，其欲望最强，消费者愿意付出较高的价格。随着消费数量的递

增,边际效用在递减,欲望也在递减,消费者愿意付出的价格越来越低。当然,它的有效性以假定人们消费行为的决策是符合理性的为必要前提。

延伸阅读

货币的边际效用

基数效用论认为,货币和商品一样,也具有效用,同样也遵循边际效用递减规律。货币的效用就是用来交换商品的效用。对于消费者来说,随着货币收入的不断增加,每增加一元钱所获得的边际效用是越来越小的,即货币的边际效用是递减的。"富人的钱不值钱,穷人的时间不值钱"就非常形象地说明了这一点。

在分析消费者行为时,通常假定货币的边际效用是不变的,一般用 λ 表示。因为一般情况下,单位商品的价格只占消费者总货币收入量的很小部分,支出的货币的边际效用的变化非常小,可以忽略不计。

四、消费者均衡

在一定条件下,消费者手中的货币量是一定的,消费者用这一定量的货币来购买各种商品可以有多种多样的安排。一个理性的消费者总能在选择和购买商品时获得最大的效用。

(一)消费者均衡的含义

消费者均衡是指在既定收入约束下,消费者选择不同商品数量组合而达到效用最大化的状态。在这种均衡状态下,消费者既不想增加也不想减少任何商品的购买数量,这是一种相对静止的状态。

在研究消费者均衡时,需要做出以下假定:① 消费者偏好不变,也就是说消费者对各种商品的效用和边际效用的主观评价是既定不变的;② 消费者决定买进各种商品的价格是已知和既定的;③ 消费者的货币收入是既定的,其收入全部用来购买相应的商品。

(二)消费者均衡的条件

在消费者收入和商品价格既定的情况下,消费者所消费的各种商品的边际效用与其价格之比相等,即每一单位货币所得到的边际效用都相等,此时消费者实现均衡。

假定消费者用一定的收入 I 购买 X、Y 两种商品,这两种商品的价格分别为 P_x 和 P_y,购买数量分别为 Q_x 和 Q_y,所带来的边际效用分别为 MU_x 和 MU_y,每一单位货币的边际效用为 λ,那么消费者效用最大化的均衡条件可以表示为

$$P_x \cdot Q_x + P_y \cdot Q_y = I \tag{3.4}$$

$$MU_x/P_x = MU_y/P_y = \lambda \tag{3.5}$$

式(3.4)是限制条件,说明收入是既定的,X 和 Y 商品的支出不能超过收入,也不能小于收入。超过收入的购买是无法实现的,而小于收入的购买也达不到既定收

入时的效用最大化。

式（3.5）表示消费者均衡的实现条件，即所购商品带来的边际效用与其价格之比相等。也就是说，每一单位货币无论是购买 X 商品还是购买 Y 商品，所得到的边际效用相等。

下面举例说明这一点。

假设某消费者准备购买 X 和 Y 两种商品，已知这两种商品的价格分别为 $P_x=10$（元），$P_y=20$（元），该消费者的收入为 100 元，并将其全部用于购买 X 和 Y 两种商品。这两种商品的边际效用 MU_x 和 MU_y 如表 3-2 所示，则该消费者应该购买多少 X 和 Y 才能使总满足程度最大？

表 3-2　X 和 Y 商品的边际效用表

Q	1	2	3	4	5	6	7	8	9	10
MU_x	5	4	3	2	1	0	−1	−2	−3	−4
MU_y	6	5	4	3	2					

根据收入条件的限制，可得出购买 X 和 Y 两种商品的不同数量组合，以及相应的 MU_x/P_x 与 MU_y/P_y 和总效用，如表 3-3 所示。

表 3-3　消费者购买 X 和 Y 两种商品数量组合表

组合方式	MU_x/P_x 与 MU_y/P_y	总效用
$Q_x=10$，$Q_y=0$	$-4/10 \neq 0/20$	5
$Q_x=8$，$Q_y=1$	$-2/10 \neq 6/20$	18
$Q_x=6$，$Q_y=2$	$0/10 \neq 5/20$	26
$Q_x=4$，$Q_y=3$	$2/10 = 4/20$	29
$Q_x=2$，$Q_y=4$	$4/10 \neq 3/20$	27
$Q_x=0$，$Q_y=5$	$0/10 \neq 2/20$	20

从表 3-3 可以看出，只有 $Q_x=4$，$Q_y=3$ 的组合，才既符合收入条件的限制，又符合 $MU_x/P_x=MU_y/P_y$ 的要求。此时，X 商品所带来的总效用为 14，Y 商品所带来的总效用为 15。购买 X 和 Y 两种商品所带来的总效用为 29（14+15），在各种购买组合中总满足程度最大，从而实现了消费者均衡。

为什么只有在 $\dfrac{MU_x}{P_x}=\dfrac{MU_y}{P_y}=\lambda$ 的条件下，才能实现消费者均衡呢？

（1）如果 $\dfrac{MU_x}{P_x}>\dfrac{MU_y}{P_y}$，表示支付同等货币，购买 X 商品得到的边际效用大于购买 Y 商品得到的边际效用。这时，消费者肯定会减少对 Y 商品的购买量，增加对 X 商品的购买量，使得总效用增加。但是，在边际效用递减规律的作用下，X 商品的边际效用会随着其购买量的增加而减少，Y 商品的边际效用会随着其购买量的减少而增加。这一过程将一直持续到 $\frac{MU_x}{P_x}=\frac{MU_y}{P_y}$，此时总效用达到最大化。

（2）如果 $\frac{MU_x}{P_x}<\frac{MU_y}{P_y}$，表示支付同等货币，购买 X 商品得到的边际效用小于购买 Y 商品得到的边际效用。这时，消费者肯定会减少对 X 商品的购买量，增加对 Y 商品的购买量，使得总效用增加。但是，在边际效用递减规律的作用下，Y 商品的边际效用会随着其购买量的增加而减少，X 商品的边际效用会随着其购买量的减少而增加。这一过程将一直持续到 $\frac{MU_x}{P_x}=\frac{MU_y}{P_y}$，此时总效用达到最大化。

所以，只有在 $\frac{MU_x}{P_x}=\frac{MU_y}{P_y}=\lambda$ 的条件下，才能实现消费者均衡。

推而广之，当消费者消费的商品有 n 种时，消费者均衡的条件为

$$\frac{MU_1}{P_1}=\frac{MU_2}{P_2}=\cdots=\frac{MU_n}{P_n}=\lambda \tag{3.6}$$

由此可见，在价格水平相同的一组商品消费中，只有当每种商品的边际效用均相等时，其总效用才会最大。

五、需求曲线的推导

基数效用论以边际效用递减规律及在此基础上的效用最大化均衡条件为基础推导需求曲线。

前面我们给出的需求定理表明，需求量与价格呈反方向变动，即需求曲线是一条向右下方倾斜的曲线，但是它为什么会向右下方倾斜呢？根源在于边际效用递减规律。

商品的需求价格是指消费者在一定时期内对一定量的某种商品所愿意支付的价格，消费者为购买一定量的某种商品所愿意付出的货币量取决于他从这一定量的商品中所获得的效用。效用大，消费者愿意支付的价格高；效用小，消费者愿意支付的价格低。由于存在边际效用递减规律，随着消费者购买某种商品数量的增加，该商品给消费者带来的边际效用是递减的，而货币的边际效用是不变的。这样，随着消费者购买某种商品数量的增加，消费者所愿意支付的价格也在下降。因此，需求量与价格必然呈反方向变动。

我们还可运用消费者均衡条件给予解释。在研究消费者行为时，有一个很重要的假定，就是货币的边际效用是不变的。只有货币的边际效用不变，才能用货币的边际效用去衡量其他商品的效用。以最简单的消费者购买一种商品的情况为例，消费者实现效用最大化的均衡条件为

$$\frac{MU}{P}=\lambda \tag{3.7}$$

它表示消费者对任何一种商品的最优购买量应该是使最后 1 元钱购买该商品所带

来的边际效用和所付出的这 1 元钱货币的边际效用相等。式（3.7）还意味着由于对于任何一种商品来说，随着需求量的不断增加，边际效用是递减的，于是，为了保证均衡条件的实现，在货币的边际效用不变的前提下，商品的需求价格必然同比例于边际效用的递减而递减。

仍以表 3-1 为例来说明。假定 $\lambda=2$，为了实现 $\frac{MU}{P}=\lambda$ 的均衡条件，当商品的消费量为 1 单位时，边际效用为 10，则消费者为购买第 1 单位商品所愿意支付的最高价格为 5（10÷2）。当商品的消费量增加到 2 单位时，边际效用递减为 8，则消费者为购买第 2 单位商品所愿意支付的最高价格也同比例降为 4（8÷2）……直至商品的消费量增加到 5 单位时，边际效用进一步递减为 2，消费者为购买第 5 单位商品所愿意支付的最高价格降为 1（2÷2）。显然，商品的需求价格同比例于边际效用的递减而递减。因此，表 3-1 中第一栏和第四栏构成了一个需求表，可以推导出向右下方倾斜的需求曲线。同时，这也解释了需求曲线向右下方倾斜的原因，而且说明了需求曲线上的每一个点都是满足消费者效用最大化均衡条件的商品价格—需求量组合点。

六、消费者剩余

由以上分析可知，消费者在购买商品时愿意支付的价格取决于商品的边际效用，消费者愿意支付的价格可以高于或低于市场价格。只有当消费者愿意支付的价格高于市场价格时，消费者才会做出购买决定；当消费者愿意支付的价格等于市场价格时，消费者消费与否对其总效用是没有影响的，此时是消费者停止消费的临界点；当消费者愿意支付的价格低于市场价格时，消费者停止购买。因此，消费者对在停止购买前所购买的一定数量的某种商品愿意支付的总价格是高于实际支付的总价格的，我们将消费者在购买一定数量的某种商品时愿意支付的总价格与实际支付的总价格之间的差额称为消费者剩余。

消费者剩余的存在是因为消费者购买某种商品所愿意支付的价格取决于边际效用，而实际支付的价格取决于市场上的供求状况，即市场价格。消费者剩余的概念可用图 3-2 来说明。

在图 3-2 中，横轴代表某种商品的消费数量，纵轴代表该商品的价格，D 是需求曲线，表明商品消费数量少时，消费者愿意支付的价格高，随着商品消费数量的增加，消费者愿意支付的价格越来越低。消费者对每一单位商品所愿意支付的价格是不同的，当他购买 OQ_1 数量的商品时，愿意支付的货币总额为 OQ_1AP_0。但是，这时市场价格为 OP_1，所以他购买 OQ_1 数量的商品实际支付的货币总额为 OQ_1AP_1。他愿意支付的货币减去他实际支付的货币的差额，在图 3-2 中表示为 $OQ_1AP_0 - OQ_1AP_1 = AP_0P_1$，这就是消费者剩余。当商品价格上涨为 OP_2 时，购买的商品数量为 OQ_2，这时消

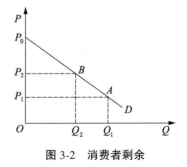

图 3-2　消费者剩余

费者愿意支付的货币总额为 OQ_2BP_0，实际支付的货币总额为 OQ_2BP_2，此时消费者剩余为 BP_0P_2。这表示当商品价格提高，需求量下降时，消费者剩余减少。

理解消费者剩余概念要注意以下三个问题：

（1）消费者剩余只是消费者的一种心理感觉，并不是指消费者实际收入的增加。

（2）消费者剩余的根源在于边际效用递减规律。因为市场价格是不变的，随着消费者对某种商品购买数量的增加，他从中得到的边际效用在减少，所以他从每一单位货币购买中所得到的消费者剩余在减少，他所愿意支付的价格也会减少。

（3）一般来说，生活必需品的消费者剩余较大，其他物品的消费者剩余相对较小。

延伸阅读

学会运用消费者剩余理论杀价

当你在水果摊上看到刚上市的荔枝时，新鲜饱满的荔枝激起了你强烈的购买欲望，并且这种欲望溢于言表。水果摊主看到你看中了他的荔枝，他会考虑以较高的价格卖给你。你对荔枝较强的购买欲望，表明你愿意支付更高的价格，从而有更多的消费者剩余。所以，当你询问价格的时候，他会故意提高价格，由于你的消费者剩余较多，你对这个价格还挺满意，毫不犹豫地把荔枝买了下来。结果，你的消费者剩余转化为水果摊主的利润。

这个例子告诉我们在购买商品时应该如何维护自身利益的一些经验。比如，当我们想购买某件商品时，不要眼睛直勾勾地看着这件商品，不妨表现出无所谓的态度，甚至表现出对这件商品的"不满"，这样，商家会以为你不太想买，就不敢提高价格了。再如，你去服装店买衣服，看见一件衬衣标价380元，但实际上80元就能买下来。为什么标价这么高呢？这是因为商家想把你的消费者剩余都赚去。这件衬衣的成本不足80元，但是有人特别喜欢，愿意出高于80元甚至远远高于80元的价格买下来，这里面就存在消费者剩余。因此，当你看上这件衬衣时，最好不要流露出满意的神色，否则你就要花较多的钱买下它。对于没有购买经验的顾客来说，当他以较高的价格买下这件衬衣时，或许还以为自己占了便宜，殊不知在他高高兴兴花380元买下这件衬衣时，商家也高高兴兴地发了一笔小财。

同步练习

一、单项选择题

1. 下列关于基数效用论的叙述，不正确的是（   ）。

A. 基数效用论中效用可以用确定的数字表达出来

B. 基数效用论中效用可以加总

C. 基数效用论和序数效用论使用的分析工具完全相同

D. 基数效用论认为消费一定数量的某种商品的总效用可以由每增加一单位的消费所增加的效用加总得出

2. 下列情况属于边际效用的是（   ）。

A. 面包的消费量从一个增加到两个，满足程度从 5 个效用单位增加到 8 个效用单位，即增加了 3 个效用单位

B. 消费两个面包获得的满足程度为 13 个效用单位

C. 消费两个面包，平均每个面包获得的满足程度为 6.5 个效用单位

D. 消费第二个面包给消费者带来的效用为 8 个单位

3. 总效用曲线达到最高点时，（   ）。

A. 边际效用曲线达到最高点　　　　B. 边际效用为正

C. 边际效用为负　　　　　　　　　D. 边际效用为零

4. 某消费者逐渐增加对某种商品的消费数量，直至达到效用最大化，在这个过程中，该商品的（   ）。

A. 总效用和边际效用都不断增加

B. 总效用不断下降，边际效用不断增加

C. 总效用不断增加，边际效用不断下降

D. 总效用不断增加，边际效用先增加后下降

5. 边际效用递减意味着（   ）。

A. 随着服务水平的增加，效用服务的成本越来越低

B. 一个人的消费组合中拥有越多的某种商品，该商品的每一额外增加产生越少的总效益

C. 一个人的消费组合中拥有越多的某种商品，总的支付意愿越少

D. 一个人的消费组合中拥有越多的某种商品，该商品的每一额外增加产生越少的额外收益

6. 已知商品 X 的价格为 1.5 元，商品 Y 的价格为 1 元，如果消费者从对这两种商品的消费中得到最大效用的时候商品 Y 的边际效用是 30，那么商品 X 的边际效用应该为（   ）。

A. 20　　　　　　B. 30　　　　　　C. 45　　　　　　D. 60

7. 已知商品 X 的价格为 8 元，商品 Y 的价格为 3 元，若某消费者购买了 5 单位 X 和 3 单位 Y，此时，X、Y 的边际效用分别为 20、14，那么为了达到效用最大化，该消费者应该（   ）。

A. 停止购买两种商品　　　　　　　B. 增购 X，减购 Y

C. 增购 Y，减购 X　　　　　　　　D. 同时增购 X、Y

8. 某消费者将收入全部用于购买商品 X、Y，已知 X、Y 的价格比为 2，假设该消费者对 X、Y 的边际效用比为 1.5，则该消费者将采取的行为是（   ）。

A. 增购 X，减购 Y　　　　　　　　B. 减购 X，增购 Y

C. 同时增购 X、Y　　　　　　　　D. 同时减购 X、Y

9. 你为某物付多少钱和你愿意为之付多少钱（支付意愿）之间的区别叫（ ）。

A. 总效用 B. 边际效用 C. 消费者需求 D. 消费者剩余

二、判断题

1. 如果一种商品满足了一个消费者坏的欲望，则说明该商品具有负效用。（ ）

2. 如果边际效用递减，则总效用相应下降。（ ）

3. 当消费者从商品消费中所获得的总效用不断增加时，边际效用总是正的。（ ）

4. 如果消费者从每一种商品中得到的总效用与它们的价格之比分别相等，他将获得最大效用。（ ）

5. 一个消费者对某种商品的数量感到足够了，说明他对该商品的边际效用已经达到极大值。（ ）

6. 两种商品的价格不相同，但对于消费者来说，花在这两种商品上的最后1元钱的边际效用有可能是相同的。（ ）

第三节　序数效用论

一、序数效用论的基本观点

序数效用论是为了弥补基数效用论的不足而提出的另一种研究消费者行为的理论。其基本观点是：效用作为一种心理现象，无法计量，也不能求和，仅能表示满足程度的高低与顺序。因此，效用只能用序数（第一，第二，第三，…）来表示。例如，消费者认为消费牛奶的效用大于消费面包的效用，那么牛奶的效用是第一，面包的效用是第二。

二、偏好及其基本假定

所谓偏好，就是消费者根据自己的意愿对可供消费的商品组合进行排列，它反映的是消费者个人的兴趣或嗜好。序数效用论者认为，对于各种不同的商品组合，消费者的偏好程度是有差别的，正是这种偏好程度的差别，反映了消费者对这些不同的商品组合的效用水平的评价。

序数效用论者提出了关于消费者偏好的三个基本假定：

（1）偏好的完全性。偏好的完全性是指消费者总是可以比较和排列所给出的两个不同的商品组合。换言之，对于任何两个商品组合A和B，消费者总是可以做出，而且也只能做出以下三种判断中的一种：对A的偏好大于对B的偏好；对B的偏好大于对A的偏好；对A和B的偏好相同。也就是说，消费者总是可以比较和排列所给出的不同商品组合。

(2) 偏好的可传递性。偏好的可传递性是指对于任何三个商品组合 A、B 和 C，如果消费者对 A 的偏好大于对 B 的偏好，对 B 的偏好大于对 C 的偏好，那么在 A、C 这两个商品组合中，必有对 A 的偏好大于对 C 的偏好。

(3) 偏好的非饱和性。偏好的非饱和性是指如果两个商品组合的区别仅在于其中一种商品的数量不相同，那么消费者总是偏好含有这种商品数量较多的那个商品组合，即消费者对每一种商品的消费都没有达到饱和点。或者说，对于任何一种商品，消费者总是认为数量多比数量少好。

序数效用论者对消费者偏好提出的这三个基本假定又被称为消费者行为理论的"公理"。需要注意的是，偏好不取决于商品的价格，也不取决于消费者的收入，只取决于消费者对商品的喜爱程度。例如，消费者购买了一辆大众汽车，但在他心目中仍然觉得奔驰汽车比大众汽车强，这并不矛盾，因为最后的购买决策不光取决于偏好，还取决于消费可能性曲线。

三、无差异曲线及其特点

（一）无差异曲线的含义

无差异曲线是表示两种商品不同数量的组合给消费者带来的效用完全相同的一条曲线。这条曲线表示消费者在一定的偏好、一定的商品价格和一定的资源条件下选择商品时，不同数量组合的商品给其带来的满足程度是没有差别的。

假设有两种商品 X 和 Y，它们在数量上可以有多种组合。表 3-4 列出了商品 X 和 Y 的 6 种组合，当然还可以列出许多其他组合，这些组合所代表的效用都是相等的。

表 3-4　同一效用水平下两种商品消费数量的组合

商品组合	商品 X 的数量/个	商品 Y 的数量/个
a	2	18
b	4	15
c	5	13
d	8	10
e	11	7
f	15	4

根据表 3-4 的数据，可以作出无差异曲线，如图 3-3 所示。

在图 3-3 中，横轴代表商品 X 的数量，纵轴代表商品 Y 的数量，U 代表无差异曲线。在无差异曲线上，任何一点上商品 X 与商品 Y 的数量组合给消费者带来的效用都是相同的。

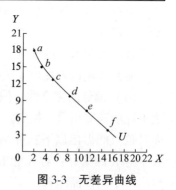

图 3-3　无差异曲线

（二）无差异曲线的特点

无差异曲线具有以下特点：

（1）同一个平面上有无数条无差异曲线。这些不同的无差异曲线代表不同的效用水平，即在同一个平面上的无差异曲线中，离原点越远的无差异曲线所代表的总效用水平越大；反之，离原点越近的无差异曲线所代表的总效用水平越小。在图 3-4 中，三条无差异曲线所代表的总效用水平依次为 $U_1<U_2<U_3$。

（2）无差异曲线向右下方倾斜。这说明无差异曲线的斜率为负值，表示在收入与价格既定的条件下，消费者要得到相同的总效用，在增加一种商品的消费时，必须减少另一种商品的消费，两种商品在满足消费者需求方面存在互相替代的关系。

（3）在同一个平面上，任意两条无差异曲线不可能相交。为了证明这个结论，我们先假设两条无差异曲线相交。如图 3-5 所示，两条无差异曲线 U_1 和 U_2 相交于 A 点。这说明无差异曲线 U_1 上 B 点的效用水平等于 A 点的效用水平，无差异曲线 U_2 上 C 点的效用水平也等于 A 点的效用水平，这样可以得出 B、C 两点的效用水平相等，即消费者认为 B 点和 C 点的效用水平是无差异的，B 点和 C 点在同一条无差异曲线上，即 U_1 和 U_2 重合，这与假设矛盾，故在同一个平面上，两条无差异曲线不会相交。

（4）无差异曲线通常是凸向原点的，也就是说，无差异曲线的斜率的绝对值是递减的。这是由边际替代率递减规律决定的，关于这一点，我们将结合边际替代率及其递减规律加以详细说明。

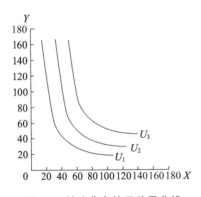

图 3-4　某消费者的无差异曲线

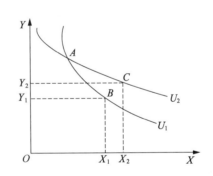

图 3-5　无差异曲线不能相交

四、边际替代率及其递减规律

（一）边际替代率的含义

边际替代率（Marginal Rate of Substitution，MRS）是指在维持效用水平不变的前提下，消费者增加一单位某种商品的消费所愿意放弃的另一种商品的消费数量。假设 ΔX 为 X 商品的增加量，ΔY 为 Y 商品的减少量，MRS_{xy} 为 X 商品代替 Y 商品的边际替代率，则有

$$MRS_{xy}=-\Delta Y/\Delta X \tag{3.8}$$

式（3.8）中，添加了一个负号，这是因为 X 商品数量的变化方向与 Y 商品数量的变化方向是相反的，添加负号可以将其转化为正值，便于应用和叙述。

当商品数量的变化趋于无穷小时，则商品的边际替代率公式为

$$MRS_{xy} = \lim_{\Delta x \to 0} -\frac{\Delta Y}{\Delta X} = -\frac{dY}{dX} \tag{3.9}$$

显然，由式（3.9）可知，无差异曲线上某一点的边际替代率就是该点的斜率的绝对值，过无差异曲线上的某点作一切线，切线的斜率的绝对值就是该点的边际替代率。

（二）边际替代率递减规律

边际替代率递减规律是指在维持效用水平不变的前提下，随着一种商品消费数量的连续增加，消费者为得到每一单位的这种商品所愿意放弃的另一种商品的消费数量是递减的。之所以会普遍出现商品的边际替代率递减的现象，可以从偏爱程度与效用程度两方面来解释。从偏爱程度来看，消费者对某种商品拥有量较少时，对其偏爱程度高，而拥有量较多时，偏爱程度较低。所以，随着对一种商品的消费数量逐步增加，消费者想要获得更多的这种商品的愿望就会减少，从而为多获得一单位的这种商品而愿意放弃的另一种商品的消费数量就会越来越少。从效用程度来看，第一单位商品的效用满足程度最大，以后则商品边际效用呈现递减规律。

商品的边际替代率还可以用前面提出的边际效用概念来表示。由于沿着同一条无差异曲线移动时，效用水平不变，这样增加 X 商品的消费数量会提高效用水平（效用改变量为 $\Delta X \cdot MU_x$），而减少 Y 商品的消费数量会减少效用水平（效用改变量为 $\Delta Y \cdot MU_y$），要保持效用水平不变，二者的净效用为零，即

$$\Delta X \cdot MU_x + \Delta Y \cdot MU_y = 0$$

整理可得

$$MRS_{xy} = -\Delta Y / \Delta X = MU_x / MU_y \tag{3.10}$$

从几何意义上讲，商品的边际替代率递减表示无差异曲线的斜率的绝对值是递减的。商品的边际替代率递减规律决定了无差异曲线是凸向原点的。

五、消费者预算线

由于消费者的实际购买数量既受其收入水平、商品价格水平的影响，又受将收入在各种商品之间进行分配等因素的制约，所以可以借助于预算线进一步分析消费者的行为。

（一）预算线的含义

预算线又称预算约束线、消费可能线或价格线。预算线表示在消费者收入和商品价格既定的条件下，消费者的全部收入所能购买的两种商品不同数量的各种组合。

假定某消费者收入为 60 元，X 商品的价格为 10 元，Y 商品的价格为 20 元。如果全购买 X 商品，可以购买 6 单位；如果全购买 Y 商品，可以购买 3 单位。这样，可以作出图 3-6 中的曲线。

在图 3-6 中，AB 线即为预算线。该线上的任何一点都是在收入与价格既定的条件下，能购买到的 X 商品与 Y 商品的最大数量组合。预算线之外的消费组合超出了消费者的消费能力，是不可能实现的；而预算线之内的消费组合没有超出消费者的消

费能力,是可以实现的,但并不是最大的数量组合,即没有用完全部收入。

如果用 X 表示 X 商品的消费数量,用 Y 表示 Y 商品的消费数量,用 P_x 和 P_y 分别表示 X 商品和 Y 商品的价格,用 I 表示消费者的收入,可得以下预算线方程

$$P_x \cdot X + P_y \cdot Y = I \quad (3.11)$$

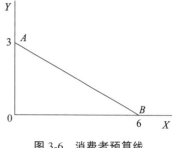

图 3-6 消费者预算线

式(3.11)表示,消费者的全部收入 I 等于购买 X 商品和 Y 商品的支出总和,即消费者购买商品的支出不能超过其收入限制。

(二)预算线的变动

预算线的变动可以归纳为以下四种情况:

(1)当两种商品的价格不变,消费者的收入发生变化时,预算线的位置会发生平移,如图3-7(a)所示。

(2)当消费者的收入不变,两种商品的价格同比例、同方向变化时,预算线的位置也会发生平移,如图3-7(a)所示。

(3)当消费者的收入不变,一种商品的价格不变而另一种商品的价格变化时,预算线会沿着价格变化的商品轴摆动。如果 X 商品的价格上升,则预算线会往原点方向摆动,如图3-7(b)中曲线 AB_2 向 AB_1 移动;如果 X 商品的价格下降,则预算线会逆原点方向摆动,如图3-7(b)中曲线 AB_2 向 AB_3 移动。如果 Y 商品的价格上升,则预算线会往原点方向摆动,如图3-7(c)中曲线 BA_2 向 BA_3 移动;如果 Y 商品的价格下降,则预算线会逆原点方向摆动,如图3-7(c)中曲线 BA_2 向 BA_1 移动。

(4)当消费者的收入和两种商品的价格都同比例、同方向变化时,预算线的位置不会发生变化。

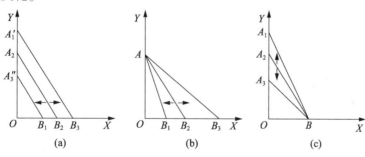

图 3-7 预算线的变动

六、消费者均衡

序数效用论把无差异曲线和预算线结合在一起来分析消费者追求效用最大化的购买行为。或者说,消费者均衡分析要回答的问题是:消费者在收入和商品价格一定的条件下,为了获得最大的效用,买进商品 X 和 Y 的数量各为多少?

一个消费者关于任何两种商品组合的无差异曲线可以覆盖整个坐标平面,即消费

者的无差异曲线有无数条,但当消费者的收入和商品的价格一定时,预算线只有一条。那么,当一个消费者面临一条既定的预算线和无数条无差异曲线时,他应该如何决策才能获得最大程度的满足呢?序数效用论的消费者均衡条件是:既定的预算线与无数条无差异曲线中的一条相切,切点就是消费者获得最大效用或最大程度满足的均衡点或商品组合。这可以用图3-8来说明。

为了简化分析,我们从无数条无差异曲线中选出具有代表性的三条,见图3-8中的无差异曲线U_1、U_2和U_3。消费者的收入和两种商品的价格既定,意味着给定了一条预算线,见图3-8中的预算线AB。预算线AB与无差异曲线U_2的切点E,就是消费者在给定的预算约束下能够获得最大效用的均衡点。在均衡点E,相应的最优购买组合为(X^*,Y^*)。

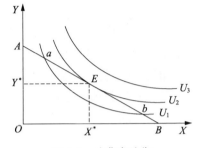

图3-8 消费者均衡

为什么唯有E点才是消费者效用最大化的均衡点呢?这是因为就无差异曲线U_3来说,虽然它代表的效用水平高于无差异曲线U_2,但它与既定的预算线AB既无交点又无切点。这说明消费者在既定的收入水平下无法实现无差异曲线U_3上任何一点商品组合的购买。就无差异曲线U_1来说,虽然它与既定的预算线AB相交于a、b两点,即表明消费者用现有的收入可以购买a、b两点的商品组合,但是这两点的效用水平低于无差异曲线U_2,a、b两点的商品组合不能给消费者带来最大程度的满足,因此理性消费者不会用全部收入去购买无差异曲线U_1上a、b两点的商品组合。事实上,就a点和b点来说,若消费者能改变购买组合,选择AB线段上位于a点右边或b点左边任何一点的商品组合,都可以获得比无差异曲线U_1更高的效用水平,即获得比a点和b点更大的效用。这种沿着AB线段由a点往右和由b点往左的运动,最后必定在E点达到均衡。显然,只有当既定的预算线AB和无差异曲线U_2相切于E点时,消费者才能在既定的预算约束条件下获得最大程度的满足,所以E点就是消费者实现效用最大化的均衡点。

这一结论还可以进一步推出其他表达方式。在切点E,无差异曲线U_2和预算线AB的斜率相等。我们知道,无差异曲线的斜率的绝对值可用商品的边际替代率来表示,预算线的斜率的绝对值可用两种商品的价格之比来表示,所以在E点有

$$MRS_{xy} = P_x/P_y \tag{3.12}$$

这就是消费者均衡条件:两种商品的边际替代率等于两种商品的价格之比。它表示在收入一定的条件下,为了获得最大程度的满足,消费者应在两种商品的边际替代率等于两种商品的价格之比的条件下进行购买。

用无差异曲线与边际效用分析消费者均衡得出的结论是完全一致的,因为用无差异曲线分析得出的结论是:无差异曲线与预算线的切点是消费者均衡点,即$MRS_{xy} = P_x/P_y$,而无差异曲线上某一点的边际替代率就是该点的斜率的绝对值,预算线的斜率也等于P_x/P_y。所以,预算线的斜率=P_x/P_y=无差异曲线在切点的斜率的绝对值=边际替代率=$-\Delta Y/\Delta X$。

按照基数效用论的观点,在保持效用水平不变的前提下,消费者增加一种商品的消费数量所带来的效用增加量和相应减少另一种商品的消费数量所带来的效用减少量的绝对值必定是相等的,即 $|MU_x \cdot \Delta X| = |MU_y \cdot \Delta Y|$,则有 $-\Delta Y/\Delta X = MU_x/MU_y$,所以有

$$\frac{P_x}{P_y} = -\frac{\Delta Y}{\Delta X} = \frac{MU_x}{MU_y} \tag{3.13}$$

即 $\frac{MU_x}{P_x} = \frac{MU_y}{P_y}$,这也就是用边际效用分析得出的消费者均衡条件。

七、收入变化对消费者均衡的影响

收入变化对消费者均衡的影响,可以用收入—消费曲线来说明。

收入—消费曲线(Imcome-Consumption Curve,ICC)是指在商品价格保持不变的条件下,消费者收入水平的变动引起消费者均衡变动的轨迹。

收入—消费曲线是反映消费长期变动趋势的曲线。该曲线强调的是收入变化对消费者均衡的长期影响。一般来说,随着收入水平的提高,收入—消费曲线是一条向右上方倾斜的曲线,即把各个短期消费者均衡点连接起来所形成的一条光滑的曲线。如图3-9所示,把 E_1、E_0、E_2 点连接起来所形成的曲线就是收入—消费曲线。

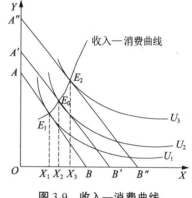

图3-9 收入—消费曲线

将收入和商品需求量的关系放在一张图上,从收入—消费曲线中可以引致出恩格尔曲线来。

恩格尔曲线是表明一种商品需求量与总收入关系的曲线。恩格尔曲线从收入—消费曲线引致的过程如图3-10所示。图3-10(a)表明商品X是正常商品。而图3-10(b)

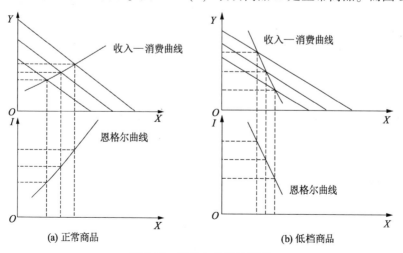

(a) 正常商品   (b) 低档商品

图3-10 恩格尔曲线的形成

表明商品 X 是低档商品。

八、价格变化对消费者均衡的影响

价格变化对消费者均衡的影响，可以用价格效应来解释。价格效应分为替代效应和收入效应。

替代效应是指在保持效用不变的条件下，一种商品价格变动引起另一种商品的相对价格发生变动，从而导致消费者对商品需求量的改变，也称为价格变动的替代效应。例如，消费者把收入用于购买 X 和 Y 两种商品，如果 X 商品价格上升，Y 商品价格不变，消费者可以减少对 X 商品的购买而增加对 Y 商品的购买，用增加的 Y 商品来代替减少的 X 商品，从而使总效用保持不变，所以替代效应表现为均衡点在同一条无差异曲线上的移动。

收入效应是指一种商品价格变动引起消费者实际收入发生变动，从而导致消费者对商品需求量的改变，也称为价格变动的收入效应。收入效应表现为均衡点随着消费可能线的平行移动在不同无差异曲线上的移动。

总效应表示一种商品价格变动所引起需求量的总变化。

$$总效应 = 替代效应 + 收入效应$$

对于正常商品而言，价格下降的替代效应和收入效应都使商品需求量增加。正常商品的替代效应为正，收入效应也为正，正常商品的替代效应与收入效应的方向一致，所以正常商品的需求曲线自左上方向右下方倾斜。

对于低档商品而言，价格下降的替代效应使商品需求量增加，但收入效应使商品需求量下降。低档商品的替代效应为正，收入效应为负，低档商品的替代效应与收入效应的方向相反。

吉芬商品是一种特殊的低档商品，其收入效应的绝对值大于替代效应，使商品需求量随价格上升而上升，因此它的需求曲线向右上方倾斜。

综上所述，价格变化对正常商品、一般低档商品和吉芬商品的替代效应、收入效应和总效应的影响可以概括在表 3-5 中。

表 3-5　商品价格变化所引起的替代效应、收入效应和总效应

类别	替代效应与价格的关系	收入效应与价格的关系	总效应与价格的关系	需求曲线的形状
正常商品	反方向变化	反方向变化	反方向变化	向右下方倾斜
一般低档商品	反方向变化	同方向变化	反方向变化	向右下方倾斜
吉芬商品	反方向变化	同方向变化	同方向变化	向右上方倾斜

同步练习

一、单项选择题

1. 若无差异曲线上某一点的边际替代率为 1/3（假设纵轴代表 Y 商品的消费数量，横轴代表 X 商品的消费数量），则表明消费者愿意放弃 1 单位的 Y 商品来获得（　　）单位的 X 商品。

A. 1/3　　　　　　　　B. 3　　　　　　　　C. 1　　　　　　　　D. 无法确定

2. 下列关于无差异曲线的叙述，不正确的是（　　）。

A. 无差异曲线表现的是在两种可能性之间进行选择的问题

B. 无差异曲线不可能为直线

C. 无差异曲线是序数效用论的重要分析工具

D. 无差异曲线上每一点所代表的两种商品不同数量的组合提供的总效用都是相等的

3. 同一条无差异曲线上的不同点表示（　　）。

A. 效用水平不同，但消费的两种商品组合比例相同

B. 效用水平相同，但消费的两种商品组合比例不同

C. 效用水平不同，两种商品组合比例也不相同

D. 效用水平相同，两种商品组合比例也相同

4. 若 X、Y 的边际替代率 $MRS_{xy} > P_x/P_y$，消费者为获得最大程度的满足，将（　　）。

A. 增购 X，减购 Y　　　　　　　　B. 减购 X，增购 Y

C. 同时增购 X 和 Y　　　　　　　　D. X、Y 的量不变

5. 预算线上的点表明（　　）。

A. 没有用完预算支出

B. 预算支出条件下的最大可能数量组合

C. 处于均衡状态

D. 状态不可确定

6. 两种商品的价格不变，消费者的收入增加时，预算线将（　　）。

A. 斜率不变，位置不变　　　　　　B. 斜率变化，位置不变

C. 斜率不变，向右上方平移　　　　D. 斜率不变，位置向左下方平移

二、判断题

1. 无差异曲线离原点越远，表示消费者所得到的总效用越小。（　　）

2. 预算线逐渐远离原点，意味着消费者支出逐渐减少。（　　）

3. 无差异曲线表示不同的消费者消费两种商品的不同数量组合得到的效用是相同的。（　　）

4. 无差异曲线的形状越接近直线，说明该消费者消费的两种商品之间的替代性

就越大。   (   )

5. 预算线的平行移动说明消费者的收入发生变化，价格没有发生变化。（   ）

本章小结

消费者行为理论是研究在收入既定的条件下，消费者如何用有限的收入来购买适当的消费品，使自己的需求得到最大满足，实现效用最大化。对消费者行为的分析是以效用论为基础的。依据不同历史时期、不同研究角度和不同研究方法，效用论又分为基数效用论和序数效用论。

基数效用论用边际效用分析法分析消费者行为，认为效用是可以计量并加总求和的。效用分为总效用和边际效用。边际效用递减规律具有普遍性。在收入和价格既定时，消费者实现效用最大化的条件是消费者所消费的各种商品的边际效用与其价格之比相等。

序数效用论认为效用是消费者个人偏好，是一种心理活动，只能根据偏好程度用序数第一，第二，第三，…加以排列说明。序数效用论用无差异曲线和预算线来解释消费者的需求。无差异曲线是表示两种商品不同数量的组合给消费者带来的效用完全相同的一条曲线。预算线表示在消费者收入和商品价格既定的条件下，消费者的全部收入所能购买的两种商品不同数量的各种组合。无差异曲线和预算线相切时的商品组合可以实现效用最大化。消费者均衡的条件是两种商品的边际替代率等于其价格之比。根据消费者均衡条件，可以推导出向右下方倾斜的需求曲线。

消费者剩余是消费者对某种商品愿意支付的价格与其实际支付价格的差额。它的存在是因为消费者购买某种商品所愿意支付的价格取决于边际效用，而实际支付的价格取决于市场上的供求状况，即市场价格。

当只有一种商品价格发生变化时，均衡消费量的变化取决于价格变化引起的替代效应和收入效应。二者的总效应影响了不同商品需求曲线的形状。

复习与思考

一、问答题

1. 什么是边际效用递减规律？边际效用递减的原因有哪些？
2. 无差异曲线的特征是什么？
3. 什么是消费者均衡？消费者均衡的条件是什么？
4. 为什么水比钻石便宜？

二、计算题

1. 设 X 商品的边际效用 $MU_x=40-5X$，Y 商品的边际效用 $MU_y=30-Y$，某消费者的收入为 40 元，X 商品的价格为 5 元，Y 商品的价格为 1 元，请问：

（1）X 和 Y 商品的最大效用组合是什么？

（2）若 Y 商品的价格上升为 2 元，该消费者的收入增加为 100 元，X 和 Y 商品的最大效用组合又是什么？

2. 已知某消费者每年用于 X 和 Y 两种商品的收入为 540 元，这两种商品的价格分别为 $P_x=20$（元）和 $P_y=30$（元），该消费者的效用函数为 $U=3XY^2$。请问：该消费者每年购买这两种商品的数量各多少才能使总效用最大？每年获得的最大效用是多少？

3. 假定某消费者的收入为 10 元，用于购买 X 和 Y 两种商品，其价格分别是 $P_x=2$（元）和 $P_y=1$（元），该消费者的边际效用如表 3-6 所示。那么，能给该消费者带来最大效用的购买组合是什么？相应的最大效用是多少？

表 3-6　某消费者的边际效用表

商品 X 或 Y 数量（X 或 Y）	1	2	3	4	5	6	7	8	9	10
商品 X 的边际效用（MU_x）	18	16	14	12	10	8	6	4	2	0
商品 Y 的边际效用（MU_y）	10	9	8	7	6	5	4	3	2	1

4. 假设某消费者的均衡如图 3-11 所示。其中，横轴和纵轴分别表示商品 1 和商品 2 的数量，线段 AB 为该消费者的预算线，曲线 U 为该消费者的无差异曲线，E 点为效用最大化的均衡点。已知商品 1 的价格 $P_1=2$（元）。

（1）求该消费者的收入。
（2）求商品 2 的价格。
（3）写出预算线方程。
（4）求预算线的斜率。

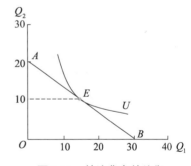

图 3-11　某消费者的均衡

第四章 生产者行为理论

学习目标

1. 理解生产函数的定义；
2. 掌握总产量、平均产量和边际产量的关系；
3. 掌握边际收益递减规律；
4. 掌握等产量曲线的定义和特点；
5. 理解边际技术替代率及其递减规律；
6. 掌握等成本线的定义及特点；
7. 掌握生产要素投入量最优组合的条件；
8. 了解规模报酬的定义及类型；
9. 了解成本的类型，掌握短期成本的类型及短期成本曲线；
10. 理解各类短期成本之间的关系；
11. 掌握长期成本的类型和长期成本曲线的推导方法。

案例导入

马尔萨斯观察与边际收益递减规律

马尔萨斯极为关注农业边际收益递减规律的后果。根据他的分析，在土地供给数量不变和人口增加的条件下，每个额外生产者耕种的土地数量不断减少，他们所能提供的额外产出会下降；这样，虽然食物总产出会不断增加，但是新增农民的边际产量会下降，因而社会范围内人均产量也会下降。在马尔萨斯看来，世界人口增加速度会大于食物供给增加速度。因此，除非能够说服人们少要孩子——马尔萨斯并不相信人口可以由此得到控制——否则饥荒将在所难免。

在马尔萨斯生活的时代，工业进步尚未提供成熟的可以替代耕地的农业技术，从而大幅度提高单位耕地面积亩产，克服人多地少的经济内部农业和食物生产边际收益递减带来的困难。从实证分析角度看，马尔萨斯的理论建立在边际收益递减规律基础之上，对于观察工业化特定阶段的经济运行矛盾具有一定的价值。换言之，如果没有现代替代耕地的农业技术出现和推广,没有外部输入食物或向外部输出人口的可能性,英国和欧洲一些工业化国家确实会面临"马尔萨斯陷阱"所描述的困难。马尔萨斯观察暗含了农业技术不变与人均占有耕地面积下降这两个假设条件。如果历史和社会经济实际状况满足或接近这两个条件,"马尔萨斯陷阱"作为一个条件预测(projection)是有效的。例如,这一点对于认识我国经济史上某些现象具有分析意义。在我国几千年传统农业历史时期,农业技术不断改进,但没有突破性进步;在没有战乱和大范围饥荒的正常时期,人口长期增长率远远高于耕地面积增加速度。由于越来越多的人口不得不在越来越小的人均耕地上劳作,劳动生产率和人均粮食产量难免下降。这一基本经济面的边际收益递减规律作用,加上其他一些因素(如制度因素导致的分配不平等、外族入侵等)的影响,可能是我国几千年传统农业社会周期振荡的重要原因。

近现代世界经济史告诉我们,过去的200多年间,农业科学技术不断取得革命性突破,与马尔萨斯所生活时代的情况相比发生了根本性变化,与他的推论暗含的假设条件完全不同。化肥、机械、电力和其他能源、生物技术等现代技术和要素投入,极大地提高了农业劳动生产率,使农业和食品的增长率显著超过人口增长率。从历史事实看,马尔萨斯理论是对边际收益规律的不恰当运用。如果说马尔萨斯在当年的分析还有某种历史认识价值,那么形形色色的现代马尔萨斯预言则是完全错误的。

(资料来源:卢锋.经济学原理[M].北京:北京大学出版社,2002:79-80.有改动)

案例思考: 如何正确理解边际收益递减规律?

需求和供给是市场经济的基本行为,共同决定商品的价格和产量。第三章我们运用基数效用论和序数效用论对需求主体——消费者的行为进行了深入分析,说明了需求是如何决定的。本章我们将对供给主体——生产者的行为进行探讨,由此明确供给是如何决定的。生产者亦称厂商或企业,在西方经济学中,将研究生产过程的经济理论统称为生产者行为理论。这一理论既要研究投入的要素与产量的关系,即生产中的物质技术关系,又要研究成本与收益的关系,即生产中的经济关系,还要研究二者的有效结合。

第一节 企业与生产函数

一、企业的类型及其经营目标

(一) 企业的类型

与消费者一样,企业也是市场经济活动中最重要的主体之一。企业的形式多种多样,既可以提供有形产品(如农场、汽车制造厂等),也可以提供各种服务(如律师事务所、咨询公司等)。它们的共同特征是,使用各种投入品以制造和销售产品或服务，所以经济学中的企业泛指能够做出统一生产和供给决策的基本单位。

企业组织形式按类型划分，分为个人独资企业、合伙制企业和公司制企业三种类型。

1. 个人独资企业

个人独资企业是单个自然人投资并所有的企业，如大多数杂货店、私人诊所等。在个人独资企业中，无论是自己经营，还是雇用他人经营，业主承担与生产投入有关的成本及各种税费等经营所需的成本，获取全部的利益，并对企业负债承担无限责任。

个人独资企业一般规模较小，结构简单。其主要优点是建立和关闭的程序简单，产权能够自由地转让，经营灵活，责任与权益明确；其主要缺点是投资者单一，财力有限，企业规模小，抗风险能力较弱，经营规模难以迅速扩张，在市场竞争中常常处于不利地位，企业的生命在很大程度上取决于业主的个体状况。

2. 合伙制企业

合伙制企业是指由两个或两个以上的自然人共同出资、合伙经营、共享收益、共担风险的企业，如律师事务所大多采取这种形式。大多数合伙制企业都会以协议的形式规定合伙人的责任和权益。企业可以由出资人经营，也可以聘用他人经营，同个人独资企业一样，所有合伙人对企业的债务承担无限连带责任。

合伙制企业往往不稳定，如果合伙协议得不到保证，合伙制企业就会解散。合伙制企业是三种企业形式中最不普及的形式，在经济活动总量中所占的比重最小。

3. 公司制企业

公司制企业是按法定程序建立起来的企业，包括有限责任公司和股份有限公司。公司是企业法人，享有独立的法人财产权。公司以其全部财产对公司的债务承担责任，有限责任公司的股东以其认缴的出资额为限、股份有限公司的股东以其认购的股份为限对公司的债务承担责任。公司的典型特点是所有权与经营权分离。公司股东推举一些人作为董事，组成董事会以代表股东利益，董事会成员可以是股东也可以不是股东。董事会对股东（大）会负责，决定公司重大事项，日常经营授权经理进行管理。

与个人独资企业和合伙制企业相比，公司制企业有利于筹集大量的资金，同时由于股份分散、责任有限，极大地降低了单个股东的风险。但公司制企业的缺点是所有权与经营权分离，这会导致企业行为不能完全代表股东的利益。

（二）企业的经营目标

在西方经济学中，企业的经营目标被假定为追求利润最大化，这一基本假定是理性经济人假定在生产者行为理论中的具体化。当厂商在解决生产什么、生产多少及如何生产的问题时，它们被假定为始终抱有利润最大化的动机。

正如消费者并不只是受到自身利益的驱使，也并不总是按理性行事一样，企业可能也并非只受到利润的驱使，并且不一定能够成功地做出使利润最大化的决策。在现代公司制企业中，经理的利益跟所有者的利益往往不一致，由于信息的不完全性，尤其是信息的不对称性，经理会在一定程度上偏离企业利润最大化的目标。

但不管经理偏离利润最大化目标的动机有多么强烈，有一点是很清楚的：在长期，一个不以利润最大化为目标的企业终将在市场竞争中被淘汰。所以，实现利润最大化是一个企业生存与竞争的基本准则。

二、生产要素与生产函数

（一）生产要素

现实的企业不仅组织形式各不相同，而且生产不同的产品所采用的生产技术也迥异，但是它们具有一个共同特征，就是只要从事生产，就必须有投入并能将这些投入转化为产出。因此，企业生产被定义为把投入转化为产出的一个过程，而把投入与产出联系在一起的就是企业所采用的生产技术。

通常，人们把生产过程中的各种投入称为生产要素，并且为了表述方便，把不同类型的生产要素划分为劳动、资本、土地和企业家才能四种基本类型。劳动是指劳动者在生产过程中提供的体力和智力的总和。资本可以表现为实物形态或货币形态。资本的实物形态又称资本品或投资品，如厂房、机器设备、动力燃料、原材料等；资本的货币形态通常称为货币资本。土地不仅指土地本身，还包括地上和地下的一切自然资源，如森林、江河湖海和矿藏等。企业家才能是指建立、组织和经营企业的企业家所表现出来的发现市场机会并组织各种投入的能力。通过对生产要素的运用，企业可以提供各种有形产品（如房屋、食品、机器、日用品等），也可以提供各种无形产品即劳务（如理发、医疗、教育、旅游服务等）。

（二）生产函数

生产过程中生产要素的投入量与产品的产出量之间的关系，可以用生产函数来表示。生产函数表示在一定时期内，在技术水平不变的条件下，企业生产中所使用的各种生产要素的数量与所能生产的最大产量之间的关系。设 Q 代表产出，L、K、N、E 分别代表劳动、资本、土地、企业家才能四种生产要素，则生产函数的一般形式为 $Q=f(L, K, N, E)$。其中，N 是固定的，E 难以估算，所以在经济学分析中，通常只使用劳动（L）和资本（K）这两种生产要素，即生产函数一般简化为

$$Q=f(L, K) \tag{4.1}$$

在理解生产函数这一概念的时候要注意以下几个要点：

（1）生产函数必然反映既定的技术水平。企业投入同样的生产要素组合，技术水平高时，产量就大；技术水平低时，产量就小。技术水平对产量有着重要的影响。因此，生产函数一旦给定，技术水平就确定下来，这是生产函数存在的前提条件。

（2）生产函数是投入的生产要素与其最大产出之间的对应关系。这是因为一组生产要素投入生产后，可能有多种产出：浪费多，产出就少；浪费少，产出就多，但理论上最大产出只有一个，这保证了生产要素投入与产出之间的单值对应性。只有这样，才能建立起有利于生产分析的生产函数。

（3）最大产出在理论上存在，但在现实中往往不存在。现实中的企业总是或多

或少存在着浪费，这样就使实际的产出与理论上可能达到的最大产出存在偏差。同样，经济学只能对现实经济现象进行抽象化的论述，所以这样的分析假定依然具有重要意义，特别是用来指导现实中的企业不断向其理论上可能达到的最大产出逼近。

（4）生产要素通常通过既定比例组合后投入生产。这是因为任何产品的生产通常都要投入一种以上的生产要素，在既定的技术水平下，这些生产要素必须以适当的比例组合起来。

生产过程中生产要素之间的配合比例叫作技术系数。技术系数包括固定技术系数和可变技术系数两种。固定技术系数是指生产过程中生产要素的比例不能改变。也就是说，要扩大（或缩减）产量，劳动和资本必须同比例增加（或减少），这样的生产函数被称为固定比例生产函数。例如，假设 L 和 K 的组合比例是 1∶3，当劳动的数量从 1 单位增加一倍为 2 单位时，资本的数量也必须增加一倍，即从 3 单位增加为 6 单位。

可变技术系数是指生产过程中生产要素的比例能够变动。在大多数产品的生产中，劳动与资本的组合比例是可以变动的，这样的生产函数被称为可变比例生产函数。例如，在农业生产中可以多用劳动、少用土地进行集约式经营，也可以少用劳动、多用土地进行粗放式经营。在工业生产中也有劳动密集型、技术密集型与资本密集型之分。生产者行为理论中研究的主要是技术系数可变的情况。

三、短期生产函数和长期生产函数

时间概念在生产函数分析中相当重要。微观经济学中，根据企业是否能够对所有生产要素的投入进行调整，把生产函数分为短期生产函数与长期生产函数。

短期是指在一个时期内，有些投入可以随着产量的变动而变动，如劳动和原材料等；有些投入则不能随着产量的变动而变动，如机器和厂房等。前者叫作变动投入，后者叫作固定投入。长期是指在一个时期内，企业有足够的时间来改变所有的投入，即一切投入都是可变的。

当然，没有一个具体的时间标准来划分短期和长期，不同行业中的短期和长期往往不同。对于不同的产品生产，短期和长期的具体时间规定是不同的。总之，关于短期和长期的划分要注意以下几点：

（1）长期和短期的衡量标准是投入要素能否随产量的变化而变化，这是最重要的标准。

（2）长期和短期与时间有关，但不完全取决于时间。长期和短期还与企业的应变能力有关。通常对于一个企业来讲，如用于生产调整的时间越长，就有足够的时间来调整其投入要素的比例和规模，使其适应产量的变化；如用于生产调整的时间越短，改变的可能性就越小，对产量变化反应的灵敏度就不够。如某一个企业的应变能力很强，那么它就更容易处于长期状态；而如果一个企业的反应很迟钝，那么它将会较长时间处于短期状态。所以，一个应变能力强的企业可能在短期里处于长期状态，而一个应变能力弱的企业可能在相当长的时期里处于短期状态。

（3）一个企业是处于长期状态还是处于短期状态，还与企业所处的行业有关。一般来说，第一、第二产业的企业往往容易处于短期状态，而第三产业（如金融业、咨询业等服务业）的企业很容易处于长期状态。

综合以上三点可以得出一个推论：所谓长期，是指一种理想状态，只可以无限接近而达不到。因为企业内部总有一部分支出是不随产出的变化而变化的。现实中的大多数企业处于短期状态。

与上述时间划分相适应，生产函数可以分为短期生产函数和长期生产函数两种。

短期生产函数的形式为 $Q=f(L, K_0)$，其中资本被假定为常量，用 K_0 表示。因此，该短期生产函数就表示在资本投入不变的条件下，产量随劳动投入量的变动而变动。

长期生产函数的形式为 $Q=f(L, K)$。该长期生产函数表示产量随所有要素（L，K）投入量的变动而变动。

同步练习

一、单项选择题

1. 生产要素投入和产出水平的关系称为（　　）。
   A. 生产函数　　　　　　　　B. 生产可能性函数
   C. 总成本函数　　　　　　　D. 总效用函数
2. 在经济学中，短期是指（　　）。
   A. 一年或一年以内的时期
   B. 在这一时期内，所有投入要素均是固定不变的
   C. 在这一时期内，所有投入要素均是可以变动的
   D. 在这一时期内，生产者来不及调整全部生产要素的数量，至少有一种生产要素的数量是固定不变的

二、判断题

1. 随着生产技术水平的变化，生产函数也会发生变化。　　　　　（　　）
2. 一年以内的时间是短期，一年以上的时间可视为长期。　　　　（　　）

第二节　短期生产函数

本节假定企业生产处于短期状态，并着重考察只有一种生产要素可变的情形。

一、总产量、平均产量和边际产量

（一）总产量、平均产量和边际产量的概念

短期生产函数 $Q=f(L, K_0)$ 表示：在资本投入量固定不变时，由劳动投入量变

化所引起的最大产量的变化。由此，我们可以得到劳动的总产量、劳动的平均产量和劳动的边际产量这三个概念，分别用 TP_L、AP_L 和 MP_L 来表示。

劳动的总产量（TP_L）是指在资本投入量既定的条件下，与一定可变生产要素劳动的投入量相对应的最大产量。其公式为

$$TP_L = f(L, K_0) \tag{4.2}$$

劳动的平均产量（AP_L）是指平均每一单位可变生产要素劳动的投入量所生产的产量。其公式为

$$AP_L = \frac{TP_L}{L} = \frac{f(L, K_0)}{L} \tag{4.3}$$

劳动的边际产量（MP_L）是指每增加一单位可变生产要素劳动的投入量所引起的总产量的变动量。其公式为

$$MP_L = \frac{\Delta TP_L(L, K_0)}{\Delta L} \text{ 或 } MP_L = \lim_{\Delta L \to 0} \frac{\Delta TP_L}{\Delta L} = \frac{dTP_L(L, K_0)}{dL} \tag{4.4}$$

类似地，在劳动投入量固定不变时，我们还可以定义资本的总产量（TP_K）、资本的平均产量（AP_K）和资本的边际产量（MP_K）。

根据以上公式，可以编制一张关于一种可变生产要素的生产函数的总产量、平均产量和边际产量的列表，如表 4-1 所示。

表 4-1　可变生产要素的生产函数的总产量、平均产量和边际产量

资本投入量（K）	劳动投入量（L）	总产量（TP_L）	平均产量（AP_L）	边际产量（MP_L）
20	0	0.0	—	—
20	1	6.0	6.00	6.0
20	2	13.5	6.75	7.5
20	3	21.0	7.00	7.5
20	4	28.0	7.00	7.0
20	5	34.0	6.80	6.0
20	6	38.0	6.30	4.0
20	7	38.0	5.40	0.0
20	8	37.0	4.60	-1.0

（二）总产量曲线、平均产量曲线和边际产量曲线

根据表 4-1 可以绘制出总产量、平均产量和边际产量三条曲线，如图 4-1 所示。

总产量曲线的特点：初期，随着可变投入的增加，总产量以递增的增长率上升，然后以递减的增长率上升，达到某一极大值后，随着可变投入的继续增加转而下降。

平均产量曲线的特点：初期，随着可变投入的增加，平均产量不断增加，到一定

点达到极大值，之后随着可变投入的继续增加转而下降。

边际产量曲线的特点：初期，随着可变投入的增加，边际产量不断增加，到一定点达到极大值，之后开始下降。边际产量可以下降为零，甚至为负。边际产量是总产量的增量，它的最大值在总产量由递增上升转入递减上升的拐点。

二、边际收益递减规律

从表4-1和图4-1可以清楚地看到，对于一种可变生产要素的短期生产函数来说，边际产量表现出先上升而后下降的特征，这一特征被称为边际收益递减规律，有时也被称为边际产量递减规律或边际报酬递减规律。

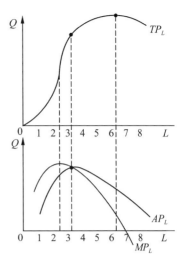

图4-1　一种可变生产要素的生产函数的产量曲线

西方经济学家指出，在生产中普遍存在一种现象：在技术水平不变的条件下，在连续等量地把某一种可变生产要素增加到其他一种或几种数量不变的生产要素上去的过程中，当这种可变生产要素的投入量小于某一特定值时，增加该可变生产要素投入所带来的边际产量是递增的；当这种可变生产要素的投入量连续增加并超过这个特定值时，增加该可变生产要素投入所带来的边际产量是递减的。这就是边际收益递减规律。

在理解边际收益递减规律时要注意以下几点：

第一，边际收益递减是以技术水平不变和其他生产要素投入量不变为前提的，该规律不能用来预测在技术水平变动的情况下其中一单位生产要素投入对产量的影响，对于所有投入生产要素同时变化的情况也不适用。

第二，边际收益递减是以可变生产要素投入量超过一定界限为前提的。在此之前，因固定生产要素相对较多，增加可变生产要素投入还会出现收益递增的现象。

第三，边际收益递减规律假定所增加的生产要素是同质的，不存在技术性生产要素与非技术性生产要素的区别。如果增加的第二单位生产要素比第一单位生产要素更为有效，则边际收益不一定是递减的。

边际收益递减规律是一个以生产实践经验为根据的一般性概括，它指出了生产过程中的一条普遍规律，对于现实生活中的绝大多数生产函数都是适用的。边际收益递减规律存在的主要原因是：随着可变生产要素投入量的增加，可变生产要素投入量与固定生产要素投入量之间的比例在发生变化。在可变生产要素投入量增加的最初阶段，相对于固定生产要素来说，可变生产要素投入过少，因此，随着可变生产要素投入量的增加，边际产量递增，当可变生产要素与固定生产要素的配合比例恰当时，边际产量达到最大。此时如果继续增加可变生产要素的投入量，由于其他生产要素的数量是固定的，可变生产要素就相对过多，于是边际产量就必然递减。

三、短期生产的三个阶段

(一) 总产量、平均产量和边际产量之间的关系

从图 4-1 可以看出，总产量曲线、平均产量曲线和边际产量曲线都呈现出先上升，到达某个最高点之后再下降的特征。另外，根据总产量、平均产量和边际产量的定义式，可以推导出三者之间的关系。将三条曲线置于同一张坐标图中，可以直观地反映出三者之间的关系，如图 4-2 所示。

1. 总产量和边际产量之间的关系

根据边际产量的定义式 $MP_L = \Delta TP_L / \Delta L$ 可知，过 TP_L 曲线上任何一点的切线的斜率，就是相应的 MP_L 值。如图 4-2 所示，当劳动投入量为 L_1 时，过 TP_L 曲线上 A 点的切线的斜率就是该点上 MP_L 值，等于 $A'L_1$ 的高度。

根据总产量与边际产量之间的对应关系可知，在劳动投入量小于 L_4 的区域，总产量 TP_L 随着劳动投入量的增加而增加，总产量曲线的斜率为正，相应地，MP_L 为正值；在劳动投入量大于 L_4 的区域，总产量 TP_L 随着劳动投入量的增加而减少，总产量曲线的斜率为负，相

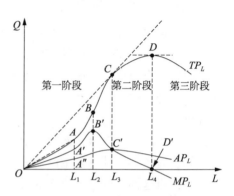

图 4-2　总产量、平均产量和边际产量之间的关系

应地，MP_L 为负值。在劳动投入量恰好为 L_4 时，总产量 TP_L 达到最大值，总产量曲线的斜率为 0，即 MP_L 为 0，也就是说，总产量曲线的最大值点 D 与边际产量曲线的 0 值点 D' 相对应。简言之，当边际产量为正值时，总产量处于上升趋势；当边际产量为负值时，总产量处于下降趋势；当边际产量为 0 时，总产量达到最大值。

总产量上升过程中，在劳动投入量小于 L_2 的区域，随着劳动投入量的增加，总产量 TP_L 以递增的速率增加，总产量曲线的斜率随之递增，即 MP_L 处于上升趋势；在劳动投入量大于 L_2 小于 L_4 的区域，随着劳动投入量的增加，总产量 TP_L 以递减的速率继续增加，总产量曲线的斜率随之递减，即 MP_L 处于下降趋势。因此，劳动投入量 L_2 所对应的 B 点为总产量曲线的拐点，B' 点为边际产量曲线的最大值点。

2. 总产量和平均产量之间的关系

根据平均产量的定义式 $AP_L = TP_L / L$ 可知，连接 TP_L 曲线上任意一点和坐标原点的线段的斜率就是相应的 AP_L 值。如图 4-2 所示，当劳动投入量为 L_1 时，对应的总产量为 A 点所对应的产量，连接 OA，OA 线段的斜率就是相应的 AP_L 值，等于 $A''L_1$ 的高度。

同样地，当劳动投入量为 L_3 时，对应的总产量为 C 点所对应的产量，连接 OC，此时 OC 线段是 TP_L 曲线的切线，斜率达到最大值，即 AP_L 曲线在 C' 点达到最大值。此后，随着劳动投入量的继续增加，平均产量呈下降趋势。

3. 平均产量和边际产量之间的关系

在图 4-2 中，AP_L 曲线和 MP_L 曲线之间的关系表现为：两条曲线相交于 AP_L 曲线

的最高点 C'；在 C' 点之前，MP_L 曲线高于 AP_L 曲线，MP_L 曲线将 AP_L 曲线逐渐拉高；在 C' 点之后，MP_L 曲线低于 AP_L 曲线，MP_L 曲线将 AP_L 曲线逐渐拉低。不管是上升还是下降，MP_L 曲线的变动都快于 AP_L 曲线的变动。简言之，就任何一对平均产量和边际产量的一般关系而言，当边际产量大于平均产量时，边际产量就把平均产量拉高；当边际产量小于平均产量时，边际产量就把平均产量拉低；当边际产量等于平均产量时，平均产量达到最大值。

（二）短期生产的三个阶段划分

根据短期生产的总产量、平均产量和边际产量之间的关系，可以将短期生产划分为三个阶段，并确定在只有一种可变生产要素（假定为劳动）的情况下生产的合理投入区，如图 4-2 所示。

第一阶段（OL_3 阶段）：在这一阶段，劳动的边际产量始终大于劳动的平均产量，从而劳动的平均产量和总产量都在上升，且劳动的平均产量在 L_3 时达到最大值。这说明在这一阶段，可变生产要素的投入量相对于不变生产要素来说显得过小，不变生产要素的使用效率不高，生产者增加可变生产要素的投入量就可以增加总产量。因此，生产者将增加可变生产要素的投入量，把生产扩大到第二阶段。

第二阶段（L_3L_4 阶段）：在这一阶段，劳动的边际产量小于劳动的平均产量，从而使平均产量递减。但由于边际产量大于零，所以总产量仍然继续增加，但以递减的速率增加。在这一阶段的起点 L_3，AP_L 达到最大值，在这一阶段的终点 L_4，TP_L 达到最大值。

第三阶段（L_4 之后）：在这一阶段，平均产量继续下降，边际产量变为负值，总产量开始下降。这说明在这一阶段，生产出现冗余，可变生产要素的投入量相对于不变生产要素来说已经太多，生产者减少可变生产要素的投入量是有利的。因此，在这一阶段，理性的生产者将减少可变生产要素的投入量，把生产退回到第二阶段。

总之，任何理性的生产者既不会将生产停留在第一阶段，也不会将生产扩大到第三阶段，所以生产只能在第二阶段进行。至于在生产的第二阶段，可变生产要素的最佳投入量究竟在哪一点上这个问题，还有待在以后的学习中结合成本、收益和利润进行更深入的分析。

同步练习

一、单项选择题

1. 使用 50 单位的劳动，厂商可以生产出 1 800 单位的产量；使用 60 单位的劳动，厂商可以生产出 2 100 单位的产量。厂商每增加 1 单位劳动的边际产量是（　　）单位。

A. 3　　　　　　B. 30　　　　　　C. 35　　　　　　D. 36

2. 生产函数的斜率是（　　）。

A. 总产量　　　B. 平均成本　　　C. 平均产量　　　D. 边际产量

3. 当总产量达到最大值时，（　　）。
   A. 边际产量为正值　　　　　　　　B. 边际产量为负值
   C. 边际产量为零　　　　　　　　　D. 边际产量递增
4. 当边际产量大于平均产量时，（　　）。
   A. 平均产量递增　　　　　　　　　B. 平均产量递减
   C. 平均产量不变　　　　　　　　　D. 平均产量先递增而后递减
5. 当其他生产要素不变，而一种生产要素增加时，（　　）。
   A. 总产量会一直增加　　　　　　　B. 总产量会一直减少
   C. 总产量先增加而后减少　　　　　D. 总产量先减少而后增加
6. 依据生产三阶段论，生产应处于（　　）阶段。
   A. 边际产量递增，总产量递增　　　B. 边际产量递增，平均产量递增
   C. 边际产量为正，平均产量递减　　D. 以上都不是

二、判断题

1. 当其他生产要素不变时，一种生产要素投入越多，则产量越高。（　　）
2. 只要边际产量减少，总产量也一定减少。（　　）
3. 边际产量可以用总产量曲线上任何一点的切线的斜率来表示。（　　）
4. 边际产量总是小于平均产量。（　　）
5. 生产函数第二阶段开始于边际产量递减点。（　　）

第三节　长期生产函数

一、等产量曲线

（一）等产量曲线的含义

等产量曲线是在技术水平不变的条件下，生产同一产量的两种生产要素投入量的所有不同组合的轨迹。例如，现在有劳动与资本两种生产要素，它们有六种组合方式，这六种组合方式都可以得到相同的产量，如表4-2所示。

表4-2　两种可变生产要素的各种可能组合

组合方式	劳动（L）	资本（K）	总产量（Q）
A	10	80	200
B	20	40	200
C	40	20	200
D	60	13.33	200
E	80	10	200
F	100	8	200

根据表 4-2，可以作出图 4-3。

在图 4-3 中，横轴代表劳动量，纵轴代表资本量，Q 代表等产量曲线，曲线上任何一点 L 与 K 不同数量的组合都能生产出相等的产量。

（二）等产量曲线的特点

等产量曲线具有以下三个重要特点：

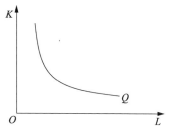

图 4-3 两种可变生产要素的等产量曲线

第一，在同一坐标平面内可以有无数条等产量曲线，每一条代表一个产量水平，离原点越远的等产量曲线代表的产量水平越高，离原点越近的等产量曲线代表的产量水平越低。在图 4-4 中，$Q_1 > Q_2$。

第二，在同一坐标平面内任意两条等产量曲线不会相交。因为不同的等产量曲线代表不同的产量水平，这表明在生产技术既定的条件下，一个特定的生产要素组合所能生产的最大产量只能有一个值，因而过这一点的等产量曲线也只能有一条。

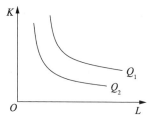

图 4-4 等产量曲线比较

第三，等产量曲线的斜率为负，且凸向原点。这一特征可以借助于边际技术替代率来说明。每一条特定的等产量曲线都代表一个特定的产量，等产量曲线上的每一点都代表既定技术水平下一种有效率的生产要素组合。这就意味着要使产量保持不变，生产者在增加一种生产要素使用量的同时就可以相应减少另一种生产要素的使用量，从而产生了两种生产要素之间相互替代的问题。

（三）边际技术替代率

同一条等产量曲线上的每一点所代表的两种生产要素的不同组合，给生产者带来的产量是相同的。等产量曲线的这一特点基于这样一个前提：为了维持相同的产量，增加一种生产要素的投入数量时，必须减少另一种生产要素的投入数量。

在等产量曲线的斜率为负，且技术水平不变的条件下，为了维持相同的产量，每增加一单位一种生产要素（劳动）的投入而需要相应减少的另一种生产要素（资本）的投入数量，称为劳动对资本的边际技术替代率（简称 $MRTS_{LK}$）。

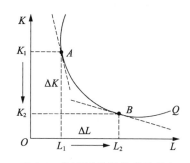

图 4-5 生产的边际技术替代率

如图 4-5 所示，横轴为劳动数量（L），纵轴为资本的数量（K），Q 为等产量曲线。如果用劳动替代资本，ΔL 代表劳动的增加量，ΔK 代表资本的减少量，则边际技术替代率可以表示为

$$MRTS_{LK} = -\frac{K_2 - K_1}{L_2 - L_1} = -\frac{\Delta K}{\Delta L} \tag{4.5}$$

在通常情况下，由于劳动和资本的变化量呈反方向变动，为使边际技术替代率是正值，以便于比较，在公式中加了一个负号。

当 $\Delta L \to 0$ 时，则有

$$MRTS_{LK} = \lim_{\Delta L \to 0}\left(-\frac{\Delta K}{\Delta L}\right) = -\frac{dK}{dL} \quad (4.6)$$

也就是说，等产量曲线上任何一点的边际技术替代率，都可以用过该点对等产量曲线所作切线的斜率 dK/dL 来表示。由于等产量曲线的切线的斜率是一个负值，故在公式前均加上负号。

另外，边际技术替代率还可以用 L 和 K 的边际产量之比来表示。

因为放弃一单位的资本，产量将减少 MP_K，如果放弃 ΔK 的资本，产量将减少 $MP_K \cdot \Delta K$。而为了维持原产出水平，势必要增加劳动的投入，每增加一单位的劳动可增加的产量为 MP_L，因此，增加 ΔL 的劳动，可以增加 $MP_L \cdot \Delta L$ 的产量。为了维持相同的产量，资本减少而导致下降的产量必将与劳动增加所提高的产量相同，也就是说增加的产量与减少的产量之和必须为零，即

$$MP_L \cdot \Delta L + MP_K \cdot \Delta K = 0$$

所以有

$$MRTS_{LK} = -\frac{\Delta K}{\Delta L} = \frac{MP_L}{MP_K} \quad (4.7)$$

也就是说，L 对 K 的边际技术替代率，也等于 L 要素和 K 要素的边际产量之比。

（四）边际技术替代率递减规律

1. 边际技术替代率递减的一般情况

边际技术替代率递减规律是指在维持产量不变的前提下，当一种生产要素的投入数量不断增加时，每一单位的这种生产要素所能替代的另一种生产要素的数量是递减的，如图 4-6 所示。

我们知道一种生产要素可变情况下企业决策的特点，即不可能在边际产量递增的区域内进行生产，也就是说企业必然在边际产量递减的区域内进行生产。

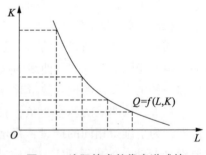

图 4-6　边际技术替代率递减的等产量曲线

因此，边际技术替代率递减的原因可以解释为：随着劳动对资本的不断替代，劳动的边际产量逐渐下降，而资本的边际产量逐渐上升。作为逐渐下降的劳动的边际产量与逐渐上升的资本的边际产量之比的边际技术替代率是递减的。

可见，边际技术替代率递减规律产生的基础是生产要素的边际产量递减。这正如在消费者行为理论中边际替代率递减规律产生的基础是边际效用递减一样。

2. 边际技术替代率递减的特殊情况

边际技术替代率递减规律决定了等产量曲线一般是凸向原点的。但是，等产量曲线也存在着以下两种特殊情况。

（1）完全替代。完全替代是指两种生产要素之间完全可以替代，边际技术替代率不变。在这种情况下，等产量曲线为一条直线，如图4-7（a）所示。

（2）完全不能替代。完全不能替代是指两种生产要素之间的比例是固定的，不存在替代关系，即固定投入比例生产函数。例如，某汽车运输公司有9辆卡车，则只能也必须雇用9名卡车司机，否则不是多余的卡车无用就是多余的司机无用，此时，卡车和司机以1∶1的比例完全互补。在这种情况下，等产量曲线为一条直角形的折线，如图4-7（b）所示。

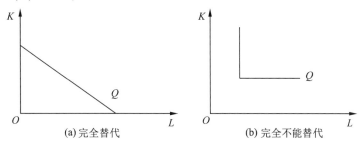

图4-7　两种特殊的等产量曲线

二、等成本线

生产者行为理论中的等成本线与效用论中的预算线十分相似。

等成本线是在既定的成本和生产要素价格的条件下，厂商可以购买到的两种生产要素的各种不同数量组合的轨迹，如图4-8所示。

等成本线表明了厂商进行生产的限制条件，即它所购买生产要素所花的钱不能大于或小于所拥有的货币成本。

等成本线可以写为 $C=P_L L+P_K K$，其中 C 表示既定成本，P_L 和 P_K 分别为已知的劳动价格（工资率）和资本价格（利息率）。上式也可写为

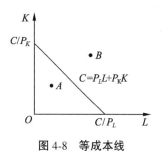

图4-8　等成本线

$$K=-\frac{P_L}{P_K}L+\frac{C}{P_K} \tag{4.8}$$

在图4-8中，厂商如购买等成本线左下方区域中任一点（如 A 点）所代表的生产要素组合，则既定的成本还有剩余；如购买等成本线右上方区域中任一点（如 B 点）所代表的生产要素组合，在现有的约束条件下，厂商买不起；而等成本线上各点所代表的要素组合，厂商不仅买得起，而且正好把成本花完。

等成本线的位置取决于成本总量和生产要素价格。如果厂商的货币成本和生产要素价格改变了，则等成本线就会变动。如果成本既定，生产要素价格变动，等成本线的斜率往往发生变动，等成本线就会偏转。如图4-9所示，假定资本的价格既定，当劳动的价格上升时，等成本线向左偏转；当劳动的价格下降时，等成本线向右偏转。

如果厂商的货币成本变动（或生产要素价格都以相同的比例变动），则等成本线

会平行移动。如图 4-10 所示,假定劳动和资本的价格不变,当货币成本增加时,等成本线向右上方平行移动;反之,当货币成本减少时,等成本线向左下方平行移动。

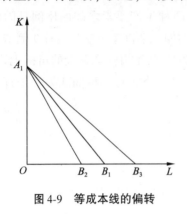

图 4-9　等成本线的偏转

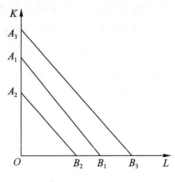

图 4-10　等成本线的移动

三、生产要素最适组合

最优的生产要素投入组合是指成本最小、产量最大的组合,即用既定成本生产最大产量的组合,或者用最小成本生产既定产量的组合。

(一) 既定成本条件下的产量最大化

假定在一定的生产技术条件下,厂商投入两种可变生产要素即劳动和资本生产一种产品,且劳动的价格 P_L 和资本的价格 P_K 是已知的,厂商用于购买这两种生产要素的成本 C 是既定的,那么厂商如何才能利用既定的成本选择最优的劳动投入量和资本投入量以获得最大产量呢?

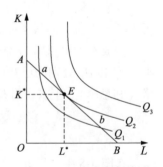

将多条等产量曲线和一条等成本线画在同一个平面坐标系中,唯一的等成本线必定与无数条等产量曲线中的一条相切,该切点即为生产要素的最优组合点,或者称生产的均衡点。如图 4-11 所示,有一条等成本线 AB 和三条等产量曲线 Q_1、Q_2、Q_3,唯一的等成本线表示成本既定。等成本线 AB 与等产量曲线 Q_2 相切于 E 点,该点就是生产的均衡点。在既定成本和生产要素价格条件下,厂商应该按照 E 点的生产要素组合进行生产,即劳动投入量和资本投入量分别为 OL^* 和 OK^*,这样厂商就会获得最大产量。虽

图 4-11　既定成本条件下产量最大化的生产要素组合

然等产量曲线 Q_3 代表更高的产量水平,但是唯一的等成本线 AB 与等产量曲线 Q_3 既无交点又无切点,这表明在既定成本条件下,厂商根本无法实现 Q_3 的产量水平。另外,虽然等产量曲线 Q_1 与唯一的等成本线 AB 有两个交点,即说明在既定成本条件下,可以实现 Q_1 的产量水平,但是等产量曲线 Q_1 所代表的产量水平较低。

(二) 既定产量条件下的成本最小化

为了实现利润最大化,厂商在既定成本条件下会力求实现最大产量,同样,厂商

在既定产量目标下也会力求承担最小成本。

在图 4-12 中，有一条等产量曲线 Q 和三条等成本线 C_1、C_2、C_3，唯一的等产量曲线表示产量既定。与等产量曲线类似，离原点越远的等成本线代表越高的成本水平，图 4-12 中唯一的等产量曲线 Q 与其中一条等成本线 C_2 相切于 E 点，该点就是生产的均衡点。

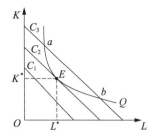

图 4-12 既定产量条件下成本最小化的生产要素组合

在既定产量目标下，厂商应该按照 E 点的生产要素组合进行生产，即劳动投入量和资本投入量分别为 OL^* 和 OK^*，这样厂商承担的成本最小。虽然等成本线 C_1 代表更低的成本水平，但是唯一的等产量曲线 Q 与等成本线 C_1 既无交点又无切点，这表明投入 C_1 水平的成本根本无法实现既定产量目标 Q。另外，虽然等成本线 C_3 与唯一的等产量曲线 Q 有两个交点，即说明投入 C_3 水平的成本可以实现既定产量目标 Q，但是等成本线 C_3 所代表的成本过高。

无论是成本最小组合，还是产量最大组合，都是等产量曲线与等成本线切点的生产要素组合。

微观经济学中把上述等产量曲线与等成本线的切点 E 叫作生产者均衡点。在这一点上，生产者达到了用最小成本生产出最大产量，也就是达到了利润最大化的目标。只要其他条件不变，厂商就愿意继续保持这种状态。

在生产者均衡点上，等产量曲线的斜率正好等于等成本线的斜率。由于等产量曲线的斜率是两种生产要素的边际技术替代率（$-\Delta K/\Delta L$），等成本线的斜率是两种生产要素的价格比率（P_L/P_K），所以

$$MRST_{LK} = -\Delta K/\Delta L = MP_L/MP_K = P_L/P_K \tag{4.9}$$

即边际技术替代率等于两种生产要素的价格之比。由此可得

$$\frac{MP_L}{P_L} = \frac{MP_K}{P_K} \tag{4.10}$$

式（4.10）表示，厂商可以不断调整两种生产要素的投入量，使最后一单位的成本支出无论用来购买哪一种生产要素所获得的边际产量都相等，从而实现既定产量条件下的最小成本或既定成本条件下的最大产量。

四、生产扩展线

从厂商生产要素的最优组合中，我们可以看到：在生产要素价格、生产技术水平和其他条件保持不变的情况下，如果厂商改变成本，等成本线就会发生平移；如果厂商改变产量，等产量曲线也会发生平移。这些不同的等产量曲线将与不同的等成本线相切，形成一系列不同的生产者均衡点，这些生产者均衡点的连线就是生产扩展线。如图 4-13 所示，随着厂商成本

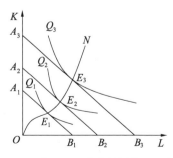

图 4-13 生产扩展线

投入的不断增加或生产规模的不断扩大，等成本线不断由 A_1B_1 向右上方的 A_2B_2 和 A_3B_3 移动，将依次与等产量曲线 Q_1、Q_2、Q_3 相切于 E_1、E_2、E_3 点，将这些生产均衡点连接起来的 ON 线就是生产扩展线。

生产扩展线表示：在生产要素价格、生产技术水平和其他条件不变的情况下，当生产的成本或产量发生变化时，厂商必然沿着生产扩展线来选择最优的生产要素组合，从而实现既定产量下的成本最小或既定成本下的产量最大。生产扩展线是厂商在长期的扩张或收缩生产时所必须遵循的路线。

五、规模报酬与适度规模

（一）规模报酬

规模报酬分析的是企业的生产规模变化与所引起的产量变化之间的关系。

通常以全部的生产要素都以相同的比例发生变化来定义企业的生产规模的变化。相应的规模报酬变化是指在其他条件不变的情况下，企业内部各种生产要素按相同比例变化时所带来的产量变化。企业的规模报酬变化可以分为规模报酬递增、规模报酬不变和规模报酬递减三种情况，如图 4-14 所示。

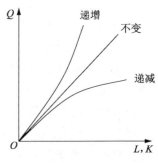

图 4-14　规模报酬

1. 规模报酬递增

一个企业的生产规模扩大以后，如果产量增加的比例大于生产要素增加的比例，则称为规模报酬递增。例如，若某企业将投入的劳动和资本等比例地扩大 n 倍，而产量增加的幅度大于 n 倍，就说该企业的规模报酬递增。

规模报酬递增产生的原因主要是企业生产规模扩大所带来的生产效率的提高。它可以表现为：生产规模扩大以后，企业能够利用更先进的技术和机器设备等生产要素，而较小规模的企业可能无法利用这样的技术和生产要素。随着对较多的人力和机器的使用，企业内部的生产分工能够更合理化和专业化。此外，人数较多的技术培训和具有一定规模的生产经营管理，也都可以节省成本。

2. 规模报酬不变

一个企业的生产规模扩大以后，如果产量增加的比例等于生产要素增加的比例，则称为规模报酬不变。例如，若某企业将投入的劳动和资本等比例地扩大 n 倍，而产量增加的幅度也等于 n 倍，就说该企业的规模报酬不变。

规模报酬不变产生的原因主要是规模报酬递增的因素吸收完毕，某种生产组合的调整受到了技术上的限制。假定一个生产面包的工人，操纵 2 台机器生产面包已达到最大效率，这时要增加产量，除非是改进机器或采用新机器，如果只是同比例增加工人和机器，产量只会同比例变化，使规模报酬成为常数状态。

3. 规模报酬递减

一个企业的生产规模扩大以后，如果产量增加的比例小于生产要素增加的比例，则称为规模报酬递减。例如，若某企业将投入的劳动和资本等比例地扩大 n 倍，而产量增加的幅度小于 n 倍，就说该企业的规模报酬递减。

规模报酬递减产生的原因主要是企业生产规模过大，使得生产的各个方面难以协调，从而降低了生产效率。它可以表现为企业内部合理分工的破坏、生产有效运行的障碍、获取生产决策所需的各种信息的不易等。

当一个企业持续地扩大生产规模时，规模报酬变化一般呈现出以下规律：当企业的生产规模从最初很小开始逐步扩大时，企业所处的是规模报酬递增阶段。企业得到了由生产规模扩大所带来的产量递增的全部好处后，一般会继续扩大生产规模，将生产保持在规模报酬不变水平。规模报酬不变阶段可能会持续比较长的时间。此后，企业若继续扩大生产规模，将进入规模报酬递减阶段。

规模报酬与边际报酬是两个不同的概念，切不可混淆。规模报酬论及的是在生产技术水平不变的条件下，厂商生产规模的变动对产量的影响，属于长期生产分析；而边际报酬考察的是在技术水平不变和既定的生产规模条件下，一种生产要素投入的变化对产量的影响，属于短期生产分析。

（二）适度规模

从以上分析可知，企业的生产规模过大或过小都是不利的，都会使单位产品的成本增加、收益减少，甚至出现亏损，只有适度规模才能使企业获得最大的利益。适度规模是指企业能获得最大利益的生产规模，即以每一单位产品的最小成本获得最大收益时的规模。

对于不同行业的企业来说，适度规模的大小是不同的，并没有一个统一的标准。在确定适度规模时应该考虑的因素主要有：第一，企业的技术特点和生产要素的密集程度。一般来说，像钢铁、汽车、造船、重化工之类的资本密集型企业，投资规模大，技术复杂，所以就适宜采用大规模生产。而对于纺织、服装之类的劳动密集型企业，就适宜采用小规模生产。第二，市场需求的影响。一般来说，生产市场需求量大且标准化程度高的产品的企业，适度规模应该大；相反，生产市场需求小且标准化程度低的产品的企业，适度规模应该小。第三，自然资源状况。如矿山储藏量的大小、水力发电站的水资源的丰裕程度等。

同步练习

一、单项选择题

1. 根据等产量曲线与等成本线结合在一起的分析，两种生产要素最优组合是（　　）。
   A. 等产量曲线与等成本线的交点
   B. 等产量曲线与等成本线的切点
   C. 等产量曲线与等成本线相离之点
   D. 离原点最远的等产量曲线上的任何一点

2. 如果以横轴表示劳动，以纵轴表示资本，则等成本线的斜率为（　　）。
A. $-P_L/P_K$　　　B. P_L/P_K　　　C. P_K/P_L　　　D. $-P_K/P_L$
3. 等成本线绕着它与纵轴的交点逆时针移动表明（　　）。
A. 生产要素 Y 的价格上升了　　　B. 生产要素 X 的价格上升了
C. 生产要素 X 的价格下降了　　　D. 生产要素 Y 的价格下降了

二、判断题

1. 利用等产量曲线上任何一点所表示的生产要素组合，都可以生产出同一数量的产品。（　　）
2. 规模报酬递增是指产量的增加比例大于投入生产要素的增加比例。（　　）

第四节　成本效益分析

一、成本概述

成本是一个比较复杂的概念，经济学中使用的成本概念，与日常生活中成本的含义并不完全相同，在初学者中容易引起混淆。现将经济学中不同成本的含义概述如下。

（一）会计成本与机会成本

1. 会计成本

会计成本是指企业在生产过程中按市场价格直接支付的一切费用，这些费用一般均可以通过会计账目反映出来，包括购买变动生产要素的货币支出和购买固定生产要素的货币支出。变动生产要素按实际投入的货币支出计入成本，固定生产要素中的机器、厂房等按折旧计入成本，其余部分（如借入资金的利息）可平均分摊计入成本。

2. 机会成本

机会成本是指生产者利用一定的资源获得某种收入时所放弃的该资源在其他可能的用途中所能够获得的最大收入。从经济学上讲，由于社会的资源总是有限的，当人们利用某种资源去生产某种产品或劳务时，就必须放弃利用该资源去生产另一种产品或劳务的可能性或机会。这里所放弃生产的另一种产品或劳务的价值，便是所生产的产品或劳务的机会成本。

（二）显性成本与隐性成本

1. 显性成本

显性成本是指企业为生产一定数量的产品而用于购买生产要素的实际支出，如企业的工资支出、购买原材料支出等。由于这类成本通常要记在企业会计账簿上，因此显性成本又被称为会计成本。

2. 隐性成本

隐性成本是指在形式上没有支付义务的归企业主自己拥有的生产要素应得的报酬，也就是企业主使用自有资源所应得的报酬，它没有直接反映在会计账目中，只是存在于经济决策的思维中，因此被称为隐性成本。具体包括：企业主自有的房屋作为厂房应得的租金；企业主投入的自有资金应得的利息；企业主为该厂提供的劳务应得的薪金；等等。

（三）短期成本与长期成本

1. 短期成本

在短期中，厂商不能根据他所要达到的产量来调整全部的生产要素，其中不能在短期内调整的生产要素的费用，属于固定成本（Fixed Cost，FC），如厂房和设备的折旧、管理人员的工资等。固定成本不随产量的变动而变动。在短期内可以调整的生产要素的费用，如原料、燃料的支出和工人工资，属于可变成本（Variable Cost，VC）。可变成本随产量的变动而变动。

2. 长期成本

在长期中，厂商可以根据他所要达到的产量来调整全部的生产要素，因此一切成本都是可变的，不存在固定成本和可变成本之分。

（四）正常利润与经济利润

1. 正常利润

在西方经济学中，正常利润是指厂商对自己所提供的企业家才能的报酬，正常利润是隐性成本的一部分。

2. 经济利润

经济利润是厂商的总收益与总成本的差额。经济利润与会计利润是不一样的。会计利润是指厂商的总收益减去所有显性成本或会计成本以后的余额，即

会计利润 = 总收益 - 会计成本（显性成本）

经济利润 = 总收益 - 总成本（显性成本 + 隐性成本）

如果总收益等于总成本，厂商不亏不赚，只获得正常利润；如果总收益小于总成本，厂商便要发生亏损；如果总收益大于总成本，就会有剩余，这个剩余就是超额利润。

二、短期成本分析

（一）短期成本的分类

短期成本包括短期总成本、短期平均成本和短期边际成本。

1. 短期总成本

短期总成本（Short-run Total Cost，STC）是指短期内生产一定量产品所需要的成本总和。短期总成本包括短期总固定成本和短期总可变成本。如果以 STC 代表短期总成本，TFC 代表短期总固定成本，TVC 代表短期总可变成本，则有

$$STC = TFC + TVC \tag{4.11}$$

2. 短期平均成本

短期平均成本（Short-run Average Cost，SAC）是指短期内生产每一单位产品平均所需要的成本。它等于短期总成本除以产量的商。短期平均成本包括短期平均固定成本和短期平均可变成本。

短期平均固定成本是短期总固定成本除以产量的商。短期平均可变成本是短期总可变成本除以产量的商。

如果以 SAC 代表短期平均成本，AFC 代表短期平均固定成本，AVC 代表短期平均可变成本，则有

$$AFC = \frac{TFC}{Q} \quad (4.12)$$

$$AVC = \frac{TVC}{Q} \quad (4.13)$$

$$SAC = AFC + AVC \quad (4.14)$$

3. 短期边际成本

短期边际成本（Short-run Marginal Cost，SMC）是指短期内每增加一单位产量所增加的总成本。如果以 SMC 代表短期边际成本，ΔSTC 代表短期总成本的增量，ΔQ 代表增加的产量，则有

$$SMC = \frac{\Delta STC}{\Delta Q} \quad (4.15)$$

短期总成本、短期平均成本、短期边际成本是互相联系、密切相关的，其中短期边际成本的变动是短期总成本和短期平均成本变动的决定性因素。

（二）各类短期成本的变动规律及其关系

各类短期成本随产量增加而变动的规律及其关系，可以通过表 4-3 所列数字表示出来。

表 4-3 短期成本变动情况表

产量 Q(1)	短期总固定成本 TFC(2)	短期总可变成本 TVC(3)	短期总成本 STC(4)=(2)+(3)	短期边际成本 SMC(5)	短期平均固定成本 AFC(6)=(2)/(1)	短期平均可变成本 AVC(7)=(3)/(1)	短期平均成本 SAC(8)=(6)+(7)
0	64	0	64	—	—	—	—
1	64	20	84	20	64	20	84
2	64	36	100	16	32	18	50
3	64	51	115	15	21.3	17	38.3
4	64	64	128	13	16	16	32
5	64	80	144	16	12.8	16	28.8
6	64	111	175	31	10.7	18.5	29.2
7	64	168	232	57	9.1	24	33.1
8	64	320	384	152	8	40	48

根据表 4-3 可以绘制出各类短期成本的曲线图。

1. 短期总固定成本、短期总可变成本和短期总成本

三种成本曲线的形状如图 4-15 所示。

短期总固定成本曲线 TFC 是一条平行于横轴的水平线，表明短期总固定成本是一个既定的数量，它不随产量的增减而改变。短期总可变成本是产量的函数，短期总可变成本曲线 TVC 是一条向右上方倾斜的曲线。其变动规律是从原点出发，随着产量的增加，短期总可变成本相应增加，也就是说短期总可变成本是随着产量的增加，先以越来越慢的速度增加，而后转为以越来越快的速度增加。

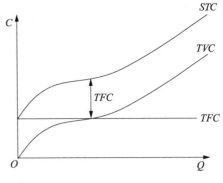

图 4-15　TFC、TVC 和 STC 曲线

短期总成本曲线 STC 是由短期总固定成本曲线与短期总可变成本曲线相加形成的，其形状与短期总可变成本曲线一样，且在可变成本曲线的正上方，只不过是由短期总可变成本曲线向上平行移动一段相当于 TFC 大小的距离，即短期总成本曲线与短期总可变成本曲线在任一产量上的垂直距离等于短期总固定成本 TFC，但 TFC 不影响短期总成本曲线的斜率。因此，短期总固定成本的大小与短期总成本曲线的形状无关，而只与短期总成本曲线的位置有关。短期总成本也是产量的函数，因此短期总成本曲线的形状也取决于边际报酬递减规律。短期总成本的变动趋势与短期总可变成本的变动趋势是一致的。

2. 短期平均固定成本、短期平均可变成本和短期平均成本

如图 4-16 所示，短期平均固定成本曲线 AFC 是一条向右下方倾斜的曲线，开始比较陡，以后逐渐平缓，这表示随着产量的增加，短期平均固定成本一直在减少，但开始时减少的幅度大，以后减少的幅度越来越小。短期平均可变成本曲线 AVC 和短期平均成本曲线 SAC 均为"U"形曲线，表明随着产量的增加先下降而后上升的变动规律。短期平均成本曲线在短期平均可变成本曲线的上方，开始时短期平均成本曲线比短期平均可变成本曲线下降的幅度大，以后的形状与短期平均可变成本曲线基本相同，二者的变动规律相似。

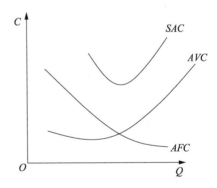

图 4-16　AFC、AVC 和 SAC 曲线

3. 短期边际成本、短期平均成本和短期平均可变成本

短期边际成本曲线 SMC 是一条先下降而后上升的"U"形曲线，开始时，短期边际成本随着产量的增加而减少，当产量增加到一定程度时，就随着产量的增加而增加，如图 4-17 所示。

（1）短期边际成本和短期平均可变成本的关系。

SMC 曲线和 AVC 曲线呈"U"形的原因都是投入生产要素的边际成本递减或递增，也就是边际收益率递增或递减，但这两种成本的经济含义和几何含义不同，SMC 曲线反映的是 TVC 曲线上任一点的斜率。而 AVC 曲线是 TVC 曲线上任一点与原点连

线的斜率。SMC 曲线与 AVC 曲线相交于 AVC 曲线的最低点 A。由于短期边际成本对产量变化的反应要比短期平均可变成本灵敏得多，因此，不管是下降还是上升，SMC 曲线的变动都快于 AVC 曲线，SMC 曲线比 AVC 曲线更早到达最低点。在 A 点上，SMC＝AVC，即短期边际成本等于短期平均可变成本。在 A 点左边，AVC 曲线在 SMC 曲线上方，AVC 递减，但 AVC＞SMC，即短期边际成本小于短期平均可变成本。在 A 点右边，AVC 曲线在 SMC 曲线下方，AVC 递增，但 AVC＜SMC，即短期边际

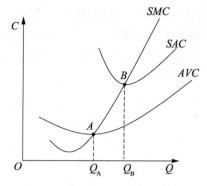

图 4-17　SMC、SAC 和 AVC 曲线

成本大于短期平均可变成本。A 点被称为停止营业点，即在这一点上，价格只能弥补短期平均可变成本，这时的损失是不生产也要支付的平均固定成本。如果低于 A 点，则不能弥补短期平均可变成本，生产者无论如何也不能开工。

（2）短期边际成本和短期平均成本的关系。

SMC 曲线与 SAC 曲线相交于 SAC 曲线的最低点 B。在 B 点上，SMC＝SAC，即短期边际成本等于短期平均成本。在 B 点左边，SAC 曲线在 SMC 曲线上方，SAC 递减，但 SAC＞SMC，即短期平均成本大于短期边际成本。在 B 点右边，SAC 曲线在 SMC 曲线下方，SAC 递增，SAC＜SMC，即短期平均成本小于短期边际成本。B 点被称为收支相抵点，这时的价格为短期平均成本，短期平均成本又等于短期边际成本，生产者的成本与收益相等。

三、长期成本分析

从长期来看，一个行业及处于这个行业的企业能够根据市场的变化调整全部的生产要素，即企业能够改变其生产规模，整个行业也可以改变其总生产能力。因为长期意味着现有企业有足够的时间退出，或者新企业有足够的时间进入该行业。在长期中，企业所有的成本都是可变的，没有固定成本与变动成本之分。企业的长期成本包括长期总成本、长期平均成本和长期边际成本。

（一）长期总成本

长期总成本（Long-run Total Cost，LTC）是指企业长期内在各种产量水平上通过改变生产规模所能达到的最低总成本，即在各种产量水平上的最低成本。长期总成本可以表示为

$$LTC = LTC(Q) \tag{4.16}$$

长期总成本随着产量的变动而变动，没有产量时就没有总成本。长期总成本曲线 LTC 是一条由原点出发向右上方倾斜的曲线，表示长期总成本随着产量的增加而增加。刚开始生产时，要投入大量的生产要素，而当产量较少时，这些生产要素无法得到充分利用，因此总成本增加的比率大于产量增加的比率。产量增加到一定程度后，生产要素开始得到充分利用，这时总成本增加的比率小于产量增加的比率。最后，由

于规模报酬递减，总成本增加的比率又大于产量增加的比率，如图 4-18 所示。可见，长期总成本曲线 LTC 与短期总可变成本曲线 TVC 的形状是一致的，不同的是 TVC 曲线的形状是由可变生产要素的边际收益率先递增而后递减决定的。而在长期中，由于所有生产要素都是可变的，因此，这里面对应的不是生产要素边际收益问题而是生产要素规模报酬问题，LTC 曲线是由规模报酬先递增而后递减决定的。

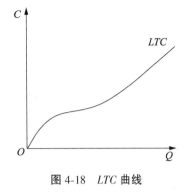

图 4-18　LTC 曲线

（二）长期平均成本

长期平均成本（Long-run Average Cost，LAC）表示企业长期内按产量平均计算的最低总成本，它等于长期总成本 LTC（Q）与产量 Q 之商，即

$$LAC(Q) = LTC(Q)/Q \tag{4.17}$$

长期平均成本曲线 LAC 表明了当资本和劳动都变动时可以达到的最低平均总成本与产量之间的关系。它随着产量的增加而变动，开始时呈递减趋势，达到最低点后转而递增，是一条先下降而后缓慢上升的"U"形曲线。

从图 4-19 可以看出，五条短期平均成本曲线分别表示不同生产规模下短期平均成本的变化情况，越是往右，代表生产规模越大，每条 SAC 与 LAC 不相交但相切，并且只有一个切点，从而形成一条包络曲线。这是为求降低成本而选择生产规模的结果。生产者要根据产量的大小来决定生产规模，其目标是使平均成本达到最低。在产量为 OQ_1 时，要选择 SAC_1 这一规模，因为这时平均成本 aQ_1 是最低的。以此类推，当产量为 OQ_2 时，要选择 SAC_2 这一规模，这时平均成本 bQ_2 是最低的；当产量为 OQ_3 时，要选择 SAC_3 这一规模，这时平均成本 cQ_3 是最低的；等等。所以，长期平均成本曲线是由无数条短期平均成本曲线集合而成的，表现为一条与无数条短期平均成本曲线相切的曲线。在长期中，生产者按这条曲线制订计划，确定生产规模，因此长期平均成本曲线又被称为计划曲线或包络曲线。

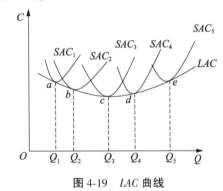

图 4-19　LAC 曲线

长期平均成本曲线与短期平均成本曲线的区别在于：长期平均成本曲线无论是在下降时还是在上升时都比较平坦，这说明在长期中平均成本无论是减少还是增加都变动较慢。这是因为在长期中全部生产要素都可以随时调整，从规模报酬递增到规模报酬递减有一个较长的规模报酬不变阶段，而在短期中规模报酬不变阶段很短，甚至没有。

（三）长期边际成本

长期边际成本（Long-run Marginal Cost，LMC）是企业指长期内每增加一单位产量所增加的总成本。如果以 LMC 代表长期边际成本，ΔLTC 代表长期总成本的增量，ΔQ 代表增加的产量，则有

$$LMC(Q) = \Delta LTC(Q)/\Delta Q \tag{4.18}$$

或者

$$LMC(Q) = \lim_{\Delta Q \to 0} \frac{\Delta LTC(Q)}{\Delta Q} = \frac{dLTC(Q)}{dQ} \tag{4.19}$$

长期边际成本也是随着产量的增加先减少而后增加的，因此，长期边际成本曲线也是一条先下降而后上升的"U"形曲线，但它也比短期边际成本曲线要平坦。

长期边际成本与长期平均成本的关系和短期边际成本与短期平均成本的关系一样，即在长期平均成本下降时，长期边际成本小于长期平均成本（LMC<LAC）；在长期平均成本上升时，长期边际成本大于长期平均成本（LMC>LAC）；在长期平均成本的最低点，长期边际成本等于长期平均成本（LMC=LAC）。

在图4-20中，LMC为长期边际成本曲线，与长期平均成本曲线LAC相交于LAC的最低点A。在A点，LMC=LAC，即长期边际成本等于长期平均成本。在A点左边，LAC在LMC上方，LAC递减，LAC>LMC，即长期平均成本大于长期边际成本。在A点右边，LAC在LMC下方，LAC递增，LAC<LMC，即长期平均成本小于长期边际成本。

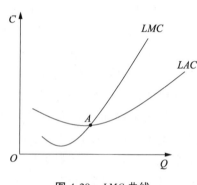

图 4-20　LMC 曲线

四、收益与利润最大化

（一）收益的含义

收益是指企业销售产品或服务所得到的收入，可分为总收益、平均收益和边际收益。

1. 总收益

总收益（Total Revenue，TR）是指厂商按一定价格出售一定量商品所获得的全部收入。如果企业只生产一种商品，以TR代表总收益，P代表价格，Q代表销售量，则有

$$TR = P \cdot Q \tag{4.20}$$

如果厂商生产多种商品，那么总收益就等于每种商品的价格与这种商品销售量的乘积，则

$$TR = \sum_{i=1}^{n} P_i \cdot Q_i \tag{4.21}$$

式（4.21）中，i为从1到n的自然数，n为商品的种数。

2. 平均收益

平均收益（Average Revenue，AR）是指厂商销售每一单位商品平均所获得的收入。平均收益等于任意一种产出水平下的总收益除以总销售量，可用公式表示为

$$AR = TR/Q = P \cdot Q/Q = P \tag{4.22}$$

总收益是商品价格乘以总销售量；平均收益是总收益除以总销售量。因此，在商

品价格不变的前提下，对于厂商来说，平均收益等于销售商品的价格。

3. 边际收益

边际收益（Marginal Revenue，MR）是指厂商每增加一单位商品销售所获得的总收益的增加量。它等于总收益的增量与总销售量的增量之比，可用公式表示为

$$MR = \Delta TR / \Delta Q \tag{4.23}$$

（二）利润最大化原则

利润是生产活动中一个重要的价值概念，是指生产中获得的总收益与投入的总成本之间的差额。如果以 TR 代表总收益，TC 代表总成本，π 代表利润，则有

$$\pi = TR - TC \tag{4.24}$$

当总收益超过总成本时，超过额为厂商的利润；当总成本超过总收益时，超过额为厂商的亏损。总收益超过总成本最大时，利润最大；总成本超过总收益最小时，亏损最小。需要注意的是，这里所说的利润是指超过正常利润的超额利润。用于企业家才能的成本费用就是正常利润。按经济学家分析，正常利润是成本的一种。

厂商从事经济活动的目的在于追求最大的利润，就是求得利润最大化。在经济分析中，利润最大化的原则是边际收益等于边际成本，即 $MR = MC$。

为什么在边际收益等于边际成本时能实现利润最大化呢？

（1）如果边际收益大于边际成本，即 $MR > MC$，表明厂商每多生产一单位产品所增加的收益大于生产这一单位产品所增加的成本。这时，对于厂商来说，还有潜在的利润没有得到，厂商可能会继续扩大产量以达到利润最大化。

（2）如果边际收益小于边际成本，即 $MR < MC$，表明厂商每多生产一单位产品所增加的收益小于生产这一单位产品所增加的成本。这时，对于厂商来说，就会造成亏损，更谈不上利润最大化了，因此厂商必然要减少产量或退出市场。

（3）无论是边际收益大于边际成本还是边际收益小于边际成本，厂商都要调整其产量，以实现利润最大化。只有在边际收益等于边际成本时，厂商才不会调整其产量，因为此时厂商实现了利润最大化。

同步练习

一、单项选择题

1. 随着产量的增加，短期平均固定成本（　　）。
   A. 一直趋于增加　　　　　　　　B. 一直趋于减少
   C. 在开始时减少，然后趋于增加　D. 在开始时增加，然后趋于减少

2. 在从原点出发的直线（射线）与 STC 曲线相切的切点上，SAC（　　）。
   A. 最小　　　　　　　　　　　　B. 等于 SMC
   C. 等于 AVC 加 AFC　　　　　　 D. 以上都正确

3. 某厂商生产一批产品，如果生产第 7 单位产品的总成本是 3.5 元，生产第 8 单位产品的总成本是 4.6 元，那么该厂商的边际成本是（　　）。

A. 3.5元　　　　　B. 4.6元　　　　　C. 8.1元　　　　　D. 1.1元

4. 在短期中，边际成本低于平均成本时，(　　)。

A. 平均成本上升　　　　　　　　　B. 平均可变成本可能上升也可能下降

C. 总成本下降　　　　　　　　　　D. 平均可变成本上升

5. 随着产量的增加，长期平均成本的变动规律是(　　)。

A. 先减少而后增加　　　　　　　　B. 先增加而后减少

C. 按一固定比率减少　　　　　　　D. 按一固定比率增加

6. 长期平均成本曲线和长期边际成本曲线一定相交于(　　)。

A. 长期平均成本曲线的最低点　　　B. 长期边际成本曲线的最低点

C. 长期平均成本曲线的最高点　　　D. 长期边际成本曲线的最高点

7. 下列关于 LAC 曲线与 LMC 曲线之间关系的描述，正确的是(　　)。

A. $LMC<LAC$，LAC 上升　　　　B. $LMC<LAC$，LAC 下降

C. LAC 随着 LMC 的上升而上升　D. LAC 随着 LMC 的下降而下降

二、判断题

1. 短期总成本曲线与长期总成本曲线都是从原点出发向右上方倾斜的曲线。
(　　)

2. 停止营业点是短期边际成本曲线与短期平均可变成本曲线的交点。(　　)

3. 短期边际成本曲线和短期平均成本曲线一定相交于短期平均成本曲线的最低点。
(　　)

4. 如果一个人选择继续上学而不参加工作，他所付出的机会成本是他在学习期间的学费。(　　)

5. 在总收益等于总成本时，厂商的正常利润为零。(　　)

6. 从原点出发的与总成本曲线相切的这一点的平均成本最小。(　　)

本章小结

在经济学中，生产是指投入各种不同的生产要素以制成产品的过程。生产过程中要投入劳动、资本、土地和企业家才能四种生产要素。生产函数是指在一定的技术水平条件下，一定时期内厂商生产过程中所使用的各种生产要素的数量与它们所能生产出来的最大产量之间关系的函数，具体分为短期生产函数和长期生产函数。在技术水平不变的条件下，若其他生产要素固定不变，只连续投入一种可变生产要素，随着这种可变生产要素投入量的增加，最初每增加一单位所带来的产量增量是递增的，但在达到一定限度之后，每增加一单位所带来的产量增量是递减的，这被称为边际收益递减规律。在边际收益递减的情况下，厂商要在生产要素的合理投入区域内进行生产。在长期中，所有的生产要素都是可变的，厂商可以结合等产量曲线和等成本线来确定生产要素投入量的最优组合。

规模报酬是指在其他条件不变的情况下，各种生产要素的投入量按相同的比例同

时变动所引起的产量变动。根据产量变动与生产要素投入量变动之间的关系，可以将规模报酬分为三种：规模报酬递增、规模报酬不变和规模报酬递减。

短期成本包括短期总成本、短期平均成本和短期边际成本。短期总成本是指短期内生产一定量产品所需要的成本总和；短期平均成本是指短期内生产每一单位产品平均所需要的成本；短期边际成本是指短期内每增加一单位产量所增加的总成本。

长期成本包括长期总成本、长期平均成本和长期边际成本。长期总成本是指长期内生产一定量产品所需要的成本总和；长期平均成本是指长期内生产每一单位产品平均所需要的成本；长期边际成本是长期内每增加一单位产量所增加的总成本。

收益是指企业销售产品或服务所得到的收入，可分为总收益、平均收益和边际收益。总收益是指企业销售一定量产品的全部收入。平均收益是指企业销售每一单位产品平均得到的收入。边际收益是指企业增加一单位产品销售所增加的收入。企业实现边际收益等于边际成本时，就实现了利润最大化。利润最大化是指经济利润最大化。

复习与思考

一、问答题

1. 什么是总产量、平均产量和边际产量？
2. 试述等产量曲线的含义及其特点。
3. 什么是生产者均衡？其条件是什么？
4. 什么是边际技术替代率及其递减规律？
5. 什么是规模报酬递减、规模报酬不变和规模报酬递增？
6. 试述长期成本曲线与短期成本曲线之间的关系。

二、计算题

1. 表4-4是一种可变生产要素的投入量与总产量、平均产量和边际产量关系表。

表4-4　可变生产要素的投入量与总产量、平均产量和边际产量关系表

可变生产要素的投入量	总产量	平均产量	边际产量
0	0	—	—
1		2	
2			10
3	24		
4		12	
5	60		
6			6
7	70		
8			0
9	63		

(1) 填写表中空白部分。
(2) 根据表中数据，在坐标图上作出总产量、平均产量和边际产量曲线。

2. 假设某企业的短期生产函数为 $Q = 35L + 8L^2 - L^3$。

(1) 求该企业的平均产量函数和边际产量函数。
(2) 如果企业使用的生产要素的数量为 6，则它是否处于短期生产的合理阶段？为什么？

3. 表 4-5 是某厂商的短期成本表。

表 4-5　某厂商的短期成本表

Q	STC	TFC	TVC	AVC	SMC
0	50	50			
1	70	50			
2	85	50			
3	95	50			
4	100	50			
5	110	50			
6	125	50			
7	145	50			

(1) 填写表中空白部分。
(2) 根据表中数据，在坐标图上作出 TVC、AVC 和 SMC 曲线。

4. 假定某厂商的短期成本函数为 $STC = Q^3 - 10Q^2 + 12Q + 12$。求：

(1) 该厂商的短期总固定成本是多少？
(2) 写出 TVC、SAC、AVC、AFC、SMC 的函数表达式。

5. 已知某厂商的需求函数为 $Q = 6\,750 - 50P$，总成本函数为 $TC = 12\,000 + 0.025Q^2$。求其利润最大化时的产量和价格。

三、案例分析题

门面房是出租好还是自己经营好？

假如你有一个门面房，你用它开了一家杂货店。一年下来你算账的结果是赚了 5 万元。假定门面房出租，按市场价一年是 2 万元；假定你原来有工作，年收入也是 2 万元。

讨论：该门面房是出租好还是自己经营好？

第五章　不同市场结构下的厂商均衡

学习目标

1. 了解划分市场类型的标准；
2. 掌握完全竞争市场、完全垄断市场和垄断竞争市场上厂商的需求曲线与收益曲线；
3. 掌握完全竞争市场、完全垄断市场和垄断竞争市场上厂商的短期均衡；
4. 掌握完全竞争市场、完全垄断市场和垄断竞争市场上厂商的长期均衡；
5. 了解价格歧视的含义及类型；
6. 了解垄断竞争市场上的非价格竞争；
7. 掌握寡头垄断市场的特征。

案例导入

农村春联市场：完全竞争市场的缩影？

临近春节，我有机会对某村农贸市场的春联销售进行了调查，该农贸市场主要供应周围 7 个村 5 000 多户农户的日用品。贴春联是中国民间的一大传统，春节临近，春联市场红红火火，而在农村，此种风味更浓。

在该春联市场中，需求者为 5 000 多户农户，供给者为 70 多家零售商，市场中存在许多买者和卖者；供应商的进货渠道大致相同，且产品的差异性很小，产品具有高度同质性（春联所用纸张、制作工艺相同，区别仅在于春联所书写的内容不同）；供给者进入、退出市场没有限制；农民购买春联时的习惯是逐个询价，最终决定购买，信息充分；供应商的零售价格水平相近，提价的话，基本上销售量为零，降价会引起利润损失。原来，我国有着丰富文化内涵的春联，其销售市场结构竟高度近似于一个完全竞争市场。

供应商在销售产品的过程中，都不愿意单方面降价。春联是农村过年的必需品，购买春联的支出在购买年货的支出中只占很小的比例，因此其需求弹性较小。某些供应商为了增加销售量，扩大利润而采用低于同行价格的竞争方法，反而会使消费者认为其所经营的产品存在瑕疵（如上年库存、产品质量存在问题等），以至于不愿买。

该农贸市场条件简陋，春联席地摆放，大部分供应商都将春联放入透明的塑料袋中以防尘，保持产品质量。而少部分供应商更愿意损失少部分产品，将其暴露在阳光下、寒风中，以展示产品。因此就产生了产品之间的鲜明对照。暴露在阳光下的春联更鲜艳，更能吸引消费者目光、刺激消费者购买欲望，在同等价格下，这些供应商的销售量必定高于同行。由此可见，在价格竞争达到极限时，价格外的营销竞争对企业利润的贡献不可小视。

在商品种类上，"金鸡满架"小条幅，批发价为 0.03 元/副，零售价为 0.3 元/副；小号春联批发价为 0.36 元/副，零售价为 0.50 元/副。因小条幅在春联中最为便宜且为春联中的必需品，统一价格保持五六年不变，因此消费者不对此讨价还价。小条幅春联共 7 类，消费者平均购买量为 3—4 类，总利润可达 1.08 元，并且人工成本较低。而小号春联相对价格较高，在春联支出中占比较大，讨价还价较易发生；由此，价格降低和浪费的时间成本会造成较大的利润损失，对小号春联需求量较大的顾客也不过购买 7—8 副，总利润至多 1.12 元。因此，我们不难明白浙江的小小纽扣风靡全国且使一大批人致富的原因，也提醒我们，在落后地区发展劳动密集、技术水平低、生产成本低的小商品生产不失为一种快速而行之有效的致富方法。

春联市场是一个特殊的市场，仅在年前存在 10 天左右，供应商只有一次批发购进货物的机会。供应商对该年购进货物数量的决策主要基于上年销售量和对新进入者的预期分析。如果供应商总体预期正确，则该春联市场总体商品供给量与需求量大致相同，春联价格相对稳定。一旦出现供应商总体预期偏差，价格机制就会发挥巨大的作用，供应商将会获取暴利或亏损。

综上可见，小小的农村春联市场竟是完全竞争市场的缩影与体现，横跨经济学与管理学两大学科。这也就不难明白经济学家为何总爱将问题简化研究，就像克鲁格曼在《萧条经济学的回归》一书中，总喜欢以简单的保姆公司为例得出解决经济问题的办法，这也许真的有效。

（资料来源：杨晓东. 农村春联市场：完全竞争的缩影 [N]. 经济学消息报，2004-06-25. 有改动）

案例思考： 完全竞争市场是什么？如何理解它？它与完全垄断市场有何区别？

在前面几章知识的基础上，本章将分析在完全竞争、完全垄断、垄断竞争和寡头垄断市场条件下，厂商实现利润最大化的均衡产量和均衡价格，以及整个行业的总产量和价格是如何决定的。

第一节　市场与市场类型

一、市场与行业的概念

历史上，人们为减少搜寻成本自发地形成了"市"用来作为固定的交易场所，

"市场"一词便来源于此。随着商品经济的发展，现代市场具有两层含义：一是指买卖的交易场所；二是指商品和服务交易价格形成的过程，即在买卖双方相互作用中形成的交易机制，市场促成交易并促进社会经济资源的优化配置。任何一种商品都有一个市场，有多少种商品，就有多少个市场。比如，这种市场可以是大米市场、服装市场、汽车市场等。

与市场这一概念紧密相联的另一个概念是行业。行业是指为同一个商品市场生产和提供商品的所有厂商的总体，如纺织业、汽车制造业、食品加工业等。同一种商品的市场和行业的类型是一致的。例如，完全竞争的市场对应的是完全竞争的行业，等等。

厂商与行业是成员与集体的关系，在微观经济学中必须区分厂商与行业。例如，在分析需求曲线时，就要弄清它是厂商的需求曲线还是行业的需求曲线，因为二者并不总是相同的。

二、影响市场竞争程度的因素

影响市场竞争程度的因素主要有以下几点。

（一）市场上厂商的数量

厂商数量影响市场竞争程度。市场上处于平等地位或相似地位的厂商数量越多，每个厂商所占的市场份额就越小，单个厂商的行为（如变动价格或改变产品数量）就越难以影响整个市场的价格，意味着市场竞争程度越高。而当一个市场上存在一个或几个处于支配地位的厂商，它们的行为能够在一定程度上影响市场整体价格时，市场的竞争程度就会降低，垄断程度则相应提高。

（二）产品的差别程度

产品的差别程度是指产品在规格型号、包装、售后服务、质量等方面的不同程度。经济学家认为，产品的差别程度越大，市场竞争程度越低；产品的差别程度越小，市场竞争程度越高。

（三）单个厂商对市场价格控制的程度

单个厂商对市场价格的控制能力是指在市场中的定价能力。这个因素是判断市场垄断力度大小最直接的指标，某一个或几个厂商在市场中的定价能力越强，说明该市场的竞争程度越低，垄断程度越高。

（四）厂商进入或退出一个行业的难易程度

如果厂商能够比较容易地进入或退出一个行业，即厂商进出行业的障碍越少，市场竞争程度就越高。反之，如果厂商进出行业存在较多限制，那么市场竞争就会被削弱，垄断程度就会提高。

三、市场类型的划分和特征

根据市场竞争程度的不同，可将市场划分为完全竞争市场、完全垄断市场、垄断竞争市场和寡头垄断市场。

完全竞争市场、垄断竞争市场、寡头垄断市场和完全垄断市场的划分及其相应的特征可以用表5-1来说明。

表5-1 市场类型的划分和特征

市场类型	厂商数量	产品差别程度	对市场价格的控制程度	进出一个行业的难易程度	接近的商品市场
完全竞争市场	很多	完全无差别	没有	很容易	小麦市场、家禽市场等农产品市场
垄断竞争市场	很多	有差别	有一些	比较容易	纺织、加工、日用化工等轻工业产品市场
寡头垄断市场	几个	有差别或无差别	相当程度	比较困难	汽车、钢铁等重工业产品市场
完全垄断市场	一个	唯一的产品,且无相近的替代品	很大,但经常受到管制	很困难,几乎不可能	电力、自来水等公共产品市场

第二节 完全竞争市场

一、完全竞争市场的条件

完全竞争市场又称纯粹竞争市场,是指一种不被任何人干扰和操纵的市场。在这一市场上,既没有政府的干扰,也没有厂商勾结的集体行动对市场机制作用进行阻碍,市场的价格完全在自由竞争的状况下自发形成,生产要素也在市场机制的作用下自发流动。完全竞争市场必须具备以下四个条件。

(一)市场上有大量的买者和卖者

市场上有大量的买者和卖者,意味着单个买者的购买量和单个卖者的销售量都只占市场份额的极小部分,从而也就无法通过自己的买卖行为影响市场价格。市场价格由市场的供求总量决定,买者和卖者均只能接受已形成的市场价格。因此,在完全竞争市场中,厂商对市场没有任何影响能力,它们不是市场价格的制定者,而是市场价格的接受者。

(二)市场上每个厂商提供的商品都是同质的

这里所说的商品同质,不仅指商品的质量相同,而且在规格、包装、商标、购物环境和销售服务上都相同。因此,对于消费者而言,购买哪个厂商生产的商品都是一样的。这就意味着如果某个厂商单独提价,其商品就会卖不出去。当然,也不会有厂商愿意降价,因为在既定的市场价格下,厂商就可以实现其预期的销售额,获得利润。

(三) 所有的资源都具有完全的流动性

这意味着每个厂商都可以根据自己的意愿自由进入或退出某个行业。在现实的经济环境中，很少有免费进入市场的情况。新的卖方进入市场必须投入一些费用，如投入费用开设商店、从事生产、进行广告宣传等。但是，完全竞争市场不存在阻止新进入者进入的明显障碍，任何一个想进入该市场的厂商，都可以在与现有厂商同等的条件下开展经营。除了容易进入外，完全竞争市场还要求容易退出，即经受长期损失的厂商必须能够没有阻碍地卖掉它的工厂和设备并离开该行业。

(四) 信息是完全的

在这个市场上，所有的消费者和厂商都具有充分的市场信息和商品知识，能够完全掌握现在和将来的市场情况及其可能发生的变动，并做出合理的消费选择和生产决策。这样，买者不会以高于市场价格的价格购买，卖者也不能以高于市场价格的价格卖出，同一市场上的商品只能有一个价格。

符合以上四个条件的市场被称为完全竞争市场。显然，在现实生活中，完全符合以上四个条件的市场是不存在的，通常将农产品市场（如小麦市场、大豆市场等）近似地看作完全竞争市场。完全竞争市场是理想中的市场，在理论上，它的资源配置最优，经济效益最高，我们可以把它当作一面镜子来衡量现实世界中各式各样的市场，看它们离我们理想中的市场还差多远，如何使它们向理想的市场靠拢。

二、完全竞争市场上厂商的需求曲线与收益曲线

(一) 完全竞争市场上厂商的需求曲线

在任何一个商品市场上，我们把消费者对整个行业所生产的商品的需求量称为行业所面临的需求量，相应的需求曲线称为行业所面临的需求曲线。而把消费者对行业中的单个厂商所生产的商品的需求量称为厂商所面临的需求量，相应的需求曲线称为厂商所面临的需求曲线，简称厂商的需求曲线。

在完全竞争市场上，整个行业的需求曲线和单个厂商的需求曲线是不同的。对于整个行业来说，由于有众多的生产者和消费者，而且每个生产者的规模都比较小，任何一个买者或卖者都不能影响和控制价格，所以在这种市场上，价格就由整个行业的供给和需求决定。整个行业的需求曲线是一条向右下方倾斜的曲线，供给曲线是一条向右上方倾斜的曲线，完全竞争市场的价格就是由整个行业供求决定的均衡价格，如图5-1 (a) 所示。

在完全竞争条件下，厂商所面临的需求曲线是一条由既定的市场均衡价格出发的水平线，如图5-1 (b) 所示。这表明在完全竞争市场上厂商只能被动地接受市场均衡确定的既定价格，而且在每一个既定的市场价格水平下，单个厂商总是可以把它愿意提供的任何数量的商品卖出去。换句话讲，在一个完全竞争市场上的厂商眼里，市场对商品的需求量是无限大的。

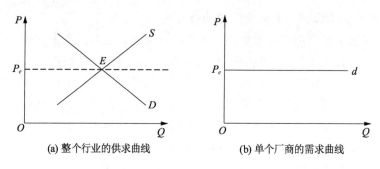

(a) 整个行业的供求曲线　　(b) 单个厂商的需求曲线

图 5-1　完全竞争市场的供求曲线

（二）完全竞争市场上厂商的收益曲线

在完全竞争市场上，由于单个厂商所面临的需求曲线是一条水平线，单个厂商的行为并不能改变既定的市场价格，因此完全竞争市场上厂商的平均收益曲线和边际收益曲线与厂商的需求曲线重叠，并等于既定的市场价格。对于完全竞争市场上的厂商来说，在既定的市场价格下的任何需求量上都有 $AR=MR=P$，厂商所面临的需求曲线本身就是一条由既定价格水平出发的水平线，如图 5-2（a）所示；而厂商的总收益曲线是从原点出发，并向右上方倾斜的直线，如图 5-2（b）所示。总收益曲线之所以是一条直线，是因为在完全竞争市场上，每一销售量上的边际收益都等于既定的市场价格。

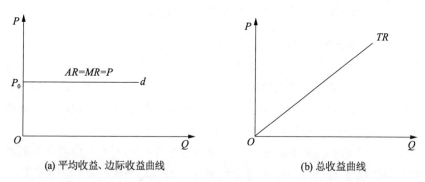

(a) 平均收益、边际收益曲线　　(b) 总收益曲线

图 5-2　完全竞争市场上厂商的平均收益、边际收益和总收益曲线

三、完全竞争市场上厂商的短期均衡

在短期内，对于完全竞争市场上的厂商来说，不仅产品的市场价格是既定的，而且生产中的固定生产要素也是无法改变的，或者说厂商只能通过变动可变生产要素的投入量来调整产量，从而通过对产量的调整来实现 $MR=SMC$ 的利润最大化均衡条件。在完全竞争市场上，$MR=AR=P$，所以厂商短期均衡即取得最大利润的必要条件是 $SMC=MR=AR=P$。

需要注意的是，$MR=SMC$ 是厂商实现利润最大化的均衡条件，但在 $MR=SMC$ 的均衡产量下，厂商并不一定能够获利。只是说，在 $MR=SMC$ 的条件下生产时，如果厂商是获利的，一定是相对来说最大的利润；如果厂商是亏损的，一定是相对来说最小的亏损。

现在我们来分析完全竞争市场上厂商在利润最大化的条件下,短期内在不同的市场环境下的盈利情况。

(1) 平均收益大于平均成本,即 $AR>SAC$,厂商获得超额利润,如图 5-3 所示。

当市场价格为 P_1,相应的厂商所面临的需求曲线为 d_1 时,根据 $MR=SMC$ 的利润最大化的均衡条件,厂商选择的最优产量为 Q_1,因为在 Q_1 的产量水平上,SMC 曲线与 MR_1 曲线相交于 E_1 点,E_1 点是厂商的短期均衡点。这时,厂商的平均收益为 E_1Q_1,平均成本为 F_1Q_1,平均收益大于平均成本,厂商在单位产品上所获得的平均利润为 E_1F_1,利润总量为 $E_1F_1 \cdot OQ_1$,相当于图 5-3 中矩形 $H_1P_1E_1F_1$ 的面积。

(2) 平均收益等于平均成本,即 $AR=SAC$,厂商的经济利润恰好为零,如图 5-4 所示。

相对于第一种情况,市场价格由 P_1 下降为 P_2,厂商所面临的需求曲线为 d_2,而且厂商所面临的需求曲线 d_2 恰好与短期平均成本曲线 SAC 相切于后者的最低点 E_2,短期边际成本曲线 SMC 也经过该点。由于 E_2 点是 SMC 曲线和 MR_2 曲线的交点,所以 E_2 点就是厂商的短期均衡点,相应的均衡产量为 Q_2。在 Q_2 的产量水平上,平均收益为 E_2Q_2,平均成本也为 E_2Q_2,厂商的经济利润为零,但厂商的正常利润全部实现了。由于在这一点上,厂商既无经济利润,又无亏损,所以 SMC 曲线与 SAC 曲线的交点也称为厂商的收支相抵点。

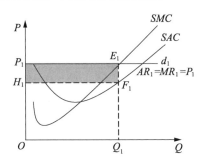

图 5-3 完全竞争市场上厂商的
短期均衡 ($AR>SAC$)

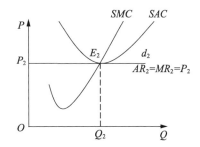

图 5-4 完全竞争市场上厂商的
短期均衡 ($AR=SAC$)

(3) 平均收益小于平均成本,但仍大于平均可变成本,即 $AVC<AR<SAC$,厂商亏损,但应继续生产,如图 5-5 所示。

当市场价格继续降为 P_3,相应的厂商所面临的需求曲线为 d_3 时,SMC 曲线与 MR_3 曲线相交所决定的短期均衡点为 E_3,均衡产量为 Q_3。在 Q_3 的产量水平上,平均收益为 E_3Q_3,平均成本为 F_3Q_3,平均收益小于平均成本,厂商是亏损的,单位产品的亏损额为 F_3E_3,总亏损额为 $F_3E_3 \cdot$

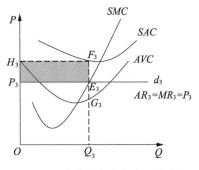

图 5-5 完全竞争市场上厂商的
短期均衡 ($AVC<AR<SAC$)

OQ_3，相当于图 5-5 中矩形 $H_3F_3E_3P_3$ 的面积。平均可变成本为 G_3Q_3，它小于平均收益 E_3Q_3。此时，厂商虽然亏损，但仍继续生产，因为只有这样，厂商才能在用全部收益弥补全部可变成本之后，还能弥补在短期内总是存在的固定成本的一部分。所以，在这种情况下，生产要比不生产有利。

（4）平均收益等于平均可变成本，即 $AR=AVC$，厂商亏损，处于生产与不生产的临界点，如图 5-6 所示。

当市场价格进一步下降为 P_4 时，相应的厂商所面临的需求曲线为 d_4，而且 d_4 曲线与 AVC 曲线恰好相切于后者的最低点 E_4，SMC 曲线也经过该点。在这种情况下，根据 $MR=SMC$ 的利润最大化原则，E_4 点就是厂商的短期均衡点。在这一点上，平均收益小于平均成本，厂商是亏损的。同时，平均收益与平均可变成本相等，都为 E_4Q_4。于是，厂商可能继续生产，也可能不生产。或者说，生产与不生产的结果对于厂商来说都是一样的。若继续生产，厂商的全部收益只够弥补全部的可变成本，而不能弥补任何的固定成本。若不生产，厂商虽不必支付可变成本，但固定成本仍然是存在的。所以，SMC 曲线与 AVC 曲线的交点是厂商生产与不生产的临界点，通常称该点为停止营业点或关闭点。

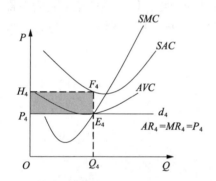 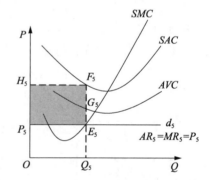

图 5-6　完全竞争市场上厂商的短期均衡　　图 5-7　完全竞争市场上厂商的短期均衡
　　　　　　　（$AR=AVC$）　　　　　　　　　　　　　　　（$AR<AVC$）

（5）平均收益小于平均可变成本，即 $AR<AVC$，厂商亏损，停止生产，如图 5-7 所示。

当市场价格下降为 P_5，相应的厂商所面临的需求曲线为 d_5 时，$MR_5=SMC$ 的短期均衡点为 E_5，均衡产量为 Q_5。这时，平均收益为 E_5Q_5，它小于平均可变成本 G_5Q_5，厂商亏损，停止生产。因为倘若厂商继续生产，其全部收益连可变成本都无法弥补，就更谈不上对固定成本的弥补了；而厂商如果不生产，则不会产生任何可变成本。显然，此时不生产要比生产强。

综上所述，完全竞争市场上厂商短期均衡的条件为

$$MR=SMC \tag{5.1}$$

式（5.1）中，$MR=AR=P$。在短期均衡时，厂商的利润可以大于零，也可以等于零，或者小于零。

四、完全竞争市场上厂商的短期供给曲线

前面已经论证了完全竞争市场上厂商的短期均衡过程，借助于短期均衡综合图形说明了这一过程完全遵循边际收益等于边际成本的原则。再进一步分析，短期均衡综合图形——短期边际成本曲线完全可以看成是完全竞争市场上厂商的短期供给曲线。

在图 5-8（a）中可以看到，根据 $MR=SMC=P$ 的短期均衡条件，商品的价格与厂商的最优产量的组合点或均衡点 E_1、E_2、E_3、E_4、E_5 都出现在厂商的短期边际成本曲线 SMC 上。但是，商品的价格与厂商愿意提供的产量的组合点，并非全部出现在 SMC 曲线上。我们知道，SMC 曲线穿过平均可变成本曲线 AVC 的最低点，如果市场价格低于这一点的价格，厂商关闭，产量为零；如果市场价格高于这一点的价格，产量与价格的关系由 SMC 曲线决定。既然是通过 SMC 曲线来确定厂商在该价格下的产量，SMC 曲线也就反映了产量与市场价格之间的关系。

基于以上分析，可以得到以下结论：完全竞争市场上厂商的短期供给曲线，就是完全竞争市场上厂商的 SMC 曲线上等于和高于 AVC 曲线最低点的部分。毫无疑问，完全竞争市场上厂商的短期供给曲线是向右上方倾斜的。图 5-8（b）中实线部分所示的即为完全竞争市场上厂商的短期供给曲线。

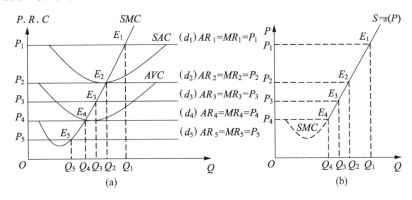

图 5-8　完全竞争市场上厂商的短期供给曲线

从对完全竞争市场上厂商短期供给曲线的推导过程中，可以清楚地看到供给曲线背后的生产者追求最大利润的经济行为。供给曲线不仅仅是表示在其他条件不变的情况下，生产者在每一价格水平上愿意且能够提供的产品数量，更重要的是生产者所提供的产品数量是在既定价格水平下能够给其带来最大利润或最小亏损的产品数量。

五、完全竞争市场上厂商的长期均衡

从长期来看，厂商不仅可以调整产品产量，而且可以调整生产规模，自由进入或退出一个行业。于是，整个行业供给的变动就会影响市场价格，进而影响各个厂商的均衡。

完全竞争市场上厂商在长期内对全部生产要素的调整，表现为两个方面：一方面表现为厂商最优生产规模的调整；另一方面表现为厂商进入或退出一个行业的决策，

即行业内厂商数量的调整。

首先,分析厂商最优生产规模的调整。在图 5-9 中,假定完全竞争市场的价格为 P_1,在 P_1 的价格水平上,厂商选择哪一种生产规模才能获得最大利润呢?在短期内,假定厂商的生产规模用 SAC_1 曲线和 SMC_1 曲线来表示。由于短期内生产规模是既定的,厂商只能在既定的生产规模下进行生产。根据 $MR=SMC$ 最优定理,厂商选择的最优产量为 Q_1。但是,在长期内,情况就不同了。根据 $MR=LMC$ 的长期利润最大化的均衡条件,厂商会达到长期均衡点 E_2,并且选择 SAC_2 曲线和 SMC_2 曲线所代表的最优生产规模进行生产,相应的最优产量为 Q_2。显然,在长期内,厂商通过对最优生产规模的选择,使自己的状况得到了改善。

其次,我们用图 5-9 进一步分析厂商进入或退出一个行业的决策。刚才分析的厂商最优生产规模 Q_1,并不是厂商长期的均衡点。因为在这一点上还存在经济利润,这样会吸引其他厂商进入该行业,从而引起产业的调整。由于厂商数量的增加,产品供给量也随之增加,进而导致市场价格逐步下降,利润减少。只有当市场价格水平下降到经济利润为零时,新厂商的进入才会停止。相反,如果市场价格低于 P_2,即低于长期平均成本 LAC,厂商就会亏损,无利可赚,于是厂商就会退出该行业。随着行业内厂商数量的减少,市场上的产品供给量就会减少,市场价格就会逐渐上升。只有当市场价格水平上升到经济利润为零时,原有厂商的退出才会停止。在 E_2 点所对应的产量 Q_2 上,厂商实现长期均衡。

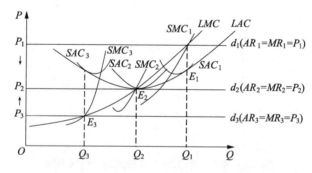

图 5-9 完全竞争市场上厂商的长期均衡曲线

在图 5-9 中,E_2 点是完全竞争市场上厂商的长期均衡点。在这一点上,LAC 曲线达到最低点,与代表最优生产规模的 SAC_2 曲线相切于该点,相应的 SMC_2 曲线和 LMC 曲线都从该点通过,厂商面对的需求曲线与 LAC 曲线相切于该点。总而言之,完全竞争市场上厂商的长期均衡出现在长期平均成本的最低点。此时,不仅生产的平均成本降到长期平均成本的最低点,而且商品的价格也等于最低的长期平均成本。

因此,我们得到完全竞争市场上厂商的长期均衡条件为

$$MR=LMC=SMC=LAC=SAC=AR=P \tag{5.2}$$

此时,单个厂商的利润等于零。

在理解长期均衡时要注意以下两点:

第一,长期均衡点就是收支相抵点。这时,成本与收益相等,厂商所能获得的只

能是作为生产要素之一的企业家才能的报酬——正常利润。在完全竞争市场上,竞争激烈,长期内厂商无法实现超额利润,获得正常利润就是实现了利润最大化。

第二,实现长期均衡时,平均成本与边际成本相等。我们知道,平均成本曲线与边际成本曲线相交时,平均成本一定处于最低点。这说明在完全竞争的条件下,可以实现成本最小化。

同步练习

一、单项选择题

1. 在完全竞争的条件下,厂商获得最大利润的条件是(　　)。
    A. 边际收益大于边际成本的差额达到最大值
    B. 边际收益等于边际成本
    C. 价格高于平均成本的差额达到最大值
    D. 以上都不对
2. 如果完全竞争市场上的厂商面临边际收益大于边际成本的局面,(　　)。
    A. 厂商增加产量便会增加利润　　　　B. 厂商增加产量便会减少利润
    C. 厂商一定在亏损　　　　　　　　　D. 厂商减少产量便会增加利润
3. 完全竞争市场上厂商的短期供给曲线是指(　　)。
    A. $AVC>SMC$ 的那部分 AVC 曲线　　B. $SAC>SMC$ 的那部分 SAC 曲线
    C. $SMC \geq AVC$ 的那部分 SMC 曲线　D. $SMC \geq SAC$ 的那部分 SMC 曲线
4. 在完全竞争市场上,厂商短期内继续生产的最低条件是(　　)。
    A. $SAC=AR$　　　　　　　　　　　B. $AVC<AR$ 或 $AVC=AR$
    C. $AVC>AR$ 或 $AVC=AR$　　　　　D. $SMC=MR$
5. 厂商的收支相抵点是指(　　)。
    A. SMC 与 SAC 相交之点　　　　　B. SMC 与 AVC 相交之点
    C. SMC 与 AFC 相交之点　　　　　D. SAC 与 AVC 相交之点
6. 在完全竞争市场上厂商的短期均衡产量上,AR 小于 SAC 但大于 AVC,则厂商(　　)。
    A. 亏损,立即停产　　　　　　　　　B. 亏损,但应继续生产
    C. 亏损,生产或不生产都可以　　　　D. 获得正常利润,继续生产
7. 下列行业,最接近完全竞争模式的是(　　)。
    A. 飞机　　　　B. 卷烟　　　　C. 大米　　　　D. 汽车

二、判断题

1. 在完全竞争的条件下,厂商所面临的需求曲线是一条水平线。(　　)
2. 生产者的行为目标是产量最大化。(　　)
3. 在厂商的短期均衡产量上,若 $AVC<AR<SAC$,则厂商亏损,但应继续生产。(　　)

4. 在完全竞争市场上，SMC 曲线和 SAC 曲线的交点被称为停止营业点。（   ）

5. 对于一个完全竞争市场上的厂商来说，其边际收益与市场价格是相同的。
（   ）

第三节　完全垄断市场

一、完全垄断市场的特征及成因

在完全垄断市场上，只有一个厂商向市场提供某一种产品，而且该产品没有接近的替代品。因此，这个唯一的厂商就构成了一个行业，可以单独地决定产品价格。我们把这种行业中只有一个厂商提供产品的市场称为完全垄断市场，简称垄断市场。

（一）完全垄断市场的特征

完全垄断市场具有以下几个基本特征：

（1）在同一产品的市场上，只有唯一的生产者。在完全垄断市场上，垄断厂商就是行业，垄断厂商提供了整个行业的全部产品，垄断厂商的供给等于整个行业产品的供给。

（2）没有完全替代的产品。垄断厂商提供的产品在严格意义上不受任何替代产品的竞争威胁。

（3）存在很大的进入障碍，使潜在的竞争者不能进入市场。

（4）垄断厂商是产品价格的制定者。垄断厂商可以利用各种手段决定价格，以达到垄断的目的。

（5）实行差别定价。由于垄断厂商可以独自决定价格，因此垄断厂商完全可以根据获取利润的需要，在不同销售条件下实行不同的价格，即实行差别定价。

（二）完全垄断市场的成因

垄断形成的基本原因是存在进入障碍。垄断厂商之所以能在市场上保持其垄断地位，是因为其他厂商不能进入该市场并与之竞争。进入障碍的形成主要有以下几个方面的原因。

1. 关键资源由一个厂商拥有

当生产某种产品所必需的一种关键资源被某个厂商控制时，该厂商就可能垄断该种产品的生产。历史上，经典的例子是美国铝业公司，它之所以在 19 世纪末至 20 世纪 30 年代成为美国铝锭的唯一供给者，是因为完全控制了生产铝的原材料——铝矾土。现代社会，由于科技的发展、替代性的增强等，完全控制生产某种产品的所有原材料已成为不大可能的事情。

2. 政府制造的垄断

在许多情况下，垄断的产生是因为政府给予一个人或一个企业排他性地出售某种物品或劳务的权利。政府往往在某些行业实行垄断政策，如铁路运输、烟草、邮政、广播电视等部门，厂商只有得到政府的批准才可以进入这些行业，于是独家厂商就成了这些行业的垄断者。此外，政府根据法律赋予某些产品生产的专利权，在其有效期内，其他人不能进行生产，从而在一定时期内形成完全垄断。

3. 自然垄断

有些行业的生产具有这样的特点：一方面，厂商生产的规模经济只有在一个很大的产量范围和相应的巨大的资本、设备的生产运行水平上才能得到充分体现，以至于当整个行业的产量只由一个厂商来生产时才有可能达到这样的生产规模；另一方面，只要发挥这一厂商在这一生产规模上的生产能力，就可以满足整个市场对该种产品的需求。在这类产品的生产中，行业内总会有某个厂商凭借雄厚的技术实力、经济实力和其他优势，最先达到这一生产规模，从而垄断整个行业的生产和销售，这就是自然垄断。自然垄断往往出现在资本密集型行业，如电力、煤气、自来水等行业都是典型的自然垄断行业。在现实中，大多数垄断都要受到政府或政府代理机构以某种方式进行的调节。

与完全竞争市场一样，完全垄断市场在当今的市场经济制度中也是不多见的，原因是各国政府为了防止垄断厂商牟取暴利，影响技术进步，都相继实施了反托拉斯法。现代科学技术的进步使得完全不可替代的产品几乎没有，即使是政府给予特许经营的厂商，其经营在相当程度上也受到政府的管制。现在类似完全垄断市场的行业，主要集中在公用事业行业和拥有某些特殊资源的行业中。

二、完全垄断市场上厂商的需求曲线和收益曲线

由于完全垄断行业只有一个厂商，所以垄断厂商所面临的需求曲线就是市场的需求曲线，它是一条向右下方倾斜的曲线。仍假定厂商的销售量等于市场的需求量，于是向右下方倾斜的垄断厂商的需求曲线表示：垄断厂商可以用减少销售量的办法来提高市场价格，也可以用增加销售量的办法来压低市场价格，即垄断厂商可以通过改变销售量来控制市场价格，垄断厂商的销售量与市场价格呈反方向变动。

在完全垄断市场上，每一单位产品的售价就是它的平均收益，也就是它的价格。即 $AR=P$。因此，平均收益曲线 AR 仍然与需求曲线 d 重合。

但是，在完全垄断市场上，当销售量增加时，产品的价格会下降，从而边际收益减少，边际收益曲线 MR 位于需求曲线 d 下方。随着产量的增加，边际收益曲线与需求曲线的距离越来越大，表示边际收益比价格下降得更快。可以用表5-2来说明。

表5-2 完全垄断市场上厂商的总收益、平均收益、边际收益、价格与销售量的关系

价格(P)/元	销售量(Q)	总收益(TR)/元	平均收益(AR)/元	边际收益(MR)/元
10	1	10	10	10
9	2	18	9	8
8	3	24	8	6
7	4	28	7	4
6	5	30	6	2

续表

价格(P)/元	销售量(Q)	总收益(TR)/元	平均收益(AR)/元	边际收益(MR)/元
5	6	30	5	0
4	7	28	4	-2

根据表 5-2 可以画出完全垄断市场的需求曲线和收益曲线,如图 5-10 所示。

在图 5-10 中,d(AR)是需求曲线与平均收益曲线,MR 是边际收益曲线。边际收益曲线在重合的需求曲线与平均收益曲线的左下方。边际收益曲线、需求曲线和平均收益曲线都是向右下方倾斜的曲线。

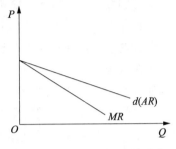

图 5-10　完全垄断市场的需求曲线和收益曲线

三、完全垄断市场上厂商的短期均衡

垄断厂商为了获得最大的利润,也必须遵循 $MR=MC$ 的原则。在短期内,垄断厂商无法改变固定生产要素的投入量,垄断厂商是在既定的生产规模下通过对产量和价格的调整来实现 $MR=MC$ 的均衡条件下的利润最大化的。与完全竞争市场上的厂商一样,垄断厂商在短期内可能出现以下三种情况。

(一)供不应求情况下的短期均衡——厂商获得超额利润

如图 5-11 所示,在供不应求的情况下,边际收益曲线 MR 与短期边际成本曲线 SMC_1 的交点 E 决定了厂商的产量为 OQ^*,从 Q^* 点向上的垂线与需求曲线 d 相交于 F 点,从而决定了价格水平为 OP_1。这时,该厂商的总收益 $TR=AR\times OQ^*$,即图 5-11 中四边形 OQ^*FP_1 的面积;总成本 $TC=SAC_1\times OQ^*$,即图 5-11 中四边形 OQ^*GH 的面积。由于 $TR>TC$,这时该厂商可以获得的超额利润是四边形 $HGFP_1$ 的面积。

(二)供求平衡情况下的短期均衡——厂商获得正常利润

如图 5-12 所示,在供求平衡的情况下,总收益与总成本相等,都为四边形 OQ^*FP_2 的面积,所以收支相抵,只有正常利润。

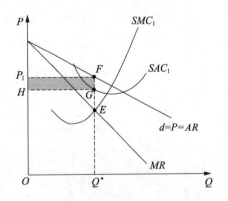

图 5-11　垄断厂商的短期均衡(供不应求)

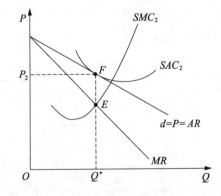

图 5-12　垄断厂商的短期均衡(供求平衡)

(三) 供过于求情况下的短期均衡——厂商遭受亏损

如图 5-13 所示，在供过于求的情况下，厂商的总收益 TR 为四边形 OQ^*FP_3 的面积，总成本 TC 为四边形 OQ^*GH 的面积。由于 TR<TC，这时该厂商的亏损额为四边形 $HGFP_3$ 的面积。在存在亏损的情况下，厂商是否生产？此时要看平均变动成本的情况。如果平均变动成本曲线在价格线的下方，此时厂商应选择生产，这是因为总收益在弥补了全部变动成本之外，还有一部分可用来弥补固定成本，短期内生产比不生产的亏损要

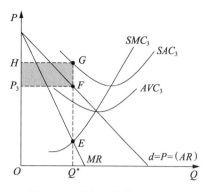

图 5-13 垄断厂商的短期均衡
（供过于求）

少；如果平均变动成本曲线在价格线的上方，则厂商生产的收益既不能弥补变动成本，也不能弥补固定成本，厂商应选择停止生产。

由此可以得到完全垄断市场上厂商的短期均衡条件为

$$MR = SMC \tag{5.3}$$

四、完全垄断市场上厂商的长期均衡

在完全竞争的条件下，长期均衡的特征是厂商没有经济利润或经济亏损；在完全垄断的条件下，长期均衡的特征是厂商有经济利润。

在图 5-14 中，设该厂商目前具有与短期平均成本曲线 SAC_1 和短期边际成本曲线 SMC_1 相对应的生产规模。在短期内，该厂商将生产 Q_1 单位产量，且价格确定在 P_1 水平。既然短期平均成本为 C，该厂商的短期利润就为 $Q_1(P_1-C)$。

然而，该厂商可在长期内调整其生产规模，以便赚取超过 $Q_1(P_1-C)$ 的利润。同时，我们知道当垄断厂商使长期边际成本等于长期边际收益时，将会获得最大的长期利润。因此，该厂商在长期内将生产 Q_2 单位产量，因为这是长期边际成

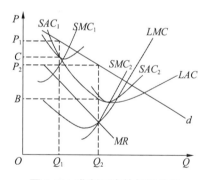

图 5-14 垄断厂商的长期均衡

本曲线与边际收益曲线相交时的产量。此时的长期平均成本为 B，价格为 P_2，而总利润为 $Q_2(P_2-B)$。

由此可以得到完全垄断市场上厂商的长期均衡条件为

$$MR = LMC = SMC \tag{5.4}$$

与完全竞争市场上的厂商相比，在长期均衡的条件下，垄断厂商通常都能获得超额利润。因为在完全垄断的条件下，垄断厂商排斥了其他厂商进入该行业，有效控制了市场的供给，同时通过调整生产规模，使其长期平均成本下降，只要市场需求不发生重大变化，它通常都能将市场价格控制在其平均成本之上，从而长期稳定地获得超

额利润。

五、完全垄断市场上厂商的供给曲线

在完全竞争市场上，分析厂商实现均衡时可以得到相应的供给曲线。那么，在完全垄断市场上，当垄断厂商实现利润最大化时能否得到供给曲线呢？答案是否定的。因为所谓供给曲线是不同价格下的不同供给量的点的连线，也就是说，供给曲线反映了价格与供给量之间的一一对应关系。但是，在完全垄断市场上，垄断厂商通过调整产量来改变自身的供给就等于调整整个市场的产量或供给。为了实现利润最大化，在同一价格水平下，垄断厂商可以做到提供不同的供给量，也就是说，在完全垄断的条件下不存在价格与供给量明确的一一对应关系，说明垄断厂商的供给行为是没有规律的，因此其供给曲线不存在。

六、完全垄断市场上厂商的价格歧视

由于垄断厂商具有一定的制定价格的能力，同时又不存在来自其他厂商的竞争，所以它有时可以通过价格歧视来掠夺消费者剩余，从而进一步增加自己的利润。

（一）价格歧视

所谓价格歧视，就是将一种相同成本的产品以不同的价格来出售。价格歧视的概念也可以扩大到产品并不完全相同的场合：如果这些不同产品的价格差异显著地不同于它们的成本差异，则也可以说存在价格歧视。

要使价格歧视得以实行，一般须具备以下三个条件：

第一，市场存在不完善性。当市场不存在竞争，信息流动不畅，或者因为各种原因存在许多分割时，垄断厂商就可以利用这种条件实行差别定价。

第二，各个市场对同种产品的价格弹性不同。垄断厂商可以对需求弹性小的市场制定较高的价格，以获得垄断利润。

第三，不同市场可以相互分离。差别定价能否实现，主要取决于垄断厂商能否使它们面临的市场相互分离。如果市场是一体化的，当垄断厂商对同一商品收取两种不同的价格时，以低价购买商品的消费者就有可能将所购商品转卖给出价高的消费者，这样差别定价就难以实现。例如，汽车和家用电器等制造业的产品由于转卖比较容易很难实行价格歧视，而劳务等不易转卖的产品比较容易实行价格歧视。

（二）价格歧视的类型

根据价格差别的程度，可以把价格歧视分为以下三种类型。

1. 一级价格歧视

一级价格歧视又称完全价格歧视，就是根据不同消费者为购进每一单位产品所愿意支付的最高价格来定价，并据此来确定每一单位产品的价格。完全价格歧视就是每一单位产品都有不同的价格。例如，同一台手术，对富人收取高额的费用，因为富人愿意且能够支付高额的费用；对穷人收取较低的费用，因为穷人付不起高额的费用。在这种情况下，消费者剩余就全部转变为垄断厂商获得的超额利润，对消费者最为不利。

2. 二级价格歧视

二级价格歧视，就是根据不同购买量来确定不同的价格。最常见的是批发价低于零售价。例如，居民用电量，在 1~100 度实行一种价格，100~200 度实行另一种价格，200 度以上再实行一种价格。垄断厂商可以把部分消费者剩余转变为超额利润，对消费者较为不利。

3. 三级价格歧视

三级价格歧视，是指垄断厂商对不同市场的不同消费者实行不同的价格。例如，电力部门对工业用电与居民用电实行不同的价格。工业用户对电的需求缺乏弹性，价格高也无法减少用电量；居民用户对电的需求富有弹性，价格高会减少用电量，而价格低会增加用电量。这样，电力部门的利润就更多了。

在现实中，一级价格歧视比较罕见，常见的是二级价格歧视与三级价格歧视。

 同步练习

一、单项选择题

1. 垄断厂商实现利润最大化时，（　　）。
   A. $P=MR=MC$　　B. $P>MR=AC$　　C. $P>MR=MC$　　D. $P>MC=AC$

2. 垄断厂商拥有控制市场的能力，这意味着（　　）。
   A. 垄断厂商面对一条向下倾斜的需求曲线
   B. 如果它增加一单位产品的供给，则全部产品的销售价格必须降低
   C. 垄断厂商的边际收益曲线低于其需求曲线
   D. 以上都正确

3. 垄断厂商的定价原则是（　　）。
   A. 利润最大化　　　　　　　　　B. 社会福利最大化
   C. 消费者均衡　　　　　　　　　D. 生产者均衡

二、判断题

1. 垄断厂商所面临的需求曲线就是市场的需求曲线。（　　）
2. 垄断厂商在长期均衡的情况下，只能获得正常利润。（　　）

第四节　垄断竞争市场

一、垄断竞争市场的特征

垄断竞争市场是指一种既有垄断又有竞争、既不是完全竞争又不是完全垄断的市场结构。垄断竞争形成的基本条件是产品差别的存在。在现实经济生活中，垄断竞争市场是非常普遍的，它广泛存在于零售业和服务业中，垄断竞争市场具有以下特征。

（一）产品存在差异

与完全竞争的假设不同，垄断竞争市场上的产品不是单一的、同质的，而是存在着一些差别。这些差别是指同一产品在价格、外观、性能、质量、颜色、包装、形象、品牌、服务、广告等方面的差别及消费者以想象为基础的虚幻的差别。由于存在着这些差别，产品成了带有自身特点的"唯一"产品，消费者有了选择的可能，从而使得厂商对自己独特产品的销售量和价格具有控制力，即厂商具有了一定的垄断能力，而垄断能力的大小取决于它的产品区别于其他厂商的程度。产品差别程度越大，垄断程度越高。

（二）厂商的数目很多

垄断竞争市场上每个厂商都有众多的竞争对手，每个厂商的产品都可以称为其他厂商产品的替代品；厂商数目多到每个厂商都可以独立行动，互不依存，可以忽视其他厂商的行为对自己利益所产生的影响。

（三）厂商能够容易地进入或退出市场

由于厂商数目较多，因此一个厂商的进入或退出对于整个行业不会产生太大的影响。同时，由于厂商规模不是很大，投资建厂资金也不是很多，进出行业也就比较容易。

（四）厂商对产品价格略有影响力

垄断性使厂商对市场价格有一定的影响力，但竞争性又使这种影响力不是很大。当它提高产品价格时，会失去一部分原有的顾客；当它降低产品价格时，会得到更多的顾客。

在垄断竞争理论中，把市场上大量的生产非常接近的同种产品的厂商的总和称作生产集团，如汽车加油站集团、快餐食品集团、美容美发集团等。从理论上说，生产集团内的每个厂商所面临的需求曲线都是不一样的。但是，在垄断竞争市场模型中，西方学者总是假定生产集团内部所有的厂商具有相同的成本曲线和需求曲线，并以代表性厂商为例进行分析。

二、垄断竞争市场上厂商的需求曲线

由于垄断竞争市场上厂商可以在一定程度上控制自己产品的价格，即通过改变自己生产的有差别产品的销售量来影响商品的价格，所以如同完全垄断市场上的厂商一样，垄断竞争厂商所面临的需求曲线也是向右下方倾斜的。所不同的是，由于垄断竞争市场上各厂商的产品是很接近的替代品，市场中的竞争因素又使得厂商所面临的需求曲线具有较大的弹性。因此，垄断竞争市场上厂商所面临的向右下方倾斜的需求曲线比较平坦，相对地比较接近完全竞争市场上厂商的水平形状的需求曲线。

垄断竞争市场上厂商所面临的需求曲线有两种，它们通常被区分为 d 需求曲线和 D 需求曲线。下面用图 5-15 分别说明这两种需求曲线。

（一）d 需求曲线

d 需求曲线表示当垄断竞争生产集团内的某个厂商改变产品价格，而其他厂商的产品价格都保持不变时，该厂商的产品价格与销售量之间的关系。在图 5-15 中，假定该厂商开始时处于价格为 P_1、产量为 Q_1 的 A 点上，它想通过降价来增加自己产品的销售量。该厂商认为，它降价以后不仅能增加原有买者对自己产品的需求量，而且还能把其他买者从生产集团内的其他厂商那里吸引过来。该厂商相信其他厂商不会对它的降价行为做出反应。随着它的产品价格由 P_1 下降为 P_2，它的销售量会沿着 d_1 需求曲线由 Q_1 增加为 Q_2。因此，它预期自己的生产可以沿着 d_1 需求曲线由 A 点运动到 B 点。

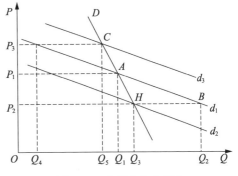

图 5-15　垄断竞争市场上
厂商所面临的需求曲线

（二）D 需求曲线

D 需求曲线表示当垄断竞争生产集团内的某个厂商改变产品价格，而其他厂商也使产品价格发生相同变化时，该厂商的产品价格与销售量之间的关系。在图 5-15 中，如果该厂商将价格由 P_1 下降为 P_2，生产集团内其他厂商也都将价格由 P_1 下降为 P_2，那么该厂商的实际销售量是 D 需求曲线上的 Q_3，Q_3 小于它的预期销售量即 d_1 需求曲线上的 Q_2。这是因为生产集团内其他厂商的买者没有被该厂商吸引过来，每个厂商的销售量增加仅来自整个市场的价格水平的下降。所以，该厂商降价的结果是使自己的销售量沿着 D 需求曲线由 A 点运动到 H 点。同时，d_1 需求曲线也相应地从 A 点沿着 D 需求曲线平移到 H 点，即平移到 d_2 需求曲线的位置。d_2 需求曲线表示整个生产集团将价格固定在新的价格水平 P_2 以后，该厂商单独变动价格时在各个价格下的预期销售量。

所以，关于 D 需求曲线，还可以说，它表示垄断竞争生产集团内的单个厂商在每一市场价格水平下的实际销售份额。

从以上分析中可以得到关于 d 需求曲线和 D 需求曲线的一般关系：第一，当垄断竞争生产集团内的所有厂商都以相同方式改变产品价格时，整个市场价格的变化会使单个厂商的 d 需求曲线的位置沿着 D 需求曲线发生平移；第二，由于 d 需求曲线表示单个厂商单独改变价格时所预期的产品销售量，D 需求曲线表示单个厂商在每一市场价格水平下实际所面临的市场需求量，所以 d 需求曲线与 D 需求曲线相交意味着垄断竞争市场达到供求平衡状态；第三，很显然，d 需求曲线的弹性大于 D 需求曲线，即前者相较于后者更平坦一些。

三、垄断竞争市场上厂商的短期均衡

垄断竞争市场上厂商在短期内会通过调整其产量和价格来实现利润最大化目标。如图 5-16 所示，SMC 是代表性厂商的短期边际成本曲线，d_1 是代表性厂商的主观需求曲线，D 是代表性厂商的客观需求曲线。假定代表性厂商一开始处于 A 点，此时产量为 Q_0，价格为 P_0。代表性厂商为了实现利润最大化，会按照 $MR_1 = SMC$ 的原则来调整其价格和产量，即沿着主观需求曲线调整至 B 点，此时价格为 P_1，产量为 Q_1。由于行业中的其他厂商也面临相同的情况，每个厂商都在假定其他厂商不改变产量和价格的条件下根据利润最大化原则降低了价格。于是，当其他厂商

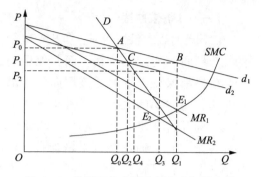

图 5-16　垄断竞争市场上厂商在短期内的生产调整过程

都降低了自己产品的价格时，代表性厂商实际的需求量不能增加到 Q_1，而只能是 Q_0 和 Q_1 之间的 C 点，此时需求量只有 Q_2。代表性厂商的主观需求曲线需要修正到通过 C 点的 d_2，边际收益曲线也相应调整至 MR_2。这样代表性厂商在 P_1 的价格下无法实现最大利润，必须进一步做出调整。按照利润最大化的条件 $MR_2 = SMC$，代表性厂商将会把价格进一步降低至 P_2，其预期自己产品的需求量将会增加至 Q_3。但是，由于其他厂商采取同样的行动，代表性厂商的需求量实际只能沿客观需求曲线增加到 Q_4，在 P_2 价格下仍无法实现最大利润。依此类推，代表性厂商的价格还需做进一步的调整，其主观需求曲线也将沿客观需求曲线不断移动。

上述调整过程实际上是一个"试错"的过程，这一"试错"过程不断进行，一直持续到实现短期均衡状态为止。如图 5-17 所示，厂商实现短期均衡时，必须满足以下条件：① 厂商的产量 Q_E 符合 $MR = SMC$ 的原则，厂商实现了利润最大化，厂商没有动力改变目前的状态；② 厂商此时的产量和价格决策恰位于主观需求曲线与客观需求曲线的交点 H，亦即厂商按自己能够感觉到的主观需求曲线所做出的价格—产量决策恰和其他厂商做出的价格—产量决策相一致。

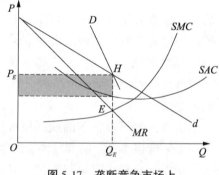

图 5-17　垄断竞争市场上厂商的短期均衡

垄断竞争市场上厂商实现短期均衡时的利润如图 5-17 中阴影部分所示。当然，与完全垄断市场上的厂商、完全竞争市场上的厂商一样，垄断竞争市场上的厂商也可能获得经济利润，也可能经济利润为零，甚至是亏损，这主要取决于厂商所面临的需求曲线与其平均成本曲线的位置，如果厂商的平均成本曲线位于需求曲线之上，则厂商在短期内无论如何调整其价格和产量，都无法摆脱亏损的命运。

四、垄断竞争市场上厂商的长期均衡

在长期内，垄断竞争市场上的厂商可以通过扩大或缩小其生产规模来与其他厂商

进行竞争,也可以根据自己能否获得经济利润来选择是进入还是退出一个行业。

假设垄断竞争市场上的厂商在短期内能够获得经济利润,在长期内所有厂商都会扩大生产规模,也会有新的厂商进入该行业,在市场总的需求没有大的改变的情况下,代表性厂商的市场份额将减少,虽然主观需求曲线不变,但客观需求曲线将向左下方移动,从而代表性厂商产品的实际需求量低于利润最大化的产量。代表性厂商为了实现长期均衡,必须降低产品价格、提高产量来适应这种变化,从而主观需求曲线和客观需求曲线都会向左下方移动。这一过程会一直持续到行业内没有新的厂商进入,也没有厂商愿意扩大生产规模为止,此时代表性厂商的经济利润为零。

厂商实现长期均衡时所处的状态如图5-18所示。在长期均衡时,厂商的主观需求曲线 d 与长期平均成本曲线 LAC 相切于 E 点,客观需求曲线 D 也与 d 曲线和 LAC 曲线相交于 E 点,厂商的均衡产量为 Q_E,满足厂商利润最大化的要求,即 $MR=LMC=SMC$,此时 $P=AR=LAC$,所以厂商的经济利润为零。

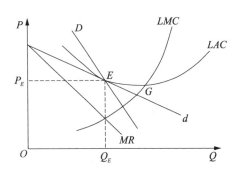

图5-18 垄断竞争市场上厂商的长期均衡

如果考虑行业内厂商亏损,厂商退出行业或减少产量,与上述的分析过程类似,只不过两条需求曲线的移动方向相反而已,最终均衡的结果都是 d 曲线与 LAC 曲线相切,经济利润为零。

垄断竞争市场上的厂商在实现长期均衡时只能获得正常利润,这一点与完全竞争市场相同,但二者也有很多差异,主要集中体现在以下几个方面:

其一,完全竞争市场上厂商的需求曲线是一条平行于横轴的线,边际收益曲线、平均收益曲线与需求曲线三线合一,即 $MR=AR=P$。而垄断竞争市场上厂商的需求曲线是向右下方倾斜的,边际收益曲线位于需求曲线下方,即 $MR<P$。

其二,完全竞争市场上厂商的长期均衡点位于长期平均成本(LAC)曲线的最低点,这意味着在该点生产,每一单位产品的平均成本最低,产品的价格也最低。而垄断竞争市场上厂商的长期均衡点位于长期平均成本曲线的下降部分,相应地,均衡价格高于完全竞争市场上厂商的均衡价格,而均衡产量低于完全竞争市场上厂商的均衡产量。

其三,完全竞争市场上厂商长期均衡实现时,价格等于长期边际成本,即 $P=LMC$,其中 P 是市场上消费者对购买的最后一单位产品的价值评判,而 LMC 是市场上厂商生产最后一单位产品所耗费的成本,价格与长期边际成本相等意味着资源配置的效率达到最高。垄断竞争市场上厂商长期均衡实现时,价格高于长期边际成本,即 $P>LMC$,表明一些对产品的价值评价高于边际成本的消费者没有购买产品,厂商长期存在过剩的生产能力和无谓的效率损失。

五、垄断竞争市场上非价格竞争的手段

在垄断竞争市场上，厂商之间不仅存在着价格竞争，而且存在着非价格竞争。非价格竞争是指垄断竞争市场上厂商通过提高自己产品的品质、精心设计商标和包装、改善售后服务及进行广告宣传等手段来扩大自己产品的市场份额，以获取最大的利润。

非价格竞争的手段主要包括以下三种。

（一）保持和创造"产品差别"

垄断竞争市场上厂商的市场势力源于产品差别。为了保持垄断地位，厂商首先需要保持产品差别，同时还要创造产品差别。垄断竞争市场没有进入障碍，一个厂商的优势产品很容易被模仿，消极地保持产品差别难度很大。所以，积极的做法是通过设计或引进、进行技术创新、开发新产品，形成新的差异化产品。

（二）进行广告宣传

广告是垄断竞争市场上厂商扩大商品销路的重要手段。广告分为信息性广告和劝说性广告两类，信息性广告提供了商品比较充分的信息，有利于消费者做出最佳的购买决策，且节约了消费者的信息搜寻成本，从而有利于经济资源的合理配置；劝说性广告却很少能提供对消费者真正有用的信息，更多地表现为诱导消费者购买商品，但被诱导的消费者往往并不能够买到自己实际需要且真正满意的商品，不能实现经济资源的合理配置。大多数的广告宣传往往既带有提供信息的成分，又带有劝说的成分。

（三）改善售后服务

在价格既定的前提下，厂商推出售后服务对于产品的促销起着积极有效的作用。虽然提供优质的售后服务会使厂商承担一部分售后服务成本，但在垄断竞争市场上，对于差别不大的产品，特别是对于大件或贵重消费品、生产设备等，提供售后服务无疑能够赢得消费者的好感，扩大在同类产品中的市场份额。

同步练习

一、单项选择题

1. 当垄断竞争市场上厂商处于短期均衡时，（   ）。
   A. 厂商一定能获得超额利润
   B. 厂商一定不能获得超额利润
   C. 厂商只能获得正常利润
   D. 厂商获得超额利润、发生亏损和获得正常利润三种情况都有可能发生

2. 垄断竞争市场上厂商短期均衡的实现条件是（   ）。
   A. 平均收益等于平均成本　　　　　B. 边际收益等于边际成本
   C. 总收益等于总成本　　　　　　　D. 平均收益等于边际收益

二、判断题

1. 从长期来看，垄断竞争条件下的超额利润将会消失。（   ）
2. 在垄断竞争市场上，厂商之间仅存在价格竞争，不存在非价格竞争。（   ）

第五节　寡头垄断市场

一、寡头垄断市场的特征

相对于完全竞争市场与完全垄断市场来说，寡头垄断市场在现代经济中也是常见的一种市场类型。所谓寡头垄断市场，是指只有少数几个厂商控制整个市场的产品生产和销售的一种市场结构。西方国家中不少行业都表现出寡头垄断的特点，如美国的汽车业、电气设备业、罐头业等，都被少数几个企业控制。

寡头垄断市场形成的原因主要有以下几个方面：某些产品的生产必须在相当大的生产规模上运行才能取得最好的经济效益；行业中少数几个厂商控制了生产所需的基本生产资源的供给；政府的扶植和支持；等等。由此可见，寡头垄断市场的成因和完全垄断市场的成因是很相似的，只是在程度上有所差别。寡头垄断市场是比较接近完全垄断市场的一种市场类型。

寡头垄断市场一般具有以下几个特征：

（1）厂商数目很少，新的厂商进入该行业比较困难。势均力敌的少数厂商已经控制了这一行业的市场，其他厂商难以进入并与之抗衡。

（2）各厂商的产品既可相同也可存在差别，厂商之间同样存在激烈竞争。

（3）厂商之间相互依存。这种特征是其他几种市场类型都不具备的。在寡头垄断市场上，厂商数目很少，每个厂商都占有举足轻重的地位。它们在价格或产量方面的决策会影响整个市场和其他厂商的行为。因此，寡头垄断市场上各厂商之间存在着极为密切的关系，每个厂商在做出产量或价格决策时，不仅要考虑自身的成本与收益情况，还要考虑这一决策对市场的影响，以及其他厂商可能做出的反应。

（4）厂商行为的不确定性。由于厂商之间相互依存，因此厂商不能像前几种市场类型中的厂商那样独立决策，而是在决策前要考虑竞争对手的反应。在各厂商都保持自己的商业秘密的情况下，这种反应是靠厂商自己把握的，这就产生了厂商行为的不确定性。厂商行为的不确定性，使厂商的决策面临很大的困难，也给寡头理论分析出了一个难题，致使寡头垄断的均衡产量和价格很难有一个确定的解释。

寡头垄断市场可以按不同方式进行分类。按产品是否存在差别，寡头垄断市场可分为纯粹寡头垄断市场和差别寡头垄断市场。如果寡头垄断市场中每个厂商所生产的产品都是同质的，如从事钢铁、水泥、铜等产品的生产，则称为纯粹寡头垄断市场；如果厂商所生产的产品是有差别的，如从事汽车、计算机等产品的生产，则称为差别寡头垄断市场。从厂商数目来看，寡头垄断市场又可分为双头垄断市场（一个市场只有两个厂商）、三头垄断市场（一个市场只有三个厂商）和多头垄断市场。此外，从行为方式上看,寡头垄断市场又可分为存在勾结行为的寡头垄断市场和独立行为或非勾结性的寡头垄断市场,前者厂商之间存在勾结,后者厂商之间不存在勾结。

二、寡头垄断市场的定价方式

在寡头垄断市场上,如果一个厂商通过降价来争取顾客,则很容易引起竞争对手更大幅度降价的报复,反而使自己丧失顾客;如果该厂商继续降价,必定会使各厂商陷入竞相降价的价格战中,造成两败俱伤。因此,它们会放弃竞争,相互勾结或保持默契,以达到满意的结果。在传统的寡头垄断市场理论中,价格决定有三种形式:价格领先制、成本加成法和勾结定价。

(一)价格领先制

价格领先制又称价格领袖制,即由某一行业中最大的或最有影响力的一个厂商率先制定价格,其他厂商追随其后制定各自的价格。如果产品是无差别的,各厂商的价格变动幅度可能相同;如果产品是有差别的,各厂商的价格变动幅度可能相同,也可能有差别。

(二)成本加成法

成本加成法是寡头垄断市场上厂商不按 $MR=MC$ 的利润最大化原则确定价格的一种较为常见的形式,即在各厂商以同样方法估算的平均成本基础上加固定的利润。平均成本可以根据长期成本变动的情况而定,所加利润的百分比则要参照全行业的利润率确定。例如,某产品的平均成本是 100 元,利润率为 10%,则该产品的价格就可以定为 110〔100×(1+10%)〕元。这种定价方法比较简单,可以使各厂商制定出相同或相近的价格,虽然不一定能使各厂商都获得最大利润,但可以避免各厂商之间的价格竞争,使价格相对稳定,从而避免各厂商在竞相降价中遭受损害。从长期来看,这种定价方法能接近实现最大利润,因而厂商也乐于采用这种方法。

(三)勾结定价

勾结定价是指寡头垄断市场上厂商们勾结起来,通过商议来确定价格。勾结定价最典型的就是卡特尔,厂商们公开勾结,组成卡特尔,形成价格联盟。卡特尔成员之间制定统一的价格,而且为了维持这一价格,还会对产品的产量进行限制。但在现实中,卡特尔成员之间也会存在各种矛盾,即使达成协议也很难兑现,甚至引起卡特尔解体。

三、寡头垄断市场的厂商均衡与博弈

(一)寡头垄断市场的厂商均衡

寡头垄断市场的特征决定了其厂商均衡的现实情况非常复杂,因为该市场所具有的相互依存性和决策结果的不确定性,使得该市场上厂商的产量和价格是多变的。寡头垄断市场上可能有两个厂商,也可能有十几个乃至几十个厂商;可能是纯粹寡头,也可能是差别寡头;可能独立行动,也可能彼此勾结串谋;可能采取价格竞争手段,也可能采取非价格竞争手段。所以,在寡头垄断市场上,任何一个厂商在做出价格和产量决策时,都不能置同业竞争对手于不顾。厂商行为之间所存在的互相影响的依存关系，使得寡头垄断理论复杂化，而不像完全竞争、完全垄断和垄断竞争条件下那么明确。因此，其理论模型也比较多且复杂，本节主要介绍其中较有代表性的"博弈论"理论。

（二）垄断市场的厂商博弈

从以上分析可知，在寡头垄断市场上，厂商的行为是相互影响的，每个厂商都需要首先推测或了解其他厂商对自己所要采取的某一行动的反应，然后在考虑其他厂商这些反应的前提下，再采取最有利于自己的行动。寡头垄断市场上的每个厂商都是这样思考和行动的，因此厂商行为的相互影响和相互作用的关系就如同博弈（如同下棋）一样。

博弈论是20世纪40年代由数学家约翰·冯·诺依曼和经济学家奥斯卡·摩根斯特恩首先提出的。它被用来分析个人或组织在目标相互冲突时的决策行为。决策者在博弈过程中：第一，试图通过博弈行动使自己达到最优地位；第二，充分认识到在博弈过程中参与者相互影响的特征；第三，预测其他决策者的行为。

在博弈论中，最重要的概念就是策略和收益。策略是指博弈的参与者所采取的行动方案；收益是策略实行的结果。所有博弈参与者的策略与收益的组合就构成了收益矩阵。

我们先通过"囚徒困境"这个经典的例子来说明博弈论的基本思想。假定甲、乙两个作案的犯罪嫌疑人分别被审讯。如果两个人都交代，各判4年；两人都不交代，检察官因证据不足，各判2年；一人交代一人不交代，不交代者判8年，交代者判1年。甲和乙面临的选择可以用博弈论中的收益矩阵来描述。甲和乙的收益矩阵如表5-3所示。

表5-3 "囚徒困境"收益矩阵

策略组合		乙			
		交代		不交代	
甲	交代	-4	-4	-1	-8
	不交代	-8	-1	-2	-2

最后的结果会是什么呢？甲、乙都从个人利益最大化出发，选择对自己最有利的策略。如果乙不交代，甲有两种选择和两种结果：选择不交代，判2年；选择交代，判1年。两者相比，甲选择交代有利。如果乙交代，甲也有两种选择和两种结果：选择不交代，判8年；选择交代，判4年。两者相比，甲选择交代有利。无论乙选择交代还是不交代，甲都选择对自己最有利的策略即交代。乙的推理过程与甲相同，结果甲、乙两人都选择了交代，各判4年。这就说明，即便两人合作是有利的（都不交代，各判2年），但这种合作却是很困难的。

在现实的寡头垄断市场上，寡头有多个，而且每次博弈并不相同，要对违约者进行惩罚并不容易，所以寡头垄断市场上存在着激烈的价格竞争。如空调市场的价格战就充分说明了这一点。

同步练习

一、单项选择题

1. 寡头垄断市场和垄断竞争市场的主要区别是（　　）。
   A. 厂商之间相互影响的程度不同　　B. 厂商的广告开支不同
   C. 非价格竞争的数量不同　　　　　D. 从单位产品中所获得的利润最大

2. 寡头垄断市场按照市场上产品的差别程度分，主要有（　　）和有差别寡头市场。
   A. 无差别寡头市场　　　　　　　　B. 合作寡头市场
   C. 非合作寡头市场　　　　　　　　D. 以上都正确

二、判断题

1. 由于寡头垄断市场上厂商之间可以进行勾结，所以它们之间并不存在竞争。（　　）
2. 博弈论研究人们在各种策略下如何行事。（　　）

本章小结

根据市场竞争程度的不同，市场可分为完全竞争市场、完全垄断市场、垄断竞争市场和寡头垄断市场四种类型。

完全竞争市场是竞争充分且不受任何阻碍和干扰的市场类型。它是资源利用最充分、社会经济福利最大的市场组织形式。由于完全竞争市场上厂商是价格的接受者，所以它的收益与产量是同比例变化的。其短期均衡条件是 $SMC = MR = AR = P$，长期均衡条件是 $P = MR = SMC = SAC = LMC = LAC$。

完全垄断市场是一个厂商控制了某种产品全部供给的市场类型。由于垄断厂商是市场上唯一的生产者，所以它面临向右下方倾斜的市场需求曲线。完全垄断市场的资源利用效率最低，垄断的边际收益总是低于产品的价格。完全垄断市场上的短期均衡条件是 $MR = SMC$，长期均衡条件是 $MR = LMC = SMC$。垄断厂商可以根据买者的支付意愿对同一产品收取不同的价格来增加利润，由此存在价格歧视。价格歧视分为一级、二级、三级三种。

垄断竞争市场是一种既有垄断又有竞争、既不是完全竞争又不是完全垄断的市场类型。垄断竞争市场的短期均衡条件是 $MR = SMC$，长期均衡条件是 $MR = SMC = LMC$ 且 $AR = SAC = LAC$。在垄断竞争市场上，厂商之间不仅存在着价格竞争，而且存在着非价格竞争。

寡头垄断市场是少数几个厂商控制了一种产品的全部或大部分产量和供给的市场类型。寡头垄断市场的特征决定了很难把它们放在一个统一的分析框架中讨论。经济学家的一般做法是，根据自己对寡头间的互动所做的假定，提出特殊的分析模型，用以解释寡头垄断市场上的某些现象。现在人们一般用博弈论来解释寡头的行为特征。

复习与思考

一、问答题

1. 试述完全竞争市场的含义及其条件。
2. 试述完全垄断市场的含义及其特征。
3. 完全竞争与完全垄断条件下厂商面临的需求曲线有何不同?
4. 为什么长期内完全竞争市场上的厂商在零利润状态下仍然愿意为市场提供产品?
5. 为什么利润最大化的一般原则是 $MC=MR$,而完全竞争市场上厂商的均衡条件是 $MC=P$?
6. 在垄断竞争市场上,厂商的需求曲线有什么特点?
7. 寡头垄断市场有哪些特征?

二、计算题

1. 完全竞争市场上某厂商的短期成本函数为 $STC=Q^3-20Q^2+240Q+20$,若其产品的市场价格是 315 元,试求:

(1) 该厂商利润最大时的产量和利润。
(2) 该厂商的固定成本和可变成本。
(3) 该厂商的停止营业点。
(4) 该厂商的短期供给曲线。

2. 某企业面临一条水平的需求曲线,该企业的总变动成本为 $TVC=150Q-20Q^2+Q^3$。试问:低于什么价格时,该企业就应当停产?

三、案例分析题

政府办的大型养鸡场为什么赔钱?

在 20 世纪 80 年代,一些城市为了保证居民的菜篮子,由政府出资办了大型养鸡场,但成功者少,许多养鸡场最后以破产告终。其中的原因是多方面的,重要的一点在于鸡蛋市场是一个完全竞争市场。

政府创办的大型养鸡场在这种完全竞争的市场上并没有什么优势,它们的规模不足以大到能控制市场,产品也没有特色。它们要以平等的身份与那些分散的养鸡专业户或把养鸡作为副业的农民的养鸡场竞争。但这些大型养鸡场的成本大于行业平均成本,因为它们的固定成本远远高于农民的养鸡场。它们要建大鸡舍,采用机械化方式养鸡,且有相当一批管理人员、工作人员需要发工资。这些成本的增加远远大于机械化养鸡所带来的好处,因为农民养鸡几乎没有什么固定成本,也不向自己支付工资,差别仅仅是种鸡支出和饲料支出。大型养鸡场由政府出资创办,自然是国有企业,它们也同样有产权不明晰、缺乏激励机制、效率低的共性。从这种意义上说,政府出资办大型养鸡场是出力不讨好,动机也许不错,但结果不好。其实这类完全竞争行业完全可以让市场去调节,让农民去办,政府不要与农民争利,何况也争不到利。

讨论:1. 为什么说鸡蛋市场是完全竞争市场?其形成条件有哪些?

2. 举例说明哪些市场接近完全竞争市场。

第六章　生产要素价格及收入分配

学习目标

1. 了解生产要素的价格决定与收入分配的关系；
2. 掌握生产要素边际收益、边际成本和边际产品价值的含义；
3. 理解各种生产要素均衡价格的决定；
4. 了解租金、准地租和经济租金的含义；
5. 掌握洛伦兹曲线和基尼系数的含义及基尼系数的计算；
6. 了解社会收入分配的标准与政策。

案例导入

月薪轻松过万？当代中国蓝领的工资究竟有多高？

场景一：2020年10月，随着"双11"的临近，全国各地工厂订单猛增。杭州某服装厂表示，2020年的订单比2019年增长300%，除了扩增生产线外，都在抢工人，已新招30多名工人，不少工人一个月能拿到1万元，收入方面远高于刚刚毕业的本科生。其中一个情景让其难以释怀：一名以月薪8 000元招来的电子厂普工，刚到现场就被隔壁同行以月薪1万元挖走了。

场景二：在某建筑劳务公司担任测量放线员的"00后"赵某接受某媒体采访时表示，自己从事这份工作还不到三年，月薪已经有1万元左右，同时未来的发展空间也很不错，一步一个脚印好好干的话，三四年可以做到技术负责人的位置，年薪能够达到20万元以上。当然，与高薪相对应的是对技术水平的高要求。赵某介绍，一个合格的测量放线人才，既要掌握工程识图、工程构造等理论知识，也要熟悉建筑物变形观测、地形图测绘等专业知识，还要了解质量管理知识、安全文明生产与环境保护知识等。"一般来说，测量放线员分为初、中、高三个等级，需要通过培训、考核取得等级证书后才能上岗。"赵某称，目前自己还是初级水平，到高级水平的话，月薪可达1.3万元，并且可以转岗成为技术负责人。需要注意的是，即使工作环境有了较大改善，薪资待遇也"水涨船高"，企业依旧面临"招工难"的困境。缺乏技术人才，特别是高技能型工匠人才，正在成为制造业最普遍、最突出的现实窘境。

蓝领为什么能拿高工资？从场景一来看，工人工资的增加首先源于"双11"工厂订单的大量增加，人手不足，供小于求，工厂自然需要支付更高的工资。但这并非长期行为，一旦订单量减少，自然也会缩减工资，甚至解聘工人。所以，此时高工资并非长期稳定收入。

从场景二来看，技术蓝领收入高，一方面同样是由于供小于求；但另一方面，我们也关注到，随着产业升级，蓝领的技术含量也随之提高，为企业创造的价值也不可同日而语。技能蓝领的"标签"显然不是廉价和低端。近几年，在世界技能大赛上，中国技术工人屡获大奖，也让技术精湛的蓝领工人、"大国工匠"的收入有了很大的提升空间。

（资料来源：金立其. 经济学原理［M］. 5版. 杭州：浙江大学出版社，2022：194. 有改动）

案例思考：你认为案例中关于蓝领收入高的分析正确吗？为什么？

不同行业、不同工种的工资为什么高低不同？许多阿拉伯国家仅仅凭借石油就成为世界上最富有的国家，到底是什么决定了它们的富有？我们应该怎样评价看起来越来越严重的贫富两极分化呢？这些问题涉及生产要素价格的决定及收入分配，在经济学中一般被称为生产要素理论或收入分配理论，它回答了"为谁生产的问题"。

第一节 生产要素的需求与供给

一、生产要素市场与产品市场

所谓生产要素，是指为社会总产品的创造做出贡献的资源。在生产要素市场上，作为买卖对象的有四大要素，分别为劳动、资本、土地和企业家才能。就如同消费者购买产品必须支付一定的费用一样，企业使用这些生产要素也应支付一定的报酬，土地所有者获得地租，劳动者获得工资，资本所有者获得利息，企业家获得利润。从生产者角度来看，地租、工资、利息和利润是生产要素的价格，而从生产要素所有者角度来看，它们分别是各所有者的收入，因此生产要素价格的决定问题也就是收入分配的问题。收入分配理论就是分析地租、工资、利息和利润是如何被决定的理论。

生产要素市场是市场经济中市场体系的一个部分。生产要素市场与产品市场非常相似，但二者也存在着较大的差异，如图6-1所示。

第一，企业和家庭分别处于产品和生产要素的两边，但作用不同。在产品市场上，需求来自消费者，供给来自生产者；在生产要素市场上，情况正好相反，需求来自生产者，供给来自消费者，即需要并购买生产要素的是作为生产者的企业，提供生产要素的是作为消费者的家庭。

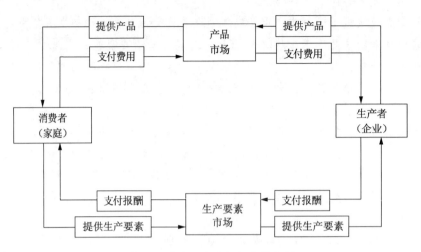

图 6-1　生产要素市场与产品市场

第二，企业对生产要素的需求和消费者对产品的需求有所不同。在产品市场上，消费者为满足自身的某种欲望而对产品产生需求，属于直接需求；而在生产要素市场上，企业对生产要素的需求并不取决于自身，而是取决于消费者对产品的需求。为了获得利润，企业向市场提供产品，为了能将产品生产出来，企业又需要生产要素。因此，消费者对产品的需求引发了企业对生产要素的需求。

第三，产品市场价格是指购买产品本身的价格，产品被消费者购买后即为购买者所有。生产要素市场价格是指使用生产要素的价格，购买者仅在一定期限内有使用权。

生产要素市场与产品市场虽然有所不同，但二者是相互依存的。一方面，生产要素的价格取决于生产要素的供求，而生产要素的供求又取决于产品市场。如果产品市场面临萧条，产品积压，必然导致生产下降，对生产要素的需求降低，从而影响生产要素的价格。另一方面，生产要素的价格也会影响到产品的价格，生产要素价格的上涨意味着企业产品成本的提高，从而导致产品价格的上涨。

二、生产要素的需求

(一) 生产要素需求的特点

1. 生产要素的需求是一种派生需求

厂商对生产要素的需求是一种派生需求（引致需求），是消费者对产品的需求引起了厂商对生产要素的需求。而消费者对产品的需求是一种直接需求。

2. 生产要素的需求是一种联合需求

厂商对生产要素的需求是一种联合需求或相互依存的需求。而消费者对产品的需求是一种单一的需求。也就是说，任何厂商的生产行为所需要的都不是一种生产要素，而是多种生产要素，这样各种生产要素之间就是互补的。如果只增加一种生产要素而不增加另一种，就会出现边际收益递减现象。而且，在一定的范围内，各种生产要素也可以互相替代。这一特点带来的一个后果就是厂商对某一生产要素的需求不仅取决于该生产要素的价格,而且取决于其他生产要素的价格。

(二) 影响生产要素需求的因素

1. 市场对产品的需求及产品的价格

这两个因素影响产品的生产与厂商的利润,从而也就影响生产要素的需求。一般来说,对某种产品的需求越大,该产品的价格越高,则对生产这种产品所需要的各种生产要素的需求也就越大;反之亦然。

2. 生产技术状况

生产技术决定了对某种生产要素需求的大小。如果技术是资本密集型的(如汽车),则对资本的需求大;如果技术是劳动密集型的(如手工艺品、纺织业),则对劳动的需求大。

3. 生产要素的价格

各种生产要素之间有一定程度的替代性,如何进行替代在一定范围内取决于各种生产要素本身的价格。厂商一般会用价格低的生产要素替代价格高的生产要素,从而生产要素本身的价格对其需求就有重要的影响。

生产要素需求的派生性和联合性,决定了生产要素的需求比产品的需求更加复杂,因此在分析生产要素的需求时应注意以下几个问题:一是产品市场结构的类型是完全竞争还是不完全竞争;二是一个厂商对生产要素的需求与整个行业对生产要素需求的联系和区别;三是只有一种生产要素变动与多种生产要素变动的情况;四是生产要素本身的市场结构是完全竞争还是不完全竞争。

(三) 完全竞争市场上厂商使用生产要素的原则

和完全竞争产品市场一样,完全竞争生产要素市场的基本特征可以概括为:生产要素的供求双方数量众多,都是生产要素价格的接受者;生产要素具有完全的替代性;生产要素的供求双方具有完全的信息;生产要素的供求双方可以自由地进出市场,生产要素可以自由流动。显然,完全具备这些条件的生产要素市场在现实经济中是不存在的,完全竞争生产要素市场只是理论上的假设。

厂商的目标是利润最大化,其在选择生产要素的投入量时也要像在产品市场上那样遵循"边际收益=边际成本"的原则。但这里的"边际收益"和"边际成本"与产品市场有所区别。

生产要素市场"边际收益"是指每增加一单位生产要素的使用量所带来的增加的产量的价值,也称为边际产品价值,记为 VMP,等于生产要素的边际产量乘以产品的价格,若生产要素的边际产量记为 MP,产品的价格为 P,则有公式

$$VMP = MP \cdot P \tag{6.1}$$

生产要素市场"边际成本"是指每增加一单位生产要素的使用量所增加的成本。在完全竞争生产要素市场上,生产要素以不变的价格出售,故生产要素市场的"边际成本"即为生产要素的价格。若生产要素的价格记为 P_S,则有公式

$$\text{边际成本} = \text{生产要素的价格} = P_S \tag{6.2}$$

根据"边际收益=边际成本"的原则,得到 $MP \cdot P = P_S$,这就是完全竞争市场上

厂商使用生产要素的原则。

以劳动要素为例,如果用 P_L 表示劳动要素的价格,VMP_L 表示劳动的边际产品价值,MP_L 表示劳动的边际产量,P 表示产品的价格,则完全竞争市场上厂商使用劳动要素的原则可表示为

$$VMP_L = MP_L \cdot P = P_L \tag{6.3}$$

完全竞争市场上厂商将会根据上式决定劳动要素的使用量。

三、生产要素的供给

生产要素的供给不是来自厂商,而是来自个人或家庭。个人或家庭在消费理论中是消费者,在生产要素理论中是生产要素所有者。个人或家庭拥有并向厂商提供各种生产要素。我们前面说过,产品价格取决于它的效用和边际效用,而厂商需要生产要素是因为它们能够对生产产品做出贡献。一般来说,在其他条件不变的情况下,生产要素的供给也与其价格同方向变动,即生产要素价格上涨,供给量增加;生产要素价格下降,供给量减少。所以,生产要素的供给曲线是一条向右上方倾斜的曲线。

必须强调的是,由于各种生产要素来源和自然属性不同,其供给特点也各不相同,可以将其分为三类:第一类是自然资源,其市场价格高低只与需求大小有关,和供给相对无关。比如,像土地这类生产要素,其供给曲线是一条与横轴垂直的直线。第二类是资本品,它是利用其他生产要素生产出来的,也和其他产品一样,这一行业的产品可能是另一行业的生产要素。比如,汽车轴承是轴承厂的产品,但它也是制造汽车的部件。这类生产要素的供给与其他产品一样,供给量与其价格之间同方向变动,供给曲线向右上方倾斜。第三类是劳动,这类生产要素的供给有它的特殊性,其供给曲线是向后弯曲的曲线。

同步练习

一、单项选择题

1. 下列各项,不属于生产要素的是( )。
   A. 农民拥有的土地
   B. 煤矿工人采煤时所付出的低廉的劳动
   C. 在柜台上销售的产品——服装
   D. 企业家才能

2. 在完全竞争的条件下,厂商使用生产要素的边际收益是指( )。
   A. 边际产品价值　　　　　　　　B. 边际产品
   C. 产品价格　　　　　　　　　　D. 边际产品与生产要素价格之积

二、判断题

1. 厂商对生产要素的需求是一种引致的、共同的需求。(　　)
2. 生产要素的价格是由其供给与需求决定的。(　　)

第二节 生产要素价格的决定

一、劳动的价格——工资的决定

(一) 劳动的供给曲线

劳动作为一种特定的要素资源有着特殊的供给曲线。我们知道,每个劳动者每天可供个人支配的时间是一个固定的量,即 24 小时,但任何劳动者都不可能把全部时间提供给劳动市场,总需要花费一定的时间去休息、娱乐、做家务等。经济学中,通常将这种用于非劳动的时间称为闲暇。劳动和闲暇都能给人们带来效用,因为提供劳动获得工资报酬,以此购买商品和劳务满足需要,给劳动者带来一定的效用;而休息、学习、娱乐、参加家庭活动等,也能够满足劳动者的享受需要。

劳动者提供劳动的时间与保留闲暇的时间存在着此消彼长的关系,因此劳动者供给市场的劳动数量也可以从他对闲暇的需求进行分析。由于工资是闲暇的机会成本,所以可以把工资看作闲暇的价格。从对闲暇需求的替代效应来看,工资提高,即闲暇的价格上升,劳动者就会用劳动替代闲暇,对闲暇的需求量就会减少。从收入效应来看,若是一般商品,闲暇的价格提高会使购买力下降,对闲暇的需求减少。但是,闲暇的价格即工资提高,意味着劳动者收入提高,又会使购买力增强,从而增加对闲暇这种高档品的需求。工资提高究竟是增加闲暇需求还是减少闲暇需求还要看收入效应和替代效应的比较:若替代效应大于收入效应,则减少闲暇,增加劳动供给;若替代效应小于收入效应,则增加闲暇,减少劳动供给。

从劳动供给方面分析,替代效应是指工资提高对放弃闲暇的补偿越大,劳动的所有者就越愿意增加劳动供给而减少闲暇需求。收入效应是指工资提高使劳动者的收入水平提高,劳动者越有能力保持和享用更多的闲暇。一般来说,当工资水平较低时,替代效应大于收入效应,工资提高会使劳动供给增加,劳动的供给曲线为正斜率,向右上方倾斜;而当工资水平较高时,工资提高所带来的收入效应大于替代效应,劳动供给会减少,劳动的供给曲线为负斜率,向后弯曲。如图 6-2 所示,设 O 为原

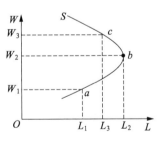

图 6-2 单个劳动者的劳动供给曲线

点,当工资为 W_1 时,劳动供给量为 L_1,见图中的 a 点;当工资为 W_2 时,劳动供给量为 L_2,见图中的 b 点;当工资为 W_3 时,劳动供给量为 L_3,见图中的 c 点,连接点 a、b、c 得到一条向后弯曲的劳动供给曲线 S。

将所有单个劳动者的劳动供给曲线水平相加,即得到整个市场的劳动供给曲线。但在加总的过程中需要注意一个问题,即市场内提供劳动的劳动者数量不是一定的。一般来说,工资水平的提高将会吸引更多的劳动者进入劳动市场,劳动市场的供给曲

线就会有所变化。我们知道，单个劳动者的劳动供给曲线向后弯曲，但整个市场的劳动供给曲线仍然是向右上方倾斜的。这是因为尽管在较高的工资水平上，原有的劳动者也许会提供较少的劳动，但高工资会吸引新的劳动者进入劳动市场，这就抵销了原有的劳动者劳动供给量的减少，使得整个市场的劳动供给量仍然是增加的，所以整个市场的劳动供给曲线仍然向右上方倾斜。

（二）均衡工资的决定

劳动市场的均衡是由劳动需求和劳动供给共同决定的。在完全竞争的条件下，劳动的需求取决于劳动的边际生产力，在边际收益递减规律的作用下，劳动的需求曲线向右下方倾斜，表明劳动的需求量与工资呈反方向变动；劳动的供给曲线向右上方倾斜，表明劳动的供给量与工资呈同方向变动。劳动市场的均衡是由劳动的需求曲线和劳动的供给曲线的交点决定的，由此决定了均衡工资和均衡劳动数量。

在图 6-3 中，劳动的供给曲线 S 和劳动的需求曲线 D 相交于 E 点，决定了均衡工资为 W_0，均衡劳动数量为 L_0。当工资为 W_1 时，劳动的供给大于劳动的需求，劳动供过于求，工资必然下降，工资下降使劳动需求增加，劳动供给减少，最终达到供求均衡；当工资为 W_2 时，劳动的供给小于劳动的需求，劳动供不应求，工资必然上升，工资上升使劳动需求减少，劳动供给增加，最终达到供求均衡；当工资为 W_0 时，劳动的供给与劳动的需求相等，工资稳定下来，实现均衡工资和均衡劳动数量。

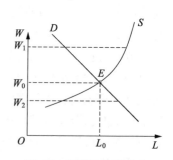

图 6-3　均衡工资的决定

（三）工资水平的差异

上述对劳动市场均衡工资的分析是就单一劳动技能或同一种职业而言的，在现实的劳动市场中，不同国家、地区、部门、职业、群体和个人之间的工资差异十分明显。经济学通常从以下四个方面来解释工资差异。

1. 补偿性工资差异

补偿性工资差异是指相同的劳动者，即知识和技能并无质的差别的劳动者，在从事工作条件和社会环境不同的劳动时，他们的工资会有差别。不同工作的负效用并不相同，为了使人们进入吸引力较小的工作领域，厂商需要支付较高的工资进行补偿。美国钢铁业工人平均每小时的工资大致是零售业员工的 3 倍，除了工会作用外，钢铁业工人较繁重的体力劳动和较艰苦的工作环境是引起工资差异的重要因素。美国海上石油平台操作工人的年薪为 5 万~8 万美元，超过了采掘业工人 3.5 万美元的平均水平，这是由于厂商需要对工作的危险性和孤独感做出补偿。此外，煤矿工人、长途运输司机所从事的工作危险性大、体力劳动的强度大，建筑施工受季节和地理位置的限制较大等所引起的工资差异，均属于补偿性工资差异的范畴。补偿性工资差异属于均衡工资差异，因为它还会引起劳动者向高工资工作的转移，所以工资率不会趋于均等。

2. 生产率工资差异

对劳动负效用的补偿并不能解释一切工资差异。例如，大学教授的工资高于售货员的工资，并不是由于教书的负效用较大。相反，学术探索的挑战性和融洽的师生关系可能使其从工作中得到更多的非货币利益。在西方经济学中，许多经济学家把类似大学教授与售货员的这一类工资差异归结为生产率工资差异。生产率工资差异是指由劳动质量的差异所造成的工资差异。一个人成为大学教授，要经过多年的正规教育和在职训练，在此期间要支付学费并放弃工资收入。较高的工资既是对大学教授较高劳动质量的承认，也是对其机会成本的回报。即使是具有相同经历和受过相同教育的人，生产率也可能有较大差异。例如，有的秘书打字速度比其他秘书快且错误更少，就会获得更高的工资。

3. 非竞争性工资差异

现实生活中的劳动市场并不是典型的完全竞争市场，其非竞争性表现在不完全信息、不完全流动性、市场分割、非竞争群体等方面。劳动市场的非竞争性也是造成工资差异的重要原因。例如，雇主在雇用劳动力之前，对劳动力质量缺乏了解，不同雇主对同一劳动力愿意支付的工资可能因此出现差异。同时，由于劳动力个人不可能了解所有厂商愿意支付的工资，他所接受的未必是能得到最高工资的工作。即使信息是相对充分的，但劳动力缺乏流动性也会扩大工资差异，如西部农民知道到东部城市可以获得更高的收入，但是户口、住房、入学、就业等一系列制度使他们难以与城市工人竞争。此外，劳动市场按职业分割为若干子市场，其中许多熟练劳动力培养需要大量时间和金钱的投入，人们一旦在特殊岗位上掌握了专门技术，就会受这种专门技术供给和需求的影响。即使外科医生的工资迅速上升，经济学家也无法一夜之间使自己成为合格的外科医生。此外，性别、种族、宗教信仰、国籍等使人们形成若干非竞争群体，习惯、偏见、歧视、制度等若干因素会导致非竞争群体之间的工资差异。

4. 特殊的工资差异

某些人拥有非凡的才能，并在特定的环境中获得特别高的收入，从而形成了工资差异。例如，个别演员和运动员可以获得上千万美元的年收入，他们的名气使其收入高于他人，因此产生了工资差异。除了天赋与后天努力外，媒体的宣传和公众的偏好也是他们获得高收入的重要原因。

延伸阅读

漂亮的收益

美国经济学家丹尼尔·哈莫米斯与杰文·比德尔在 1994 年第 4 期《美国经济评论》上发表了一份调查报告。根据这份调查报告，漂亮的人收入比长相一般的人高 5% 左右，长相一般的人收入又比丑陋一点的人高 5%~10%。为什么漂亮的人收入高？

经济学家认为，人的收入差别取决于人的个体差异，即能力、勤奋程度和机遇的不同。漂亮程度正是这种差别的表现。

个人能力包括先天的禀赋和后天培养的能力，长相与人在体育、文艺、科学方面的天才一样是一种先天的禀赋。漂亮属于天生能力的一个方面，漂亮的人可以从事其他人难以从事的职业（如当演员或模特）。漂亮的人少，供给有限，自然市场价格高，收入高。漂亮不仅仅指脸蛋和身材，还包括一个人的气质。在调查中，漂亮由被调查者打分，实际上是对外形与内在气质的一种综合。这种气质是人内在修养与文化的表现。因此，在漂亮程度上得分高的人往往是文化高、受教育多的人。两个长相接近的人，也会因受教育不同而表现出不同的漂亮程度。所以，漂亮是人受教育水平的标志之一，而受教育是个人能力的来源，受教育多，文化高，收入水平高就是正常的。

漂亮也可以反映人的勤奋和努力程度。一个工作勤奋、努力上进的人，自然会打扮得体，举止文雅，有一种朝气。这些都会提高一个人的漂亮得分。漂亮在某种程度上反映了人的勤奋，与收入相关也就不奇怪了。

最后，漂亮的人机遇更多。有些工作，只有漂亮的人才能从事，漂亮往往是许多高收入工作的条件之一。就是在所有的人都能从事的工作中，漂亮的人也更有利。漂亮的人从事推销工作更易被客户接受，当教师会更受学生喜爱，当医生会使病人觉得可亲，所以，在劳动市场上，漂亮的人机遇更多，雇主总爱优先雇用漂亮的人。有些人把漂亮的人机遇更多、更易于受雇称为一种歧视，这也不无道理。但有哪一条法律能禁止这种歧视？这是一种无法克服的社会习俗。

漂亮的人收入高于一般人。两个各方面条件大致相同的人，因漂亮程度不同而得到的收入不同。这种由漂亮引起的收入差别，即漂亮的人比长相一般的人多得到的收入称为"漂亮贴水"。

收入分配不平等是合理的，但必须有一定的限度，如果收入分配差距过大，甚至出现贫富两极分化，既有损于社会公正的目的，又会成为社会动乱的隐患。因此，各国政府都在一定程度上采用收入再分配政策以纠正收入分配中较为严重的不平等问题。

二、土地的价格——地租的决定

经济学上的土地泛指一切自然资源，具体包括地面、矿藏和水域等。地租就是使用土地的报酬，是土地所有者的收入。地租作为土地服务的价格，其决定与工资决定的机理相同，即地租是由土地的需求与供给决定的。但是，土地作为一种自然资源，具有数量有限、位置不变及不能再生的特点，因此地租的决定就有着自己的特点。

（一）土地的供给

土地所有者首先要解决的是如何将既定数量的土地在保留自用和供给市场这两种用途上进行分配以获得最大的效用。

与供给劳动的情况类似，供给土地本身不直接增加效用。土地所有者供给土地的目的是获得土地收入，而土地收入可以用于不同的消费目的，从而增加效用。因此，土地所有者实际上是在土地供给可能带来的收入与自用土地之间进行选择。

土地如果不用供给市场的话，则可以用来建造广场、花园或高尔夫球场等。土地的这些消费性使用当然会增加土地所有者的效用，就像劳动者拥有闲暇的作用一样。不过一般来说，土地的消费性使用只占土地的一个很微小的部分，不像时间的消费性使用占去全部时间的一个较大的部分。如果假定不考虑土地消费性使用这个微小部分，即不考虑土地所有者自用土地的效用，则自用土地的边际效用等于零。换句话

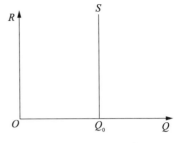

图 6-4　土地的供给曲线

说，效用只取决于土地收入而与自用土地数量无关。在这种情况下，为了获得最大效用，就必须使土地收入达到最大，而为了使土地收入达到最大，又要求尽可能地多供给土地（假定土地价格总是为正）。由于土地所有者拥有的土地是既定的，如为 Q_0，则无论土地价格 R 是多少，都只有数量为 Q_0 的土地可以供给。因此，土地的供给曲线将在 Q_0 的位置上垂直于横轴，如图 6-4 所示。

值得注意的是，在上面的讨论中，之所以得出土地的供给曲线垂直的结论，是因为我们假定土地只有一种用途即生产性用途，而没有自用用途，没有自用价值。如果土地只有生产性用途，则它对该用途的供给曲线当然是垂直的。

（二）地租的决定

由于土地的供给量是固定不变的，因此土地的供给曲线是一条与横轴垂直的线。而土地的边际生产力是递减的，因此土地的需求曲线是一条向右下方倾斜的曲线。两条线的交点决定地租水平，如图 6-5 所示。

在图 6-5 中，横轴代表土地量，纵轴代表地租，垂线 S 为土地的供给曲线，表示土地的供给量固定为 Q_0，D 为土地的需求曲线，D 与 S 相交于 E，决定了地租为 R_0。

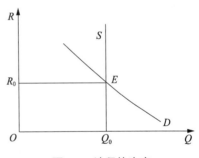

图 6-5　地租的决定

随着经济的发展，对土地的需求不断增加，而土地的供给不能增加，这样，地租就呈现不断上升趋势，如图 6-6 所示。

在图 6-6 中，土地的需求曲线由 D_0 向右上方移动到 D_1，表明土地的需求增加了，但土地的供给曲线仍然为 S，均衡点由 E_0 移动到 E_1，相应地，地租由 R_0 上升到 R_1，说明由于土地的需求增加，地租上升了。

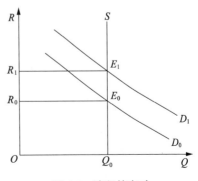

图 6-6　地租的变动

(三) 租金、准地租和经济租金

1. 租金

地租是当土地供给固定时的土地服务价格，因而地租只与固定不变的土地有关。但在很多情况下，不仅可以把土地资源看成是固定不变的，许多其他资源在某些情况下也可以看成是固定不变的。例如，某些人的天赋才能就如土地一样，其供给是自然固定。这些固定不变的资源也有相应的服务价格。这种服务价格显然与土地的租金非常类似。为了与特殊的地租相区别，可以把这种供给数量同样固定不变的一般资源的服务价格叫作"租金"。地租则是当所考虑的资源为土地时的租金，而租金是一般化的地租。

2. 准地租

土地服务之所以能获得地租，是因为无论从短期来看还是从长期来看，土地资源都是固定不变的，或者说，土地是一种完全缺乏供给价格弹性的生产要素。现实中有些生产要素尽管在长期内是可变的，但在短期内是固定的，如厂房、机器设备等。这些生产要素的服务价格在一定程度上也与"地租"类似，故称为"准地租"。所谓"准地租"，就是对供给量暂时固定的生产要素的支付，即固定生产要素的收益。准地租为固定总成本与经济利润之和。当经济利润为零时，准地租便等于固定总成本。当厂商亏损时，准地租小于固定总成本。

如图 6-7 所示，SMC、SAC、AVC 分别表示厂商的短期边际成本曲线、平均成本曲线和平均可变成本曲线。假定产品价格为 P_0，均衡产量为 Q_0，那么总收入为 OP_0CQ_0，总可变成本为 $OGBQ_0$，从而 GP_0CB 就是固定生产要素的收入，也就是准地租。

如果从准地租 GP_0CB 中减去固定总成本 $GDEB$，就得到经济利润 DP_0CE。因此，准地租为固定总成本与经济利润之和。

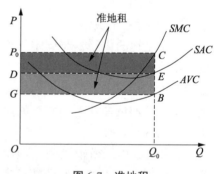

图 6-7　准地租

3. 经济租金

经济租金是生产要素的所有者所得到的收入高于他们所期望得到的收入的部分。经济租金等于生产要素收入与其机会成本之差。经济租金的几何解释类似于生产者剩余，如图 6-8 所示，设 O 为原点，图中生产要素供给曲线以上、生产要素价格线以下的阴影区域 AR_0E 为经济租金。生产要素的全部收入为 OR_0EQ_0，但按照生产要素供给曲线，生产要素所有者为提供 Q_0 数量的生产要素所愿意接受的最低收入为 $OAEQ_0$。因此，阴影部分 AR_0E 是生产要素的"超额"收益，即使没有，也不会影响生产要素的供给。

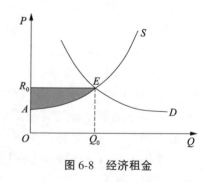

图 6-8　经济租金

显然,经济租金的大小取决于生产要素供给曲线的形状,如果供给曲线的弹性无穷大,为一条水平线,那么经济租金为零;如果供给曲线完全无弹性,为一条垂线,那么经济租金为全部的生产要素收入,此时,它正好等于租金。

准地租与经济租金是不同的,准地租仅在短期内存在,而经济租金在长、短期内都存在。

三、资本的价格——利息率的决定

(一) 资本和利息率的含义

关于资本的定义,在经济学领域存在诸多争论,其内涵非常丰富和广泛,在这里将资本特别定义为:资本是由经济制度本身生产出来并被用作投入要素以便进一步生产更多的商品和服务的物品。作为与劳动和土地并列的一种生产要素,资本具有以下两个重要的特点:其一,它的数量是可以改变的,因为它本身就是由人们的经济活动生产出来的。这一点与土地和劳动都不同,因为土地和劳动都可以说是"自然给定"的,不能由人的经济活动生产出来。其二,它被生产出来的目的是作为投入要素用于生产过程来生产更多的商品和服务。这一点使得资本与一切非生产要素区别开来。例如,它不同于普通的消费商品,也不同于单纯的储蓄。

和土地一样,可以从生产服务的源泉和生产服务两个方面来研究资本。一方面,作为生产服务的源泉,资本本身有一个市场价格,如车床、厂房等在市场上可按一定价格出售。另一方面,作为生产服务,资本也有一个价格,即使用资本的价格。这个价格通常称为利息率,并用 r 来表示。

例如,一台价值 10 000 元的机器被使用 1 年得到的收入为 1 000 元,则该机器服务 1 年的价格或年利息率 r 为 10%(1 000/10 000×100%)。换句话说,所谓资本服务的价格或利息率,就是一定时期内利用资本得到的收入与资本本身价值的比值,即在一定时期内,每一单位资本所得到的收入,用公式表示则为

$$r = Z/P \tag{6.4}$$

式(6.4)中,Z 为资本服务的(年)收入,P 为资本价值。

(二) 资本的需求曲线

资本的需求是一定时期内厂商在不同利息率水平下所需要的资本总额。在预期利润率一定的情况下,利息率越高,对资本的需求量越少;利息率越低,对资本的需求量越大。

就单个厂商而言,其愿意支付的利息率水平,即对资本的需求价格,取决于资本的边际生产力。与劳动、土地的需求曲线相似,单个厂商的资本需求曲线取决于资本的边际产品价值,厂商用于投资的资本量要能使资本的边际产品价值 VMP 恰好等于借贷资本的利息率。因此,单个厂商对资本的需求曲线,就是该厂商边际产品价值曲线 VMP。把单个厂商对资本的需求曲线加在一起,即形成资本的市场需求曲线,它是一条由左上方向右下方倾斜的曲线,如图 6-9 所示。

在图 6-9 中,横轴表示资本量,纵轴表示资本的利息率,D 表示资本的需求曲

线。如前所述，在完全竞争的条件下，资本的需求曲线就是资本的边际产品价值曲线。

（三）资本的供给曲线

在一个时点上，一个社会所具有的全部资本是一个固定的数量，而且在短期内不会改变，因此资本的短期供给曲线是一条垂直线，如图 6-9 中的 S_0。它表示在某一时点上，资本量为 K_0。随着时间的推移，社会资本总量会随资本的积累而增加，于是图 6-9 中的供给线便向右移动到 S_1，资本量从 K_0 增加到 K_1。

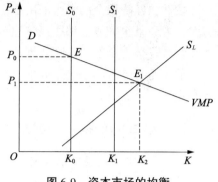

图 6-9 资本市场的均衡

人们的收入可用于现期消费，并可立即获得效用，也可用于储蓄，等待未来消费，把效用推迟到未来。借贷资本的供给成本是人们对现期消费的减少或等待未来的消费，利息就是对这种减少或等待的报酬。因此，现期消费的代价是对利息的减少，未来消费的代价是对现期效用的减少。人具有偏爱现期消费的特性，要想使人减少现期消费，就必须增加更多的未来消费。未来消费与现期消费的差额是人们减少现期消费、等待未来消费的报酬，这一报酬即为利息。利息率越高，现期消费的代价越大，资本所有者越愿意把更多的收入用于未来消费，从而资本积累和资本供给量增加。

从长期来看，资本的供给曲线也是一条向右上方倾斜的曲线，如图 6-9 中的 S_L。因为资本供给会随储蓄的增加而增加，储蓄增加的根源在于人们减少部分现期消费，以等待未来消费。对这种减少或等待所给予的补偿（报酬）就是利息。因此，从长期来看，资本供给和利息率呈同方向变动。

（四）资本市场均衡及均衡利息率的决定

利息率水平取决于资本市场的供求均衡状况，在图 6-9 中，在短期内，垂直的供给曲线 S_0 和倾斜的需求曲线 D 相交于 E 点，该点所确定的短期利息率为 P_0，资本量为 K_0。随着时间的推移，资本积累日益增多，一直持续到资本的需求曲线 D 与长期资本供给曲线 S_L 的交点 E_1 处，这是一个新的均衡点。在该点，长期利息率为 P_1，整个市场的资本量为 K_2。

 同步练习

一、单项选择题

1. 工资率上升所引起的替代效应是指（　　）。
  A. 工作同样长的时间可以得到更多的收入
  B. 工作较短的时间也可以得到更多的收入
  C. 工人宁愿工作更长的时间，用收入带来的效用替代闲暇的效用
  D. 以上都对

2. 就单个劳动者而言，一般情况下，在工资率较低的阶段，劳动供给量随工资率的上升而（　　）。
　　A. 上升　　　　　　B. 下降　　　　　　C. 不变　　　　　　D. 不能确定
3. 随着单个劳动者的劳动供给曲线向后弯曲变化，市场的劳动供给曲线将会（　　）。
　　A. 向前弯曲　　　　　　　　　　B. 向后弯曲
　　C. 仍然保持向右上方倾斜　　　　D. 以上都不对
4. 如果技术工人的工资相对于非技术工人的工资有所增加，我们预测将出现的结果是（　　）。
　　A. 更少的工人拥有技术，使熟练工人的工资进一步上升
　　B. 更多的工人拥有技术，使技术工人的工资进一步上升
　　C. 更多的工人拥有技术，使熟练工人的工资回落一些
　　D. 更少的工人拥有技术，使熟练工人的工资回落一些
5. 地租不断上升的原因可能是（　　）。
　　A. 土地的供给、需求同时增加　　　B. 土地的供给不断减少而需求不变
　　C. 土地的需求日益增加而供给不变　D. 以上都不对
6. 在完全竞争市场上，土地的需求曲线与供给曲线分别是（　　）。
　　A. 水平，垂直　　　　　　　　　　B. 向左下方倾斜，向右下方倾斜
　　C. 向右下方倾斜，向左下方倾斜　　D. 向右下方倾斜，垂直于数量轴
7. 下列关于资本的供给曲线与均衡利息率变动的描述，正确的是（　　）。
　　A. 当产品市场上产品价格上升时，资本的需求曲线向左移动
　　B. 在生产过程中资本的边际产量提高时，市场均衡利息率将降低
　　C. 在生产过程中资本的边际产量降低时，市场均衡利息率将提高
　　D. 当产品市场上产品价格下降时，资本的需求曲线向左移动

二、判断题
1. 土地的供给曲线中有一段"向后弯曲"。（　　）
2. 假如厂商用机器设备来取代劳动，劳动的需求曲线将向右上方移动。（　　）
3. 在短期内，资本的需求曲线向右下方倾斜，供给曲线向右上方倾斜。（　　）

第三节　社会收入分配

　　在市场经济中，按生产要素在生产中所做出的贡献大小，由市场决定的收入分配是第一次分配或初始分配。由于每个人所拥有生产要素的数量与质量不同，市场经济中的分配必然引起收入不平等，甚至两极分化。本节运用洛伦兹曲线和基尼系数，分析一国收入分配的不平等状况。

一、洛伦兹曲线与基尼系数

（一）洛伦兹曲线

洛伦兹曲线是反映收入分配平等程度的曲线。它是由美国统计学家洛伦兹研究国民收入在国民之间的分配问题时提出的。

洛伦兹首先将一国总人口按照收入由低到高排列，然后选取收入从低到高的任意百分比人口，计算其所得到的收入占社会总收入的百分比。如表6-1所示，收入最低的20%的人口所得到的收入累计比例为4%、收入最低的40%的人口所得到的收入累计比例为14%……这样，将得到的人口累计百分比和收入累计百分比的对应值描绘在一个坐标系上，就得到了洛伦兹曲线，如图6-10所示。

表 6-1　收入分配绝对平均和收入分配不平均　　　　单位:%

收入分组		占人口的百分比		绝对平均的情况（理想）		不平均的情况（实际）	
		百分比	累计	占收入的百分比	累计	占收入的百分比	累计
最低 ↓ 最高	1	20	20	20	20	4	4
	2	20	40	20	40	10	14
	3	20	60	20	60	20	34
	4	20	80	20	80	26	60
	5	20	100	20	100	40	100

在图6-10中，横坐标轴表示人口百分比，纵坐标轴表示国民收入百分比，OY是绝对平均曲线，该线上的任何一点到纵坐标轴和横坐标轴的距离都是相等的。该线表示：总人口中每一定百分比的人口所拥有的收入，在总收入中也占相同的百分比。如果社会收入是按这种情况分配的，那么就说明社会收入分配是绝对平均的。

在图6-10中，OBY是绝对不平均曲线。这条线表示：社会的全部收入都被一人占有，其余人的收入都是零。

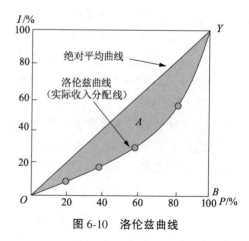

图 6-10　洛伦兹曲线

图6-10中介于上述两个极端之间的曲线则是实际收入分配曲线，即洛伦兹曲线。在这条曲线上，除了起点（O点）与终点（Y点）外，任何一点至两坐标轴的距离都不相等。每一点都表明占总人口的一定百分比的人口拥有的收入在总收入中所占的百分比。

从洛伦兹曲线的形状可以看出：实际收入分配线越靠近对角线，则表示社会收入分配越平均；反之，则表示社会收入分配越不平均。

（二）基尼系数

意大利经济学家基尼以洛伦兹曲线为基础，提出了判断收入分配平等程度的指标——基尼系数。在图 6-10 中，A 表示实际收入分配曲线与绝对平均曲线之间的面积，B 表示实际收入分配曲线与绝对不平均曲线之间的面积，则基尼系数可用公式表示为

$$基尼系数 = \frac{A}{A+B} \tag{6.5}$$

如果 $A=0$，基尼系数 $=0$，收入分配绝对平均；如果 $B=0$，基尼系数 $=1$，收入分配绝对不平均。可见，基尼系数的数值在 0 和 1 之间。基尼系数的数值越小，收入越平均；基尼系数的数值越大，收入越不平均。

运用基尼系数，可以衡量一国收入分配的不平等状况，也可以比较不同国家收入分配和社会发展情况。国际上通用的基尼系数标准如表 6-2 所示。

表 6-2 基尼系数标准

基尼系数	收入分配	基尼系数	收入分配
<0.2	绝对平均	0.4	临界点
0.2~0.3	比较平均	0.4~0.5	差距较大
0.3~0.4	基本合理	>0.5	差距悬殊

二、引起收入分配不平等的原因

任何一个社会都存在程度不同的收入分配不平等问题，市场经济社会中这一问题更突出。各个社会引起收入分配不平等的原因既有共同之处，又有不同之处。研究引起收入分配不平等的原因，对于解决这一问题是十分必要的。

首先，收入分配不平等的状况与一个社会的经济发展状况相关。根据美国经济学家库兹涅茨的研究，一个社会收入分配状况变动的规律是：在经济开始发展时，收入分配不平等随经济发展加剧，只有经济发展到一定程度之后，收入分配才会随经济发展而较为平等。

其次，各国收入分配不平等也与制度上存在的问题相关。比如，一些国家存在的户籍制度、受教育权利的不平等。在发达国家，工会制度的存在也是引起收入分配不平等的原因，工会会员受工会保护获得较高工资，而非工会会员无力与雇主抗争，工资较低。

最后，引起收入分配不平等的还有个人原因。收入分配不平等与人的个体差异是相关的，每个人的能力、勤奋程度、机遇并不相同。就能力而言，既有先天的天赋不同，也有后天的受教育程度不同。受教育程度越高，能力越强，收入水平越高，已是一个不争的事实。此外，不可否认，有的人运气好，赶上了好时机，而另一些人没有发挥才能的机会，或者是有机会自己没抓住，这也会引起收入差别。

总之，收入分配差距拉大，既有社会原因，又有个人原因，要对不同社会、不同

阶层人的收入差别及其成因进行具体分析。

三、社会收入分配的标准和政策

（一）社会收入分配的标准

经济学家认为社会收入分配有三个标准：第一个是贡献标准，即按社会成员的贡献分配国民收入。这一标准能保证经济效率，但由于各成员能力、机遇的差别，会引起收入分配的不平等。第二个是需要标准，即按社会成员对生活必需品的需要分配国民收入。第三个是平等标准，即按公平的准则分配国民收入。后两个标准有利于收入分配的平等化，但不利于经济效率的提高。

从这三个社会收入分配的标准来看，存在着平等与效率的永恒矛盾。因为有利于提高经济效率的分配要按贡献大小来分配，以鼓励每个社会成员充分发挥自己的才能。但由于各成员能力、机遇的差别，又会引起收入分配的不平等。而收入分配的需要标准和平等标准虽然有利于社会收入分配的平等化，但有损于经济效率，不利于经济效率的提高。

平等与效率哪一个优先，是经济学家争论不休的问题。在社会主义初级阶段，在分配问题上只考虑公平，不讲效率，就不利于调动人们的积极性和创造性；只考虑效率，又会过分拉大收入差距，不利于实现社会公平。因此，我国现行的分配政策是效率优先、兼顾公平。

（二）社会收入再分配的主要政策措施

市场经济中是按效率优先原则进行个人收入分配的。但每个人在进入市场之前所拥有的生产要素的数量和质量是不同的，即每个人的能力和资产不同。在市场竞争中，每个人的机遇也不相同。因此，收入差距很大甚至贫富对立是不可避免的。这种分配状态不符合公认的伦理原则，也不利于社会稳定。因此，政府就要通过收入分配政策来改变收入分配不公平现象，在一定程度上实现收入分配的平等化。

1. 税收政策

各国的收入再分配政策中首先是税收政策。在市场经济中，各国出于各种目的而征税，但主要目的还是通过税收为政府各种支出筹资。在经济政策中，政府运用税收政策来调节宏观经济。在收入分配中，政府也运用税收来实现收入分配的公平，其主要手段是征收个人所得税，此外还有征收遗产税、财产税、赠与税等。

个人所得税是税收的一项重要内容，它通过累进所得税制度来调节社会成员收入分配的不平等状况。累进所得税制度就是根据收入的高低确定不同的税率，对高收入者按高税率征税，对低收入者按低税率征税。累进所得税制度有利于纠正社会成员之间收入分配不平等的状况，从而有助于实现收入的平等化。但它不利于有能力的人充分发挥自己的才干，对于社会来说也是一种损失。

2. 社会福利政策

（1）各种形式的社会保障与社会保险。包括：失业救济制度，即向失业的人按一定标准发放能使其维持生活的补助金；年金制度，即向退休人员按一定标准发放年金；

残疾人保险制度,即向失去工作能力的人按一定标准发放补助金;向有未成年子女的家庭发放补助金;向收入低于一定标准(贫困线)的家庭与个人发放补助金;等等。

(2) 向贫困者提供就业与培训机会。收入不平等的根源在于贡献的大小,而贡献的大小与个人机遇和能力相关。政府可以通过改善低收入者的就业能力与条件来实现收入分配的平等化。在这方面,首先是实现机会均等,尤其是保证所有人的平等就业机会,并按同工同酬的原则支付劳动报酬;其次是使低收入者具有就业的能力,包括对其进行职业培训;实行文化教育计划(如"扫盲");建立供青年交流工作经验的"青年之家";实行半工半读计划,使经济困难者有条件读书;等等。这些都有助于提高低收入者的文化技术水平,使他们能从事收入高的工作。

(3) 医疗保险与医疗援助。医疗保险包括住院费用保险、医疗费用保险及出院后部分护理费用的保险。这种保险主要由保险金支付。医疗援助则是政府资助医疗卫生事业,使每个人都能得到良好的医疗服务。

(4) 对教育事业的资助。包括兴办公立学校、设立奖学金和大学生贷款、帮助学校改善教学条件、资助学校的科研等。从社会福利的角度来看,对教育事业的资助有助于提高公众的文化水平与素质,这也有利于收入分配的平等化。

(5) 各种保护劳动者的立法。包括最低工资法和最高工时法,以及环境保护法、食品和医药卫生法等。这些都可以增加劳动者的收入,改善他们的工作与生活条件,从而也有利于降低收入分配不平等的程度。

(6) 改善住房条件。包括以低房租向低收入者出租国家兴建的住宅、对私人出租的房屋实行房租限制、资助无房者建房、实行住房房租补贴等。这样既可以改善低收入者的住房条件,也有利于实现收入分配的平等化。

同步练习

一、单项选择题

1. 洛伦兹曲线代表( )。
  A. 税收体制的效率   B. 税收体制的透明度
  C. 贫困程度   D. 收入分配不平等程度
2. 如果收入是完全平均分配的,则洛伦兹曲线将会( )。
  A. 与纵轴重合   B. 与横轴重合
  C. 与45°线重合   D. 无法判断其位置
3. 如果收入是完全平均分配的,则基尼系数将等于( )。
  A. 0   B. 0.75   C. 0.5   D. 1.0

二、判断题

1. 基尼系数越大,表明收入分配越不平等。( )
2. 洛伦兹曲线和基尼系数,均可作为衡量政府的分配职能对居民收入平均程度影响的指标。( )

本章小结

生产要素是指为社会总产品的创造做出贡献的资源。生产要素的价格与其他产品的价格一样,也是由需求与供给两个方面决定的。工资、地租、利息和利润从生产者角度来看,是生产要素的价格或生产成本;而从生产要素所有者角度来看,则分别是各所有者的收入。因此,生产要素价格的决定问题也就是收入分配问题。收入分配理论就是分析工资、地租、利息和利润是如何被决定的。

在完全竞争的条件下,工资水平是由劳动的需求和供给共同决定的。只有当劳动的需求价格和劳动的供给价格相一致时,才会形成劳动的均衡价格——工资水平。

经济学上的土地泛指一切自然资源。假定土地资源固定不变且只有一种用途——生产性用途,而没有其他用途(如自用),则土地的供给曲线是垂直的。土地的需求曲线是向右下方倾斜的曲线。把土地的供给曲线与需求曲线结合起来,即可决定使用土地的均衡价格,即地租。

资本市场的均衡取决于资本市场的供求关系。从需求方面来看,资本的需求取决于厂商的投资决策和个人的消费决策;从供给方面来看,资本的供给取决于个人的储蓄决策。

衡量社会收入分配(财产分配)不平等程度的指标主要有洛伦兹曲线和基尼系数。洛伦兹曲线越弯曲,说明收入分配越不平等。基尼系数的数值介于 0 和 1 之间。基尼系数越小,收入分配越平等;基尼系数越大,收入分配越不平等。在现实经济生活中,收入分配不平等是客观事实,公平与效率是一个永恒的矛盾。

复习与思考

一、问答题

1. 试述生产要素需求的特点。
2. 劳动供给有何特殊性?试用替代效应和收入效应理论加以说明。
3. 试述地租的决定。
4. 什么是准地租和经济租金?
5. 简述社会收入分配的标准。
6. 有人认为"完善的社会福利制度会影响经济效率",甚至有人认为"福利领取者就是懒惰的败家子,他会主动地放弃工作"……

(1)你对这样的观点有什么看法?请说明理由。

(2)在完善社会福利制度时,应如何保持经济效率,以避免劳动者生产积极性的下降?

二、案例分析题

小老板该给工人付多少工资？

有一家生产出口花被的私人企业，每条花被出口价为150美元，而小老板付给工人的工资每月仅2 800元人民币。小老板付的这种工资合不合理呢？经济学中关于工资决定的理论是分析这个问题的出发点。

工资是劳动的价格，它取决于劳动市场的供求关系。在劳动市场上，工人提供劳动，这就是劳动的供给；企业雇用劳动，这就是劳动的需求。当劳动的供给与需求相等时，就决定了市场的工资水平，称为均衡工资。因此，工资水平的高低取决于劳动的供求。

小老板支付每月2 800元工资是高还是低，取决于供求的状况。在小老板所在的地方，农村有大量剩余劳动力，农村的收入远远低于每月2 800元的水平，因此会有大量农村劳动力想来此找份工作。做花被（把碎花布拼成皮面）是一种极为简单的工作，正常人都可以胜任。当农村存在大量剩余劳动力时，想从事这种简单劳动的人是很多的，也就是说，劳动的供给是很大的。但当地工业并不发达，像这样生产花被的企业也不多，对这种简单劳动的需求并不大。根据供求规律，供给多而需求少，工资水平低就是正常的。小老板能以每月2 800元的工资雇到他所需要的工人，说明从供求关系来看，这种工资水平是合理的。

工资低而产品价格高，小老板当然利润丰厚。办企业的目的是实现利润最大化。在产品价格既定时，要增加利润只有压低成本，所以小老板在能雇用到工人的情况下尽量降低用工成本是一种理性行为。

每月2 800元的工资的确低了一点，但提高工资不能靠小老板发善心。除了由政府制定最低工资法外，还有两种办法。

一是在法律允许的范围内工人组成工会。工会的目的就是提高工资水平和改善工作条件。当工会足够有力时，小老板就不能自己决定工资，而要与工会谈判共同决定工资，这时工人的工资会有提高。

二是从根本上说还在于发展经济。当经济发展需要更多的劳动力时，随着对劳动需求的增加，工资水平必然上升。当然就个别工人而言，也可以在工作之余努力学习，找到更好的工作，提高自己的工资水平。

讨论：1. 为什么在劳动供给较多的发展中国家，可以以低工资雇用劳动？

2. 分析工会对工资水平的影响。

第七章 市场失灵与微观经济政策

学习目标

1. 了解市场失灵的含义及导致市场失灵的原因；
2. 掌握外部性的含义及治理；
3. 理解科斯定理的内容；
4. 了解公共物品的含义、特性及种类；
5. 掌握信息不对称的含义及后果；
6. 掌握政府对垄断的干预方式。

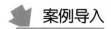
案例导入

什么是市场失灵？

20世纪初的一天，列车在绿草如茵的英格兰大地上飞驰。车上坐着英国经济学家庇古。他一边欣赏风光，一边对同伴说："列车在田间经过，机车喷出的火花（当时是蒸汽机）飞到麦穗上，给农民造成了损失，但铁路公司并不用向农民赔偿。"

将近70年后，美国经济学家乔治·斯蒂格勒和阿尔钦同游日本。他们在高速列车（这时已是电气机车）上见到窗外的禾苗，想起了庇古当年的感慨，就问列车员，铁路附近的农田是否受到列车的损害而减产。列车员说，恰恰相反，飞速奔驰的列车把吃稻谷的飞鸟吓走了，农民反而受益。当然，铁路公司也不能向农民收"赶鸟费"。

对于火车驶过农田这件事情，在不同的时期，经济学家得出了截然不同的结论。但从经济学的角度来看，火车通过农田无论结果如何，其实说明了同一件事：不管外部经济或不经济，从社会的角度来看都会导致资源配置的错误，即造成市场失灵。

（资料来源：刘娟，胡玲玲，连有. 经济学基础［M］. 北京：电子工业出版社，2021：137. 有改动）

案例思考：什么是市场失灵？造成市场失灵的原因有哪些？

前面我们讨论了市场机制在调节社会资源配置与产品产量中的作用。可以看到，市场机制能调节产品和生产要素的供求，调节资金的供求，并以此来指导人们的决策行为。但是，市场机制并不能调节经济生活中的所有领域。如果完全竞争的条件得不到满足，市场机制调节资源配置的能力就会受到约束，在一些领域不能有效地起到调节作用，这种现象称为市场失灵。导致市场失灵的原因一般有外部性、公共物品、信息不对称和市场垄断。本章将在讨论上述原因的基础上，提出纠正市场失灵的经济政策。

第一节 外部性

一、外部性的含义与类型

（一）外部性的含义

外部性又称外部效应，是指经济活动的当事人给其他人带来非自愿的成本或收益，却不用支付由此带来的成本或不能从这些收益中得到补偿。换句话说，一些人的经济活动对另一些人产生了影响，而这种影响未计入成本和价格之中。

（二）外部性的类型

1. 从外部性带来的结果来看，外部性可分为正外部性和负外部性

正外部性也称有利的外部性或外部经济，是指某个人的经济活动给社会上的其他成员带来好处，而受益者对此无须付出代价，带来好处的那个人也没有由此得到补偿。例如，一个养蜂人将蜂箱放置在一个梨园旁，蜜蜂从梨花中采集花粉和花蜜用来酿蜜，同时它们在花丛中传递花粉，这有助于花朵受精，于是产生了两个正的外部性。养蜂人从梨园主那儿取到了正外部性，同时梨园主也从养蜂人那儿得到了正外部性。如果梨园主扩大梨树的种植面积，养蜂人会因花粉更充足而使酿的蜜更多，而养蜂人无须向梨园主付费。又如，你打过流感预防针之后，患流感的可能性大大降低。而且，因为你避免了患流感，周围与你接触的人虽未打预防针，也因此更有可能保持健康。打流感预防针这种行为也产生了正外部性。

负外部性也称有害的外部性或外部不经济，是指某个人的经济活动对社会上的其他成员造成危害，而受害者对此无法要求补偿，造成危害的那个人也没有为此承担成本。例如，炼油厂在生产过程中排放的废水会给其他生产者与消费者造成损害，但污染物的排放者却没有给予受害者应有的赔偿，这种损害就是负外部性。又如，我们经常会看到有人在餐厅、电影院、公共汽车或其他公共场所吸烟，这种行为会让很多人感到不适且不利于人们的健康，但吸烟者并未补偿人们被动吸烟受到的损害，这就是吸烟者给不吸烟者带来的负外部性。

2. 按照经济活动主体不同，外部性可分为生产的外部性和消费的外部性

生产的外部性是指生产者的经济行为对他人产生了有利或不利的影响，但生产者没有因此获得报酬或给予他人补偿。生产的外部性包括生产的外部经济和生产的外部不经济。例如，位于上游的钢铁厂排放的废水污染了下游的养鱼场，使鱼的数量减

少，养鱼场受到了损失，而钢铁厂没有对养鱼场做出补偿，钢铁厂的经济行为就产生了生产的外部不经济。

消费的外部性是指一个消费者采取的行动对他人产生了有利或不利的影响，但自己没有因此获得报酬或做出补偿。消费的外部性包括消费的外部经济和消费的外部不经济。例如，一个人深夜两点在家唱卡拉OK，影响到邻居休息，而他没有因此对邻居做出补偿，这个人的消费行为就产生了消费的外部不经济。同样，一个人抽烟对其周围人的健康造成损害，而他并没有因此做出补偿，这种行为也产生了消费的外部不经济。

外部性的例子很多，像嘈杂的聚会、户外摇滚演奏、家庭装修造成的噪声污染都属于负外部性；而种在居民住宅周围的花草给别人带来的愉悦属于正外部性。

二、外部性对资源配置的影响

外部性的存在会造成私人成本与社会成本、私人收益与社会收益的不一致，导致资源配置的不当。

（一）私人成本与社会成本

私人成本是指企业在生产产品时各种投入的费用。从社会的角度来看，负外部性给其他家庭或厂商带来的损失，对于其他家庭或厂商来说是一种成本，应该算作生产费用的一部分。所以，社会成本=私人成本+外部成本。

很明显，如果某个家庭或厂商的一项经济活动给其他家庭或厂商带来了无人补偿的危害，即存在外部成本，企业的私人成本就小于社会成本。在这种情况下，私人成本不能反映全部社会成本。

在经济社会中，私人成本与社会成本之间的矛盾随处可见。社会没有对汽车拥有者排气造成的污染收费，也没有对其造成的公路拥挤进行收费；航空公司不必为它们对附近住户造成的不适而付费；等等。

（二）私人收益与社会收益

私人收益是指某一经济主体通过在市场上的经济活动所得到的收益。社会收益是指某一经济主体的私人收益加上该经济主体经济活动所产生的外部收益。所以，社会收益=私人收益+外部收益。

很明显，如果某个家庭或厂商的一项经济活动给其他家庭或厂商无偿地带来好处，即存在外部收益，企业的私人收益就小于其社会收益。例如，飞机制造企业的急剧扩张可使生产铝的企业坐收规模效益之利，而规模效益所带来的铝的生产成本的降低可使其他铝加工企业也从中获益。在这种情况下，私人收益与社会收益之间存在着差别，社会之所得大于某一特定企业的所得。又如，家长教育自己的孩子，使其成为有责任感的公民，也会给其邻居和社会带来好处。在这种情况下，消费者的私人收益只是他的消费活动所产生的全部社会收益的一部分。

（三）外部性对资源配置的影响

如果一个人的某种活动可以增进社会福利但自己却得不到报酬，他的这种活动必然低于社会最适量的水平,企业也是如此。因此,如果某种产品的生产可以产生外部收益,企业又没有因此得到报酬,则企业的产量将可能少于社会最适产量,即正外部性会导致对社会产生正面影响的东西提供过少。

如果一个人的某种活动会增加社会成本,但这种成本不必由其本人承担,那么他的这种活动在量上将会超过社会所希望达到的水平。企业也是如此,如果某种产品的生产会产生外部成本,企业又没有因此支付成本,则企业的产量将可能超过社会最优产量,即负外部性会导致对社会产生负面影响的东西提供过多。

以上分析告诉我们,当存在外部性时,市场不能保证追求个人利益的行为使社会福利趋于最大化,这就是外部性对资源配置的影响。

三、外部性的治理

外部性是一个内涵极其丰富且备受争议的问题。如何解决经济活动中的外部性问题呢?各个经济学派对此提出了不同的办法。有两种代表性的观点:一是自由放任派。他们认为,外部性是由市场机制不够完善造成的,只要进一步发挥市场功能,市场机制本身能够克服外部性,实现资源的最优配置。二是国家干预派。他们认为,外部性的存在使市场机制不可能实现资源的最优配置,必须借助于政府干预。尽管方法各异,但它们也有共同点,就是解决外部性问题的基本思路都是让外部性内部化,即将经济主体的经济活动所形成的社会收益或社会成本转为私人收益或私人成本。

(一) 企业合并

无论是外部经济还是外部不经济的企业,如果政府把这两个企业合并或这两个企业自愿合并,外部性就"消失"了或被"内部化"了。合并后企业的成本与收益就等于社会的成本与收益。合并后的企业为了自己的利益,将生产确定在 $MR=MC$ 水平上,于是资源得到最优配置。

例如,一个苹果种植者和一个位于苹果园附近的养蜂人,每个人的经营都给对方带来了正外部性:蜜蜂在苹果树上采花蜜,有助于花粉传播,苹果树结果实。同时,蜜蜂也用从苹果树上采集的花蜜来酿造蜂蜜。但是,苹果种植者决定种多少苹果树和养蜂人决定养多少蜂时,他们都没有考虑正外部性。如果将他们合并,这些外部性就内部化了:在同一个企业内进行这两种活动,这个企业可以选择最佳的苹果树数量和蜜蜂数量。同样的道理,如果将养鱼场与钢铁厂合并,则钢铁厂排污给养鱼场造成的损失就由钢铁厂承担。这样钢铁厂就会考虑排污所造成的损失,而将产量定在边际成本等于边际收益的水平上。

外部性内部化是某些企业从事多元化经营的原因之一。

(二) 明确产权

所谓产权,是指企业或个人对某种资源或财产所享有的权利,一般包括资源或财产的使用权、收益权和自由转让的权利。产权为解决外部性问题提供了一条途径。

1991年诺贝尔经济学奖获得者罗纳德·科斯于20世纪60年代初提出:外部性

从根本上说是产权界定不够明确或界定不当引起的，即使存在外部性，只要产权界定明确，市场机制也能达成资源的有效配置，这就是著名的科斯定理。其基本含义是：只要产权是明确的，并且因界定产权而发生的协商或谈判等活动的交易成本为零或很小，在具有外部效应的市场上，无论所涉及的资源产权属于哪一方，交易双方总能够通过协商或谈判达到资源配置的有效率状态。比如，针对在公共场合吸烟所造成的外部性，若明确吸烟者在公共场合享有吸烟的权利，则不吸烟者要想吸烟者不吸烟，就必须对吸烟者做出一定的补偿。若明确不吸烟者拥有享受清洁空气的权利，则吸烟者要想吸烟，就必须对不吸烟者做出一定的补偿。这样即可解决外部性问题，市场均衡的结果仍然是有效率的。

在科斯的产权理论得到广泛认同之前，经济学家一般认为，市场机制这只"看不见的手"只有在没有外部性影响的条件下才会发生作用，并实现资源有效配置的目标。如果存在显著的外部性，市场机制则无法实现资源的有效配置。其实，即便存在外部性，如果市场力量很大且协商或谈判的交易成本很低，仍然有可能通过产权交易或社会成本内部化的方式来克服外部性的影响，实现资源的有效配置。因此，外部性并非必然导致市场失灵。科斯的产权理论扩展了人们对市场机制作用范围的理解，强调了降低协商或谈判的交易成本和界定产权的重要性，具有重要的政策实践意义。

（三）征税或收费

对于负外部性，一般做法是由政府向引起负外部性的生产者征税。政府通过向引起负外部性的企业征税或收费的方式，加大其成本，从而达到减少或制止负外部性的目的。这种税收最初是由英国经济学家庇古提出的，因此也被称为"庇古税"，以区别于其他税收。征收庇古税就是把负外部性内部化，即把引起负外部性的外部成本转给引起负外部性的生产者。生产者如果不想缴纳这种税，就要自己治理负外部性；反过来，如果生产者不愿意治理负外部性，就由政府用征收的税款来治理负外部性。假设对引起负外部性的生产者征税后，生产者成本增加、收益减少，那么生产者会自动减少生产甚至停止生产。例如，政府向排污企业征收排污费，这样就加大了企业生产的边际成本，从而促使企业减少产品生产，达到了减少污染的目的。

（四）政府管制

对于负外部性，政府还可以通过立法的方式来直接限制引起负外部性的行为。我们以经济活动中的污染为例。某些行业，只要生产者有生产活动，就不可避免地造成污染，要想彻底消除污染，除非该产业的全部企业停产。政府为了消除这种负外部性，就可以制定有针对性的法律、法规，限制或控制此类企业的生产。例如，强制高污染的造纸厂停产。但是，这类执法活动需要相当高的费用，而且这些法律、法规的实施与监督也有相当的难度。就整个社会而言，完全消除污染是不可能的，也是不现实的。我们不可能因为汽车尾气污染严重，就禁止生产和使用汽车。所以，政府要在现有技术水平下，确定最优的污染量，并以此作为制定排污标准的依据。如果生产者超过了这一标准，根据法律，它就要面临严重的经济处罚甚至刑事处罚。这种惩罚会迫使生产者遵守排污规定，安装减少污染的设备，从而保证污染符合社会最优标准。这就是为什么汽车的排放标准会有欧Ⅱ标准、欧Ⅲ标准及欧Ⅳ标准。

许可证制度是政府控制负外部性的另一种办法。例如，美国采取可交易排污许可证的做法，政府先根据实际情况确定排污标准，然后向污染企业发放（或拍卖）排污许可证，排污许可证可以在市场上交易。

排污权交易

通过排污权交易的方式来部分代替直接的行政管理，已在不少国家获得认可和实施。例如，美国国会于1990年通过了《清洁空气法案》（*Clean Air Act 1990*），授权美国国家环境保护局（Environment Protection Agency）为每个发电厂确定硫磺排放量许可权，排污企业有权相互进行排污权买卖交易。比如说，如果某个发电厂硫磺排放量已经处于许可的限制水平以内，它就可以把多余的排污权卖给其他企业。根据排污权价格的高低，尚未达到排污限制标准的企业可以依据节省成本原则，选择买进排污权或安装污染控制设备。

1992年5月，田纳西河流域管理局（Tennessee Valley Authority）宣布购买了一宗很大数量的排污权，卖家是威斯康星动力照明公司，该公司排污量未达到被许可的最高水平，从而拥有多余的排污权。美国芝加哥交易所还建立了排污权交易市场，以方便这一交易的进行和降低交易成本。排污权交易在我国也受到了重视，1990—1994年，国家环保局污控司在全国16个重点城市进行了"大气污染物排放许可证制度"的试点，同时在6个城市进行了大气排污交易试点。

2001年11月，江苏省南通市的两个企业进行了一次污染权交易，卖方为南通天生港发电有限公司，买方是一家年产值数10亿元的大型化工合资企业。卖方以50万元的价格有偿转让1 800吨二氧化硫的排污权，供买方在今后6年内使用。2003年1月中旬，位于江苏省太仓市的太仓港环保发电公司以340万元的价格，向南京市下关发电厂购买了3 400吨二氧化硫的排污权。

（五）补贴或减免税

政府还可以采取补贴、减免税等措施来补偿私人收益低于社会收益的部分。补贴分为补贴消费者、补贴生产者和政府提供三种，它是解决正外部性的办法。例如，政府补贴接种疫苗的消费者。给予生产者的补贴其实是一种反方向的税，通过补贴降低生产者的成本，从而鼓励其多生产，产生更多的正外部性。当正外部性涉及人群庞大时，政府就可以选择自己提供公共物品。例如，美国向所有儿童实行免费接种，从而消灭了脑灰质炎。

同步练习

一、单项选择题

1. 外部性发生在当人们（　　）。
   A. 无偿享有了额外收益或承担了不是由他们导致的额外成本时
   B. 负担一个超出交易中购买价格的额外费用时
   C. 因供给的减少而减少对一种商品的需求时
   D. 借款给一个公司而那个公司宣告破产时

2. 一个消费者的行动对他人产生了有利的影响，而他自己并不能从中得到补偿，便产生了（　　）。
   A. 消费的外部经济　　　　　　　　B. 消费的外部不经济
   C. 生产的外部经济　　　　　　　　D. 生产的外部不经济

3. 如果某一经济活动存在外部经济，则该经济活动的（　　）。
   A. 私人成本小于社会成本　　　　　B. 私人收益大于社会收益
   C. 私人收益小于社会收益　　　　　D. 私人成本大于社会成本

4. 某人的吸烟行为属于（　　）。
   A. 生产的外部经济　　　　　　　　B. 消费的外部经济
   C. 生产的外部不经济　　　　　　　D. 消费的外部不经济

5. 如果一个市场上一种商品相对于社会最优产量来说处于供给不足，则说明存在（　　）。
   A. 积极的外部性　　B. 固定成本　　C. 信息不完全　　D. 交易成本

6. 解决外部不经济问题，可以采用的方法是（　　）。
   A. 征税　　　　　　　　　　　　　B. 产权界定
   C. 将外部性内部化　　　　　　　　D. 以上都行

二、判断题

1. 市场失灵是指市场没有达到可能达到的最佳效果。（　　）
2. 存在消费的外部经济时，他人或社会会从中受益。（　　）
3. 养蜂人的活动对果园主的利益存在生产的外部性影响。（　　）
4. 如果存在外部不经济，则私人成本小于社会成本。（　　）

第二节　公共物品

一、公共物品的含义与种类

（一）公共物品的含义

公共物品是指私人不愿意生产或没有能力生产而由政府提供的、具有非排他性和非竞争性的物品。例如，一国的国防、警务、疾病控制、航空控制、道路、广播电视等都属于公共物品。

一种物品要成为公共物品，必须具备以下特性：

（1）非排他性。公共物品的非排他性是指无论是否付费，任何人对某一物品的消费，都无法排除他人对该物品的消费，即任何人都可以无偿享用。之所以会出现免费消费，要么是因为技术上不允许，要么是因为收取费用的成本太高，在经济上不合算而放弃收费。

（2）非竞争性。公共物品的非竞争性是指任何人对某一物品的消费，都不会影响他人对该物品的消费，即人们无法排斥他人对同一物品的共同享用，也不会因自己的加入而减少他人对该物品享用的质量与数量。

（二）公共物品的种类

根据公共物品所具有的非排他性和非竞争性程度的不同，公共物品可分为纯公共物品和准公共物品两类。

1. 纯公共物品

纯公共物品是指同时具有非排他性和非竞争性的物品，如国防、外交、天气预报等。纯公共物品必须以不拥挤为前提，否则随着消费者数量的增加会影响他人的消费，从而影响公共物品的性质。例如，在节日期间，免费的露天广场就会因拥挤而具有竞争性。

2. 准公共物品

准公共物品是指具有不完全排他性和竞争性的物品。准公共物品又分为两类：一类是具有非竞争性和排他性的物品，称为俱乐部物品，如计费的道路和桥梁、有线电视、社区绿化等；另一类是具有非排他性和竞争性的物品，称为公共资源，如公海中的鱼类资源、不收费的拥挤的公园、拥挤的免费道路等。

与公共物品相对的物品是私人物品，它是指既具有排他性又具有竞争性的物品，如家具、自行车等。由此，我们可将物品的分类用表7-1来表示。

表7-1 四种类型的物品

性质		排他性	
		有	无
竞争性	有	私人物品 （衣服、食物、家具、拥挤的收费道路等）	公共资源 （公海中的鱼类资源、环境、拥挤的免费道路等）
	无	俱乐部物品 （有线电视、无线网络、不拥挤的收费道路等）	纯公共物品 （国防、预警系统、不拥挤的免费道路等）

二、公共物品导致市场失灵

公共物品本身所具有的特性使得任何私人部门都不愿意或不能充分提供，因此其产量会低于合理的水平，由此会造成社会福利的减少和资源的浪费。此时，市场机制在公共物品的提供上不能较好地发挥作用，导致市场失灵。

（一）公共物品的非排他性导致市场失灵

非排他性使得任何购买公共物品的人都不能因付费购买而独自占有该物品所能带来的全部效用或收益，都不能阻止他人去无偿地享用该物品。因此，尽管公共物品的潜在社会收益大于它给单个购买者带来的收益，但每个购买者只会考虑自己的购买收益，而不会将他人的收益考虑在内，只有购买者能独占收益时，他才愿意负担公共物品生产中投入的成本。公共物品无法排斥不付费的消费者，致使每个人都想不付出任何代价来享受公共物品提供的服务，于是不可避免地会出现"搭便车"现象。

例如，美国某公司曾生产一种对汽车尾气进行过滤的装置，这种装置对净化城市空气有益处，但因增加了汽车销售成本而遭到汽车制造商的拒绝，消费者同样拒绝购买这种对每个人都能产生好处的东西。因为清新空气不能阻止他人享用，即使没有付费购买和使用该产品的人，也能获得该产品所提供的效用和收益。随着免费搭车的人越来越多，厂商就会减少或不愿意提供公共物品，最终导致资源配置效率低下，造成市场失灵。

（二）公共物品的非竞争性导致市场失灵

有些物品是非竞争性的，但可以实现排他性使用。例如，对高速公路实行收费管理，如果不支付费用就不允许使用。这种排他性使用导致高速公路的社会效用得不到有效、充分地发挥，从而降低资源配置效率，造成市场失灵。

同步练习

一、单项选择题

1. 下列存在搭便车问题的物品是（　　）。
   A. 收费的高速公路　　　　　　　B. 收学费的学校
   C. 路灯　　　　　　　　　　　　D. 私人经营的商店

2. 公共物品的产权属于社会，而不属于任何个人，是指它的（　　）。
   A. 排他性　　　B. 非排他性　　　C. 竞争性　　　D. 非竞争性

二、判断题

1. 公共物品的生产决策与私人物品的生产决策一样由市场经济的运行规则决定。（　　）

2. 在一定条件下，增加公共物品消费者的人数并不需要减少其他消费品的生产。（　　）

第三节 信息不对称

一、信息不对称的含义

根据完全竞争市场的假设,对于商品质量和交易环境,所有市场参与者都拥有相同信息。也就是说,市场上所有消费者和厂商都知道质量、价格等有关交易对象的全部特征,且厂商完全了解每个消费者的全部特征。然而,在现实生活中,人们对信息的掌握是不完全的,而这种不完全又往往表现为信息的不对称。信息不对称是指参与经济活动的当事人拥有的信息的数量和质量不同,即有些人拥有比其他人更多的相关信息。例如,医疗保险的投保人比保险公司更清楚自己的健康情况;商品卖方比买方掌握更多的关于产品质量和数量等方面的信息。

二、信息不对称的影响

当市场存在着信息不对称时,会引起逆向选择和道德风险。

(一)逆向选择

逆向选择是指市场的一方不能察知市场另一方的商品类型或质量时,市场中大量的劣质产品会排挤优质产品并最终占领市场的过程。在这种情况下,买者要承担产品质量低的风险。从信息不对称的买者的角度看,对所出售产品的"选择"可能是"逆向的"。

逆向选择最经典的例子是旧车市场的交易。假定旧车市场上有200个卖者,每个卖者出售一辆旧车,共200辆旧车,其中质量较好的车100辆,卖者愿意接受的最低价格为8万元,质量较差的车100辆,卖者愿意接受的最低价格为4万元;有200个买者,每个买者买一辆旧车,买者对质量较好的车愿意出10万元,对质量较差的车愿意出5万元。若买卖双方信息对称,即买者和卖者都知道将进行交易的车的质量,则市场会达到供求相等的有效均衡,即100辆质量较好的车在8万~10万元价格成交,100辆质量较差的车在4万~5万元价格成交,旧车市场供求平衡。

但由于买卖双方对旧车质量的信息不对称,买者并不知道旧车的质量。买者只知道200辆车中,有100辆质量较好的和100辆质量较差的,每个买者买到好车和次车的概率均为50%。因此,其愿意支付的购买价格为7.5(10×0.5+5×0.5)万元。显然100辆质量较好的车不会按7.5万元的价格出售,而100辆质量较差的车可以此价格售出,如果买者知道按7.5万元的价格不会有人出售质量较好的旧车,而只有质量较差的旧车可提供购买,那么买者就不会支付7.5万元,而只在4万~5万元价格成交,这就使次品充斥市场、质量好的商品被驱逐出市场。这是逆向选择造成的市场效率低下的表现。

另一个例子出现在保险市场上。例如,购买医疗保险的人比保险公司更了解自己的健康问题。由于有较多隐蔽性健康问题的人比其他人更可能购买医疗保险,因此医疗保险的价格反映的是病人的成本而不是普通人的成本。结果，高价格可能会阻止正常、健康的人购买医疗保险。

（二）道德风险

道德风险是指人们享有自己行为的收益，而将成本转嫁给他人，从而给他人造成损失的可能性，即从事经济活动的人在最大限度地增加自身效用的同时做出不利于他人的行动。例如，在保险市场上，车主在购买保险之前，都会十分在意自己汽车的安全问题，通常会采取非常严密的防盗措施。在向保险公司投保之后，当赔偿额较低时，车主依然会比较注意采取防盗措施，因为一旦汽车失窃，他们要承担大部分损失；当赔偿额较高时，车主就不再谨慎了；当车主能从保险公司获得全额赔付时，他们可能就不再关心汽车的安全问题了，也不会采取任何的防盗措施，因为此时一旦汽车失窃，他们将获得全额赔付，自己几乎没有损失，而采取防盗措施几乎没有任何收益，还会给车主带来额外的费用与麻烦。

经济生活中的信息不对称使逆向选择和道德风险问题普遍存在，这一方面造成了交易市场的严重萎缩，另一方面导致社会资源的极大浪费，影响到资源的配置效率。由此可见，在市场信息不充分或不对称的条件下，市场的调节也是不充分的。

三、信息不对称的对策

（一）建立良好的企业信誉与品牌

在信息不对称的市场上，购买品牌产品能让顾客放心。企业品牌是企业花费巨额投资创造的，是企业的资本化资产。著名企业非常珍惜它们的品牌，品牌能够赢得顾客的信任，通过顾客的多次光顾而给企业带来滚滚财源。

（二）要求企业提供保证

低质量企业的产品一般不会提供质量保证。而高质量企业因其产品质量较好，售后服务的费用也相应较少，因此一般会对生产的产品实行"三包"（包修、包换、包退）等保证。通过了解是否有"三包"等保证，消费者可推定产品的好坏，这样就可以不同程度地消除信息不对称。

（三）要求提供担保或抵押

信息不对称时，一方对另一方一无所知，大家互不信任，交易难以达成。通过第三方担保或提供抵押品可解决这个问题。例如，个人住房抵押贷款，就是通过抵押的方法解决了银行与申请人之间的信息不对称问题。

（四）政府管制

在信息不对称的市场失灵情况下，政府对信息问题可以做出相应的规定。首先，政府可以制定信息强制公开制度，为消费者获取信息提供多个渠道，避免消费者权益受到损害。其次，政府可以对虚假广告、虚假信息进行惩罚，增加企业提供虚假和违法信息的成本，减少或杜绝这一现象的出现。最后，政府可以出台相关法律，保证信息提供的真实性。例如，《中华人民共和国证券法》规定，必须真实地披露证券信息等。

同步练习

一、单项选择题

1. 道德风险意味着（　　）。
   A. 买保险的人是厌恶风险的
   B. 保险公司可以准确地预测风险
   C. 投保人掩盖自己的疾病，欺骗保险公司
   D. 为防被欺骗，保险公司对投保人收取较高的保费

2. 卖主比买主知道更多关于商品的信息，这种情况被称为（　　）。
   A. 搭便车问题　　　　　　　　　B. 信息不对称问题
   C. 逆向选择　　　　　　　　　　D. 道德风险

二、判断题

1. 在不完全信息的条件下，降低商品和生产要素价格一定会刺激消费者对该商品的需求。（　　）

2. 产生逆向选择时，不一定都需要进行行政干预，可以通过有效的制度安排加以排除。（　　）

第四节　垄断

垄断是市场不完善的表现，垄断市场是一个产量较低而价格较高的市场。它的存在不仅造成资源浪费和市场效率低下，而且使社会福利减少。

一、垄断对市场效率的影响

为了说明垄断的低效率，我们比较一下垄断与完全竞争的市场效率。

首先来看垄断情况下的市场效率。如图 7-1 所示，横轴表示产量，纵轴表示价格，D 表示垄断厂商的需求曲线，MR 表示垄断厂商的边际收益曲线。为了便于与完全竞争的市场效率比较，这里假定平均成本和边际成本相等，即 $MC=AC$，且固定不变。

在完全竞争情况下，厂商按照 $P=MR=MC$ 组织生产，此时，$P_2=MR=MC=AC$，厂商利润最大化的产量和价格分别是 Q_2 和 P_2。价格 P_2 与需求曲线 D 交于 C 点，消费者剩余为 $\triangle ECP_2$ 的面积，生产者剩余为 0（也可以理解为资源全部充分利用），因为假

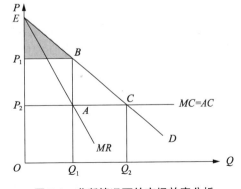

图 7-1　垄断情况下的市场效率分析

设了 $MC=AC$。社会总福利=消费者剩余+生产者剩余=$\triangle ECP_2$ 的面积。

在垄断情况下，如果政府不加干预，垄断厂商将按照利润最大化的条件决策和组织生产，即 $MR=MC$，在图 7-1 的 A 点，垄断厂商利润最大化的产量和价格分别为 Q_1 和 P_1，此时，消费者剩余为 $\triangle EBP_1$ 的面积，生产者剩余为正方形 P_1BAP_2 的面积，社会总福利=消费者剩余+生产者剩余=$\triangle EBP_1$ 的面积+正方形 P_1BAP_2 的面积。

与垄断情况相比，完全竞争情况下的产量和价格分别大于、低于垄断情况下的产量和价格（$Q_2>Q_1$，$P_2<P_1$），社会总福利相对增加了 $\triangle ABC$ 的面积，消费者福利相对增加了梯形 P_1BCP_2 的面积，在 $P=MR=MC=AC$ 的条件下社会福利没有改进的余地，社会福利实现了最大化。把增加的社会总福利（$\triangle ABC$ 的面积）在垄断厂商和消费者之间进行适当的分配，使得二者的福利水平均大于垄断情况下的福利水平，实现了资源配置的最优化。

在垄断情况下，由于价格 P_1 高于边际成本 MC，消费者愿意为增加额外一单位产品消费而支付高于边际成本的价格，价格高而产量低，社会总福利减少了 $\triangle ABC$ 的面积，没有实现社会福利最大化，因此并没有实现资源的最优配置，即垄断情况下的资源配置是低效率的。

与垄断一样，垄断竞争和寡头垄断同样存在低效率的情况。只要市场不是完全竞争，厂商利润最大化原则就是 $MR=MC$，而不是 $P=MR=MC$。只要 $P>MR=MC$，就存在资源配置的低效率。

二、寻租与垄断

从对图 7-1 的分析中可以看出，垄断将导致社会总福利损失 $\triangle ABC$ 的面积，根据传统的经济理论，这部分社会福利损失从数量上来说还是比较小的。

从 20 世纪 60 年代后期以来，西方一些经济学家认识到传统的经济理论可能大大低估了垄断造成的社会福利损失。这是因为厂商为了获得和维持垄断地位从而享受垄断的好处，可能发生寻租行为，从而导致比非寻租垄断更大的社会福利损失。所谓寻租，是指为了获得和维持垄断地位从而得到垄断利润的非生产性活动。根据他们的看法，传统垄断理论着重分析垄断的结果，而不是分析获得和维持垄断的过程。如果把分析的重点从结果转向过程，垄断造成的社会福利损失就不再仅是 $\triangle ABC$ 的面积，而是要比它大得多。为了获得和维持垄断从而享受垄断的好处，厂商需要且愿意付出一定的代价，如向政府官员行贿、雇用律师游说政府官员等。寻租行为的存在造成垄断市场进一步的低效率，导致社会福利损失远远大于 $\triangle ABC$ 的面积。

三、政府对垄断的干预方式

针对垄断造成的市场失灵，政府可以采取的干预方式主要有以下几种。

（一）价格管制

政府一般会从价格上对某些垄断企业进行控制，即政府从对社会有利及资源有效利用的角度出发，对某些垄断企业制定价格上限。具体方法是，按边际成本定价（$P=$

MC）或按平均成本定价（$P=AC$），这样可使垄断厂商降低价格，扩大产量，使资源得到更有效的利用。

（二）行业重新组合

对一个垄断行业进行重新组合，使之成为包含许多厂商的行业，这样厂商之间的竞争就可以使市场价格降低。而且，竞争程度越高，市场价格就越接近竞争性价格。如果一个行业的垄断是通过行业中的厂商兼并或一个厂商凭借其较大的规模设置进入壁垒而形成的，那么可以由政府将垄断厂商分解为多个较小的厂商。例如，我国于2002年将拥有全国46%发电资产和90%输电资产的原国家电力公司拆分重组为11家独立的公司，为中国电力行业的垄断画上了句号。

但是，对垄断行业的拆分和重组并不一定能立刻形成完全竞争的市场结构，因为大厂商被分解后形成的小厂商仍然具有相当大的市场支配力。重组最大的好处是在同一行业引入了竞争机制。为了使竞争性的市场结构充分发展，政府可以对新进入的厂商进行扶持，以便其能与原有厂商展开竞争。

（三）制定反垄断法

垄断的形成和发展，深刻地影响到社会各个阶级和阶层的利益。由于垄断的低效率，西方很多国家制定了反垄断法或反托拉斯法来减轻垄断的低效率程度，其中美国尤为突出。

19世纪末和20世纪初，美国企业界出现了第一次大兼并，形成了一大批经济实力雄厚的大企业，这些大企业被称为垄断厂商或托拉斯。这里的垄断不仅指完全垄断，也指寡头垄断。

从1890年到1950年，美国国会通过了一系列反对垄断的法案，其中比较突出的有《谢尔曼法》（1890）、《克莱顿法》（1914）、《联邦贸易委员会法》（1914）、《罗宾逊-帕特曼法》（1936）、《惠勒-利法》（1938）和《塞勒-凯弗维尔法》（1950）。这些反垄断法或反托拉斯法规定，限制贸易的协议、共谋垄断或企图垄断市场、兼并、排他性规定、价格歧视、不正当的竞争或欺诈行为等，都是非法的。

美国反托拉斯法的执行机构是联邦贸易委员会和司法部反托拉斯局。前者主要反对不正当的贸易行为，后者主要反对垄断活动。对违法者可以由法院提出警告、罚款、改组公司直至判刑。

我国在1994年把反垄断法列入人大立法议程。历经13年后，2007年8月30日第十届全国人民代表大会常务委员会第二十九次会议通过《中华人民共和国反垄断法》，该法共八章五十七条，自2008年8月1日起施行。《中华人民共和国反垄断法》在第一章第一条阐述了制定该法的目的：为了预防和制止垄断行为，保护市场公平竞争，提高经济运行效率，维护消费者利益和社会公共利益，促进社会主义市场经济健康发展；在第一章第三条规定以下行为是垄断行为：① 经营者达成垄断协议；② 经营者滥用市场支配地位；③ 具有或者可能具有排除、限制竞争效果的经营者集中；在第七章第四十六条、第四十七条、第四十八条对这三种垄断行为做了相应的处罚规定。

同步练习

一、单项选择题

1. 对垄断厂商实行价格管制的困难主要在于（　　）。
   A. 垄断厂商具有关于成本的信息，而政府部门没有
   B. 垄断厂商可能采取对策性行为
   C. 政府部门人力有限而企业数量多
   D. 以上都是

2. 下列属于寻租行为的例子是（　　）。
   A. 一家公司设法增加在自己所有的财产上收取租金
   B. 一家公司投入资源去劝说政府阻止新公司进入它所在的行业
   C. 政府设法找出一家公司垄断租金
   D. 政府设法剥夺一家公司的垄断租金

二、判断题

1. 政府可以采取经济、行政及法律的手段限制垄断行为。　　　　　　（　　）
2. 由于垄断会使效率下降，因此任何垄断都是要不得的。　　　　　　（　　）

本章小结

市场失灵是指由于市场机制在某些领域、场合不能或不能完全有效发挥作用而导致社会资源无法得到最有效配置的情况。导致市场失灵的原因主要有四个：外部性、公共物品、信息不对称和垄断。

外部性是指经济活动的当事人给其他人带来非自愿的成本或收益，却不用支付由此带来的成本或不能从这些收益中得到补偿。外部性有正外部性和负外部性、生产的外部性和消费的外部性之分。外部性的存在使私人的边际成本或边际收益与社会的边际成本或边际收益发生背离，从而导致市场失灵。解决外部性造成的市场资源配置的不经济问题，最基本的思路是将外部性内部化。

公共物品是指私人不愿意或没有能力生产而由政府提供的、具有非排他性和非竞争性的物品。公共物品的非排他性和非竞争性的特性决定了公共物品的价格和产量无法通过市场机制来调节。对于公共物品导致的市场失灵，政府可以通过表决等形式来调节。

经济生活中的信息不对称使逆向选择和道德风险问题普遍存在。针对信息不对称的对策有建立良好的企业信誉与品牌、要求企业提供保证、要求提供担保或抵押、政府管制等措施。

垄断导致市场失灵的主要原因是产品的价格不是由市场供求关系决定的。纠正垄断导致的市场失灵的措施有价格管制、行业重新组合及制定反垄断法等。

复习与思考

一、问答题

1. 何谓市场失灵？造成市场失灵的原因有哪些？
2. 什么是外部性？市场能解决外部性问题吗？假设你与一位吸烟者同住，并且你们有充足的时间协商，根据科斯定理，不吸烟的你与你的室友如何解决吸烟的外部性问题？
3. 公共物品为什么不能靠市场来提供？
4. 焰火、灭火器、烟酒的消费存在外部性问题吗？如果存在，是正外部性还是负外部性？
5. 为什么会出现逆向选择？可以用哪些措施解决逆向选择问题？

二、案例分析题

解决两个企业争端的办法

在一条河的上游和下游各有一个企业，上游企业排出的工业废水经过下游企业，造成下游企业的河水污染。为此，两个企业经常争吵，上游企业与下游企业各自都强调自己的理由。怎样使上游企业可以排污，而下游企业的河水不被污染呢？对此经济学家科斯提出了两个好办法：一是两个企业要明确产权；二是两个企业可以合并。

讨论：什么是外部性？如何解决这两个企业的争端呢？

第八章　国民经济核算与收入决定

> **学习目标**
>
> 1. 掌握国内生产总值和国民生产总值的含义；
> 2. 掌握国内生产总值的核算方法；
> 3. 了解国民收入核算的其他总量及其相互关系；
> 4. 了解国民收入核算中的恒等关系；
> 5. 掌握消费函数和储蓄函数的含义及其相互关系、边际消费倾向和边际储蓄倾向的含义及其计算方法、简单国民收入决定的基本原理；
> 6. 理解乘数的含义、计算方法和作用；
> 7. 理解 IS-LM 模型；
> 8. 掌握 AD-AS 模型及其作用。

案例导入

2022 年中国经济年报引人关注

2022 年中国经济"成绩单"出炉，中国经济总量占全球的比重超过 18%，对世界经济增长的贡献率达到 25%。具体表现为以下五个方面：

第一，经济整体实力显著增强。2022 年，我国国内生产总值（GDP）为 1 210 207 亿元，比上年增长 3.0%。其中，第一产业增加值 88 345 亿元，比上年增长 4.1%；第二产业增加值 483 164 亿元，比上年增长 3.8%；第三产业增加值 638 698 亿元，比上年增长 2.3%。

第二，国内循环对经济发展的带动作用明显增强。2022 年，我国社会消费品零售总额 439 733 亿元，比上年下降 0.2%；固定资产投资（不含农户）规模 572 138 亿元，比上年增长 5.1%。内需对经济增长的贡献率达 82.9%，比上年提高 4.8 个百分点。

第三，居民收入与经济增长并进。2022 年，我国城镇新增就业人数 1 206 万人，人均 GDP 85 698 元，按年平均汇率折算为 12 741 美元，超过世界人均 GDP 水平，接近高收入国家人均GDP水平下限。2022年，我国居民人均可支配收入36 883元，比上年名义增长5.0%，扣除价格因素，实际增长2.9%，与经济增长"齐头并进"。

第四，国际贸易总额创历史新高。2022年，我国货物进出口总额420 678亿元，比上年增长7.7%，占世界市场份额继续提升。2022年，我国货物出口额239 654亿元，比上年增长10.5%；进口额181 024亿元，比上年增长4.3%；贸易顺差58 630亿元，比上年增加15 330亿元，达到进出口量稳质升的要求。

第五，绿色低碳转型步伐稳健。2022年，我国万元GDP能耗比上年下降0.1%。经初步测算，2022年，我国天然气、水电、核电、风电、太阳能发电等清洁能源消费量占能源消费总量的比重达25.9%，比上年提高0.4个百分点，实现了经济发展与生态文明建设协同共进，生态环境保护取得新成效。

（资料来源：新华社，2023-01-18，有改动）

案例思考：为什么要计算国内生产总值？国内生产总值是如何计算出来的？

宏观经济学将整个国民经济活动作为考察对象，其核心理论是国民收入决定理论。要想从总体上把握整个国民经济活动，就必须有一套定义和计量总产出或总收入的方法，这套方法就是通常所说的国民收入核算体系。经济学已经建立了一整套相对科学、系统和合理的国民收入核算体系，目前世界上绝大多数国家均采用2008年经联合国修订的《国民经济核算体系》（SNA）。

第一节　国民收入核算理论

一、国内生产总值的概念与核算方法

（一）国内生产总值的概念

在整个国民收入核算体系中，核心指标是国内生产总值。国内生产总值（Gross Domestic Product, GDP）是指经济社会（一个国家或地区）在一定时期内运用生产要素所生产的全部最终产品的市场价值。理解这个定义应该注意以下几个方面的内容：

（1）GDP是一个市场价值的概念。所谓市场价值，就是产品或劳务的数量与价格的乘积，所以GDP的数值不仅受到计算期产量变动的影响，而且受到计算期价格水平变动的影响。

（2）GDP只测定最终产品的价值，中间产品价值不计入GDP。最终产品是指在一定时期内生产出来直接供人们消费的产品，中间产品是指生产出来后作为下一道生产程序投入品的产品。例如，服装是最终产品，可以直接消费，但用于服装生产的原材料，如棉布、棉纱等产品就不是最终产品而是中间产品。在实际经济中，某些产品既可以作为最终产品，也可以作为中间产品。例如，煤炭在用作燃料发电时是中间产品，而作为人们生活中的燃料时是最终产品。这样，把哪一部分煤炭计入最终产品，哪一部分煤炭计入中间产品就不容易确定了。为了解决这个问题，统计人员在计算最终产品的价值时一般采用增值法，即只计算在各阶段所增加的价值。

例如，一个造纸厂生产学生使用的作业本，假如作业本的生产需要经历以下几个生产阶段：首先需要木材，假定木材的市场价值为 3 元，这 3 元是当年新生产的价值，不包含为培植树木所花费的成本；然后把木材加工成纸浆，纸浆的售价为 6 元，这个过程增值 3 元；接着把纸浆加工成纸张，纸张的售价为 8 元，这个过程增值 2 元；最后把纸张装订成作业本，作业本的售价为 12 元，这个过程增值 4 元。现在这个作业本由消费者也就是顾客使用，那么作业本就是最终产品，而木材、纸浆、纸张都是中间产品，在整个过程中，每个阶段产品所创造的价值应是各自价值增值的部分，即 12 元，如表 8-1 所示。

表 8-1　作业本价值增值的计算　　　　　　　　　　　单位：元

生产阶段	产品价值	中间产品成本	增值
木材	3	—	3
纸浆	6	3	3
纸张	8	6	2
作业本	12	8	4
合计	29	17	12

（3）GDP 是一个地域概念。GDP 是一国地理范围内生产的最终产品的市场价值，是一个地域概念。也就是说，凡是在本国领土上创造的收入，不管是否为本国公民创造，都应计入本国的 GDP，这就是所谓国土原则。如果运用这种计算方法，则地处我国的外资企业创造的收入应计入我国的 GDP。

与此相联系的另一概念是国民生产总值。国民生产总值（Gross National Product，GNP）是一个国民概念，是指某国公民运用全部生产要素所生产的最终产品和劳务的市场价值。也就是说，凡是本国公民创造的收入，不管是否在国内，都计入本国的 GNP。如果运用这种计算方法，则地处我国的外资企业创造的收入应计入外国的 GNP。GDP 和 GNP 是一对孪生兄弟，都是反映宏观经济的总量指标，但因计算口径不同，又有一定区别。它们之间的具体关系可用公式表示为

$$GNP = GDP + NFP \qquad (8.1)$$

式（8.1）中，NFP 称为国外净要素支付（Net Factor Payment），是指本国公民在国外取得的要素收入减去外国公民在本国取得的要素收入。如果 $NFP>0$，说明本国公民从外国获得的收入超过了外国公民从本国获得的收入；如果 $NFP<0$ 时，说明的情况正好相反。有些国家（如美国）NFP 值比较小，可以忽略不计，所以其 GNP 和 GDP 基本相等，二者在使用上差别不大，前者强调的是民族工业，即本国人办的工业，而后者侧重境内工业，即在本国领土范围内的工业。随着国际经济联系的加强，强调身份区别的 GNP 的重要性相对下降，重视地域范围的 GDP 的重要性相对上

升,从而使GDP成为越来越重要的总产出指标。

(4) GDP是一定时期内所生产而不是所售出的最终产品的价值。若一企业某年生产了100万元产品,只卖掉80万元,所剩20万元的产品可看作企业自己买下来的存货投资,同样计入GDP,即当年的GDP为100万元,即使第二年企业将这20万元的存货卖掉,它也不能计入第二年的GDP。

(5) GDP是流量概念而不是存量概念。流量是一定时期内发生的变量,存量则是一定时点上存在的变量。GDP是流量,它是一个国家(地区)公民在一个既定时期内生产的产品和劳务的价值。

(6) GDP只衡量市场活动所产生的价值。人们生产的产品和劳务可分为两种:一种是为市场交换而生产的产品和劳务;另一种是用于自己消费的自给性产品和劳务。自给性产品和劳务因不用于市场交换而没有价格,所以不能计入GDP。例如,家政公司的家政工作人员替别人打扫房屋时获得的收入要计入GDP,而家庭主妇清扫自家房屋时因为没有收入,就无法反映到GDP中。

(二) 国内生产总值的核算方法

国内生产总值的核算方法有三种,即支出法、收入法和生产法,常用的是支出法和收入法,下面分别予以介绍。

1. 支出法

用支出法核算GDP,就是通过核算在一定时期内整个经济社会购买最终产品和劳务的总支出来计量GDP。对最终产品和劳务的支出,除了居民消费外,还有企业投资、政府购买及净出口。这样,用支出法核算GDP,就是核算经济社会(一个国家或地区)在一定时期内消费、投资、政府购买及净出口这几个方面支出的总量。

(1) 消费支出(Consumption,C)包括购买耐用消费品、非耐用消费品、劳务等的支出。耐用消费品包括家用汽车、家用电器等商品,而居民用于住宅的支出没有被包括在内;非耐用消费品包括食物、衣服等商品;劳务包括医疗、教育培训、旅游、理发等服务。

(2) 投资支出(Investment,I)包括固定资产投资和存货投资两大类。固定资产投资包括商业固定资产投资和住宅投资。前者是指厂房、新设备、新商业用房的增加,后者是指新住宅的增加。住宅投资之所以属于投资而不属于消费,是因为住宅像其他固定资产一样,是能够长期使用且可以赚钱的。存货投资是指企业已经生产出来但未销售的产品存量的增量(减量),它可视为企业购买了自己的产品。应当注意的是,投资支出不包括对股票、债券、土地、二手房屋的购买,因为这些购买只是产权的转移,并未使社会资产有任何增加,所以不能算作投资。

(3) 政府购买支出(Government Purchase,G)是指各级政府购买商品和劳务的支出,如用于道路等公共工程建设、开办学校、购买办公用品等方面的支出。政府支付给雇员的工资也属于政府购买。政府购买是一种实质性的支出,表现出商品、劳务与货币的双向运动,直接形成社会需求,成为GDP的组成部分。政府购买只是政府支出的一部分,政府支出的另一部分如政府转移支付、公债利息等都不计入GDP。

政府转移支付是政府不以取得该年生产出来的商品和劳务作为报偿的支出，包括政府在社会福利、社会保险、失业救济、贫困补助、老年保障、卫生保健、对农业的补贴等方面的支出。政府转移支付是政府通过其职能将收入在不同的社会成员之间进行转移和重新分配，将一部分人的收入转移到另一部分人手中，其实质是一种财富的再分配。有政府转移支付发生时，即政府付出这些支出时，并不相应得到什么商品和劳务，政府转移支付是一种货币性支出，整个社会的总收入并没有发生改变。因此，政府转移支付不计入 GDP。

（4）净出口（Net Exports，NX）是一国产品和劳务的出口价值减去进口价值的差额，净出口反映的是国外对本国产品和劳务的净购买情况。对于不同的国家来说，净出口数值可正可负。

把上述四个项目加总求和，即可得到用支出法计算 GDP 的公式

$$GDP = C + I + G + NX \tag{8.2}$$

2. 收入法

收入法是一种从收入角度来核算 GDP 的方法。这种方法将生产要素所有者在生产中所得到的各种收入相加来计算 GDP。各生产要素的收入主要包括劳动者得到的工资、土地所有者得到的租金、资本所有者得到的利息及企业家才能得到的利润。严格来说，最终产品的市场价值除了生产要素收入构成的成本外，还有间接税、折旧、公司未分配利润等内容，因此用收入法核算的 GDP 应包括以下项目：

（1）工资、利息和租金。工资既包括所有对工作的酬金、津贴和福利费，也包括工资收入者必须缴纳的所得税及社会保险税。利息是指人们为企业提供的货币资金所得的利息收入，如银行存款利息、企业债券利息等，但政府公债利息及消费信贷利息不包括在内。租金包括出租土地、房屋等的租赁收入及专利、版权等收入。

（2）非公司企业主收入。非公司企业主收入是指那些不受人雇用的独立生产者，如医生、农民和个体老板等的收入。他们使用自己的资金，自我雇用，其工资、利息、利润、租金常混在一起作为非公司企业主收入。

（3）公司税前利润。公司税前利润包括公司所得税、社会保险税、股东红利、公司未分配利润等。

（4）企业转移支付和企业间接税。这些虽不是生产要素创造的收入，但会通过产品价格转嫁给购买者，故也应视为成本。企业转移支付包括对非营利组织的社会慈善捐款和消费者呆账等，企业间接税包括货物税或销售税、周转税等。

（5）资本折旧。资本折旧虽不是生产要素收入，但包括在应回收的投资成本中，故也应计入 GDP。

把上述各个部分加起来，就得到收入法计算 GDP 的公式

$$GDP = 工资 + 利息 + 利润 + 租金 + 企业间接税和企业转移支付 + 折旧 \tag{8.3}$$

3. 生产法

用生产法核算 GDP，是指根据生产过程中各个阶段产品的增加值计算 GDP 的方法。它是从生产的角度出发，把一国所有常住单位投入的生产要素新创造出来的产品

和劳务在市场上的销售价值按产业部门分类汇总而成。按照这种方法进行计算时,要把各产业部门使用的中间产品的产值扣除,也就是通过核算各产业部门在一定时期内生产的价值增值求得。商业、服务等部门也按增值法计算;卫生、教育、行政等无法计算增值的部门则按该部门职工的工资收入计算,以工资代表他们所提供的劳务价值。

采用增值法计算 GDP 的公式

$$GDP = \sum 国内各部门增加值 = \sum 各产业部门的总产值 - \sum 各产业部门的中间消耗 \tag{8.4}$$

以上支出法、收入法与生产法是从不同的角度来核算 GDP 的。从理论上说,三种方法计算的 GDP 在数量上是相等的,但实际核算中常有误差,因而要加上一个统计误差项进行调整,使其达到一致。

二、国民收入的其他衡量指标

国内生产总值是国民收入核算体系中最基本的总量,但从国内生产总值中还可衍生出一些具有同等重要性的国民收入核算的其他指标,分别是国内生产净值、国民收入、个人收入和个人可支配收入。这几个国民收入核算指标与国内生产总值共同构成国民收入核算体系。

(一)国内生产净值

国内生产净值(Net Domestic Product,NDP)是指一个国家或地区的国内生产总值减去生产过程中消耗的资本折旧所得出的净值,即从 GDP 中扣除折旧就会得到 NDP。其计算公式为

$$NDP = GDP - 折旧 \tag{8.5}$$

从理论上讲,NDP 比 GDP 更容易反映国民收入和社会财富变动的情况,因为折旧不是新创造的价值,而是以前创造的价值在生产过程中发生的价值转移。但在现实经济生活中,与 NDP 相比,GDP 更容易确定统计标准,而且折旧费的计算方法也不一致,再加上政府的折旧政策不稳定,因此各国还是常用 GDP 这个概念。

(二)国民收入

这里的国民收入(National Income,NI)是指狭义的国民收入,是一国生产要素在一定时期内提供服务所获得的报酬的总和,即工资、利息、租金和利润的总和。从国民生产净值中扣除企业间接税和企业转移支付,加上政府补助金就得到这一狭义的国民收入。企业间接税和企业转移支付是列入产品价格的,但并不代表生产要素创造的价值或者说收入,因此计算狭义的国民收入时必须扣除。相反,政府给企业的补助金不列入产品的价格,但成为生产要素收入,因此应当加上。

$$NI = NDP - (企业间接税 + 企业转移支付) + 政府补助金 \tag{8.6}$$

(三)个人收入

个人收入(Personal Income,PI)是指个人实际得到的收入。生产要素报酬意义上的国民收入并不会全部成为个人收入。一方面,国民收入中有三个主要项目不会成

为个人收入,这就是企业未分配利润、企业所得税和社会保险税;另一方面,政府转移支付虽然不属于国民收入(生产要素报酬),却会成为个人收入。因此,从国民收入中减去企业未分配利润、企业所得税及社会保险税(费),加上政府给个人的转移支付,就得到个人收入。

$$PI=NI-(企业未分配利润+企业所得税+社会保险税)+转移支付 \qquad (8.7)$$

(四)个人可支配收入

个人可支配收入(Disposable Personal Income,DPI)是指从个人收入中减去个人税收和非税收性支付的余额。个人税收包括个人所得税、财产税、遗产税和赠与税等。非税收性支付包括罚金和馈赠等。这部分收入是人们可以用于消费或储蓄的收入。

$$DPI=PI-个人税收-非税收性支付 \qquad (8.8)$$

三、名义国内生产总值与实际国内生产总值

由于 GDP 是用货币价值来衡量的,因此一国 GDP 的变动受两个因素影响:一个是所生产的产品和劳务的数量变动;另一个是产品和劳务的价格变动。对于一国来讲,由价格上升导致的 GDP 上升是没有任何意义的,因为产品和劳务的数量没有增加,人们的消费水平没有得到提高。所以,有必要将 GDP 变动中的价格因素抽象出来,只研究产品和劳务的数量变化,这就需要区别名义国内生产总值和实际国内生产总值这两个概念。

名义国内生产总值是用生产产品和劳务的那个时期的价格计算出来的国内生产总值,而实际国内生产总值是用基年的价格计算出来的国内生产总值。例如,2022 年中国的 GDP 有两种核算方法:一种是用 2022 年的价格乘以 2022 年生产的全部最终产品的数量,这样得到的是当年的名义 GDP;另一种是用 2021 年的价格(假设基年为 2021 年)乘以 2022 年生产的全部最终产品的数量,这样得到的是当年的实际 GDP。

假设某国只生产苹果和上衣两种产品,以 2021 年为基年,现在需要核算 2022 年的名义 GDP 和实际 GDP,2021 年和 2022 年最终产品的数量和价格如表 8-2 所示。

表 8-2 名义 GDP 与实际 GDP

最终产品	2021 年名义 GDP	2022 年名义 GDP	2022 年实际 GDP
苹果	15 万单位×1 美元=15 万美元	20 万单位×1.5 美元=30 万美元	20 万单位×1 美元=20 万美元
上衣	5 万单位×40 美元=200 万美元	6 万单位×50 美元=300 万美元	6 万单位×40 美元=240 万美元
合计	215 万美元	330 万美元	260 万美元

从表 8-2 中可以看出,从 2021 年到 2022 年,GDP 名义上从 215 万美元增长到了

330万美元,实际上只增长到了260万美元,即扣除物价上涨因素,GDP只增长了20.9%[(260-215)÷215×100%≈20.9%],而名义上增长了53.5%[(330-215)÷215×100%≈53.5%]。

通过2022年名义GDP和实际GDP的值,可以得到当年与基期年份相比价格变动的程度为126.9%(330÷260×100%),说明从2021年到2022年该国平均价格水平上升了26.9%。在这里,126.9%称为GDP折算指数。可见,GDP折算指数是名义GDP与实际GDP的比率。名义GDP、实际GDP和GDP折算指数三者的关系是

$$实际GDP = 名义GDP/GDP折算指数 \qquad (8.9)$$

四、人均国内生产总值与潜在国内生产总值

(一) 人均国内生产总值

人均国内生产总值是一国国内生产总值总量除以该国人口数量,即

$$人均国内生产总值 = 某年国内生产总值/当年人口数 \qquad (8.10)$$

式(8.10)中,当年人口数是当年年初与年底的人口数平均值,或是年中(当年7月1日零时)的人口数。

(二) 潜在国内生产总值

潜在国内生产总值是指在现有资本和技术水平的条件下,经济社会的潜在就业量所能生产出的产量。潜在国内生产总值与实际国内生产总值有可能不一致。例如,在有效需求不足的年份或经济萧条期间,潜在国内生产总值大于实际国内生产总值。

潜在国内生产总值并不是固定不变的,而是不断增长的。它的增长源于两个方面:一方面是生产要素(如社会的资本或自然资源或劳动力)总量的增加;另一方面是科学技术的进步和经营管理的改进引起劳动生产率的提高。

由于一个国家的潜在国内生产总值可以看成是该国充分利用其生产可能性(生产的潜力)时的国内生产总值,所以潜在国内生产总值亦称充分就业的国内生产总值。

五、国内生产总值指标的缺陷与不足

国内生产总值通常被认为是反映经济运行状态的最好指标,因为其中重复计算的部分较少(相对于总产值而言),能较准确地反映一国经济发展规模和能力,从总体上代表一国国民的经济福利水平。但国内生产总值本身还存在着诸多缺陷与不足,主要表现为:

(1) 国内生产总值不能完全反映一国的真实产出。国内生产总值的统计数据是依据市场交换获得的,因此至少有两个方面的产出得不到反映:一是自给性产品和劳务的价值;二是地下经济活动所产生的价值。自给性产品和劳务由于不到市场上交换,因此无法在国内生产总值中得到反映;地下经济活动由于各种原因无法公开化和合法化,因此也不能在国内生产总值中得到反映。可见,一国国民的经济福利水平有可能比国内生产总值高。

(2) 国内生产总值不能完全反映一国国民的真实生活水平。国内生产总值所衡量的实质是一个国家的产出水平，一方面，产出并不等于消费，有些产品生产出来后却销售不出去进而造成积压，这样的产品尽管生产出来了却不能提高人们的生活水平；另一方面，闲暇、良好的工作条件是人们生活水平的一个重要组成部分，而国内生产总值并不能反映这方面的状况。

(3) 国内生产总值不能反映经济增长的代价及经济增长的效率和效益。例如，有的国家的经济增长是低消耗、高效率的，而有的国家的经济增长是高消耗、低效率的，后一类国家往往为发展经济而拼命地消耗资源，对资源采用低效的、掠夺式的利用，这样极有可能伤及一国的可持续发展能力。

(4) 国内生产总值无法反映一国的产品和劳务的分配情况。如果 A 国与 B 国国内生产总值相同，但 A 国的收入分配比较均等，而 B 国的收入差距悬殊，显然这两国国民的生活水平是不尽相同的。

可见，国内生产总值并不能与一国国民的经济福利水平完全画等号。经济学家正在力图对现行国民收入核算体系进行改进和完善，但至今尚未发现比国内生产总值更能说明问题的总量指标和核算方法。所以，尽管国内生产总值存在着诸多不足，但它还是被用作衡量一国经济总体发展水平和经济福利水平的总量指标。

六、国民收入核算中的恒等关系

用支出法、收入法与生产法核算所得出的国内生产总值是一致的，这可以说明国民经济中的一个基本平衡关系。总支出代表社会对最终产品的总需求，而总收入和总产出代表社会对最终产品的总供给。因此，从国内生产总值的核算方法中可以得出以下恒等式

$$\text{总收入} \equiv \text{总产出} \equiv \text{总支出} \quad (8.11)$$

根据这个恒等式，我们将进行下列各部门的恒等分析。我们的研究从简单到复杂，从最简单的只有居民和企业的两部门经济开始，到引入政府的三部门经济，再到引入对外贸易的四部门经济。

(一) 两部门经济中国民收入构成及储蓄—投资恒等式

两部门经济是一个只有居民和企业而没有政府和对外贸易的简单经济。为了便于分析，先撇开折旧和间接税，这样 GDP 就和 NDP 相等，我们都用 Y 来表示。此时，由于不存在税收、政府支出和进出口，国民收入核算情况如下：

一方面，从支出的角度来看，由于将积压产品作为存货投资处理，这样全部最终产品不是被消费掉就是用来投资，因此 GDP 等于消费 (C) 与投资 (I) 之和，即

$$Y = C + I \quad (8.12)$$

另一方面，从收入的角度来看，由于把利润看成是最终产品卖价超过工资、利息、租金的余额，因此 GDP 就等于总收入。总收入如何分配呢？一部分消费掉，另一部分则形成储蓄。于是，国民收入 = 工资 + 利息 + 租金 + 利润 = 消费 (C) + 储蓄 (S)，即

$$Y = C + S \tag{8.13}$$

由以上两式可得

$$C + I = C + S \tag{8.14}$$

这就是西方宏观经济学中常用的国民收入核算恒等式，它表示的是国民经济中产品流量与收入流量之间的恒等关系。该恒等式表明：在产品流量方面，一定时期内整个社会的全部最终产品除了用于消费外，剩下的都用来投资；在收入流量方面，国民收入没有用于消费的部分，就是储蓄。在恒等式两边同时消去消费，则可以得到

$$I = S \tag{8.15}$$

式（8.15）即为两部门经济中的储蓄—投资恒等式，这种恒等关系就是两部门经济中总供给和总需求的恒等关系。它表明：一个经济社会在任何时期发生的总投资和总储蓄都必然相等，而不管经济是否处于充分就业、通货膨胀或均衡状态。

在这里，我们有必要说明一下投资与储蓄相等同经济均衡之间的关系。在实际经济活动中，储蓄主要由居民进行，投资主要由企业进行，而居民储蓄动机与企业投资动机不一致，导致了居民期望的或事前计划的储蓄不会总是等于企业想要的或事前计划的投资。当计划储蓄与计划投资相等时，宏观经济运行就达到均衡状态；当计划储蓄与计划投资不相等时，就会形成总需求和总供给的不均衡，从而引起经济的扩张或收缩。也就是说，只有当计划投资等于计划储蓄，或者事前投资等于事前储蓄时，才能形成经济的均衡状态。我们上面所讲的储蓄—投资恒等式，是从国民收入核算的角度看，事后的储蓄与投资总是相等的。

还要说明的是，这里所讲的储蓄与投资，是整个经济社会的总量指标。至于某个居民、某个企业则完全可以通过借款或贷款使投资大于或小于储蓄。

（二）三部门经济中国民收入构成及储蓄—投资恒等式

在三部门经济中，除了居民和企业外，还有政府。政府的经济活动表现为向居民和企业征收赋税，以各种社会保险与福利支出的形式向居民提供转移支付，并从企业购买产品与劳务。

此时，从支出的角度来看，国内生产总值由消费、投资、政府购买（G）组成，即

$$Y = C + I + G \tag{8.16}$$

从收入的角度来看，国内生产总值是所有生产要素获得的收入总和。总收入除了用于消费和投资外，还要向政府纳税。不过居民在纳税的同时，也会得到政府的转移支付，故税收扣除了转移支付才是政府的净收入（T）。这样国民收入就由消费、储蓄、政府净收入组成，即

$$Y = C + S + T \tag{8.17}$$

那么，我们进一步得到

$$C + I + G = C + S + T \tag{8.18}$$

这就是三部门经济中的国民收入核算恒等式。在此式中，产品流量包括政府购买产品与劳务的支出 G，收入流量包括政府的净收入 T，即总税收减去转移支付后的部

分。如果把恒等式两边的 C 消掉，同时把左边的 G 移到右边，则有

$$I=S+(T-G) \tag{8.19}$$

这个恒等式的右边是国民经济中的总储蓄，它包括私人储蓄（S）和政府储蓄（$T-G$）两部分。政府储蓄等于政府净收入与政府购买之间的差额，它既可为正值，也可为负值。当其为正值时，被称为政府预算盈余；当其为负值时，被称为政府预算赤字。由此可见，在三部门经济中，投资与储蓄的恒等关系依然成立。

（三）四部门经济中国民收入构成及储蓄—投资恒等式

最后，我们将对外贸易引入经济体系，考虑四部门经济中的国民收入核算恒等式。由于存在进出口，因此从支出的角度来看，国民收入由消费、投资、政府购买和净出口（$X-M$）四部分组成，即

$$Y=C+I+G+(X-M) \tag{8.20}$$

从收入的角度来看，国民收入由消费、储蓄、政府净收入和外国从本国获得的收入（Kr）组成，即

$$Y=C+S+T+Kr \tag{8.21}$$

这样，四部门经济中的国民收入核算恒等式为

$$C+I+G+(X-M)=C+S+T+Kr \tag{8.22}$$

与三部门经济中的国民收入核算恒等式相比，式（8.22）的产品流量除了包括消费、投资和政府购买外，还包括净出口（$X-M$）。将等式两边的 C 消掉，同时将左边的 G 和（$X-M$）移到右边，可得

$$I=S+(T-G)+(M-X+Kr) \tag{8.23}$$

这就是四部门经济中的储蓄—投资恒等式，等式的右边同样表示国民经济中的总储蓄，它由私人储蓄（S）、政府储蓄（$T-G$）和外国对本国的储蓄（$M-X+Kr$）构成，因为从本国的立场来看，M（进口）代表其他国家出口商品，从而是这些国家获得的收入，X（出口）代表其他国家从本国购买产品和劳务，从而是这些国家需要的支出，Kr 也代表其他国家从本国得到的收入，可见，当 $M+Kr>X$ 时，外国对本国的收入大于支出，于是就有了储蓄；反之，则有了负储蓄。这样，$I=S+(T-G)+(M-X+Kr)$ 就代表四部门经济中总储蓄（私人、政府和外国）和总投资的恒等关系。

上面我们逐一分析了两部门、三部门和四部门经济中国民收入构成的基本公式及储蓄与投资的恒等关系。在分析时，我们把折旧和企业间接税撇掉了，实际上，即使把它们考虑进来，上述国民收入构成的基本公式及储蓄与投资的恒等关系也都成立。如果 Y 代表 GDP，则上述所有等式两边的 I 和 S 分别表示把折旧包括在内的总投资和总储蓄；如果 Y 代表 NDP，则上述所有等式两边的 I 和 S 分别表示不含折旧的净投资和净储蓄。可见，不论 Y 代表哪一种国民收入概念，只要其他变量的意义能和 Y 的概念相一致，储蓄—投资恒等式总是成立的。

同步练习

一、单项选择题

1. 一国的国内生产总值小于国民生产总值，说明该国公民从外国取得的收入（　　）外国公民从该国取得的收入。
   A. 大于　　　　　　　　　　　　B. 小于
   C. 等于　　　　　　　　　　　　D. 可能大于，也可能小于

2. "棉布是中间产品"这一命题（　　）。
   A. 一定是对的　　　　　　　　　B. 一定是不对的
   C. 可能是对的，也可能是不对的　D. 以上说法都对

3. 下列不列入国内生产总值核算的是（　　）。
   A. 出口到国外的一批货物
   B. 政府给贫困家庭发放的一笔救济金
   C. 经纪人为一座旧房屋买卖收取的一笔佣金
   D. 保险公司收到的一笔家庭财产保险费

4. 下列产品应该计入当年国内生产总值的是（　　）。
   A. 当年生产的拖拉机
   B. 去年生产而在今年销售出去的拖拉机
   C. 某人去年购买而在今年转售给他人的拖拉机
   D. 去年生产仍在仓库中的拖拉机

5. 已知某国的资本品存量在年初为 10 000 亿美元，本年度生产了 2 500 亿美元的资本品，资本品折旧为 2 000 亿美元，则该国在本年度的总投资和净投资分别是（　　）。
   A. 2 500 亿美元和 500 亿美元　　B. 12 500 亿美元和 10 500 亿美元
   C. 2 500 亿美元和 2 000 亿美元　D. 7 500 亿美元和 8 000 亿美元

6. 在由家庭、企业、政府和国外部门构成的四部门经济中，GDP 是（　　）的总和。
   A. 消费、总投资、政府购买和净出口　B. 消费、净投资、政府购买和净出口
   C. 消费、总投资、政府购买和总出口　D. 工资、地租、利息、利润和折旧

7. 下列项目中，（　　）不属于政府购买。
   A. 地方政府办三所中学　　　　　B. 政府给低收入者提供一笔住房补贴
   C. 政府订购一批军火　　　　　　D. 政府给公务人员增加薪水

8. 在统计中，社会保险税增加对（　　）有影响。
   A. 国内生产总值（GDP）　　　　B. 国内生产净值（NDP）
   C. 国民收入（NI）　　　　　　　D. 个人收入（PI）

二、判断题

1. 国内生产总值等于各种最终产品和中间产品的价值总和。（　　）
2. 国内生产总值中的最终产品是指有形的物质产品。（　　）
3. 今年建成并出售的房屋的价值和去年建成而在今年出售的房屋的价值都应计入今年的国内生产总值。（　　）
4. 钢厂炼钢用的煤和居民烧火用的煤都应计入国内生产总值。（　　）
5. 同样的服装，在生产中作为工作服穿是中间产品，而在日常生活中穿就是最终产品。（　　）
6. 居民购买住房属于个人消费支出。（　　）
7. 当增值法被用来统计产出商品的价值时，不存在重复记账的问题。（　　）
8. 从理论上讲，按支出法、收入法和部门法所计算出的 GDP 是一致的。（　　）

第二节　总需求分析（一）：简单国民收入决定模型

总需求等于总供给时的国民收入称为均衡的国民收入。由此可见，国民收入是由总需求与总供给共同决定的。在进行总需求分析时，有三个重要假设：第一，潜在的国民收入（经济中实现了充分就业时所能达到的国民收入，又被称为充分就业的国民收入）是不变的；第二，各种资源未得到充分利用，因而总供给可以适应总需求的增加而增加，也就是不考虑总供给对国民收入决定的影响；第三，价格水平是既定的。

在说明总需求对国民收入的决定时，先介绍简单国民收入决定模型。简单国民收入决定模型建立在两个假设之上：一是利息率水平既定，即不考虑利息率的变动对国民收入水平的影响；二是投资水平既定。如上所述，在两部门经济中，总需求由消费、投资两个部分构成。在简单国民收入决定模型中，假设投资不变，仅考虑消费的变动对总需求的影响。这样，我们先分析消费函数及与其相关的储蓄函数，然后再来分析消费是如何影响国民收入的。

一、消费函数和储蓄函数

（一）消费函数

1. 消费函数的含义

消费是人们为满足各种需要而购买商品和劳务的经济活动。影响消费的因素很多，如收入水平、商品价格水平、利息率水平、消费者的偏好、社会制度、收入与价格的预期等，这些因素都直接或间接地影响到消费。

消费函数表示消费支出与决定消费支出的各种因素之间的数量关系。如果假定其他因素不变，只考察收入水平与消费支出之间的依存关系，就可以得到一般意义上的消费函数。如果用 C 表示消费支出，Y 表示收入，则消费函数可以表示为

$$C = f(Y) \qquad (8.24)$$

2. 平均消费倾向与边际消费倾向

为了进一步分析收入变动对消费支出的影响，凯恩斯提出了平均消费倾向和边际消费倾向两个概念。

平均消费倾向（Average Propensity to Consume，APC）是指消费支出在收入中所占的比例，即 $APC = C/Y$。假如 100 元收入中有 80 元用于消费，则平均消费倾向 $APC = 80/100 = 0.8$。

边际消费倾向（Marginal Propensity to Consume，MPC）是指每增加或减少一单位收入所引起的消费支出增加或减少的数量，即 $MPC = \Delta C/\Delta Y$。假如收入由 100 元增加到 120 元，消费由 80 元增加到 92 元，则边际消费倾向 $MPC = \dfrac{92-80}{120-100} = 0.6$。

一般而言，人们在任何情况下都要消费，只不过消费有多有少而已，所以平均消费倾向肯定大于零，即 $APC > 0$。但是，通常人们消费支出的增加数量不会超过收入的增加数量，所以 $0 < MPC < 1$。

在其他条件不变的情况下，随着收入的增加，消费支出的绝对量虽然一直在增加，但增加的速度会越来越慢，即消费支出的增量与收入的增量之比随着收入的增加会逐渐减小，这就是所谓"边际消费倾向递减规律"。

3. 消费函数的形式

凯恩斯认为，消费支出和收入之间存在着一种以经验为依据的稳定关系，即个人的消费随着收入的变化而变化。而且，人们的收入水平越高，消费水平也就越高，但是，消费支出增加的比例小于收入增加的比例。

如果消费支出与收入之间存在线性关系，那么边际消费倾向就是一个常数，此时消费函数可以表示为

$$C = f(Y) = a + bY \qquad (8.25)$$

式（8.25）中，a 和 b 都是大于零的常数；a 为自发消费或基本消费，它代表收入 $Y = 0$ 时的消费支出；b 为边际消费倾向，其经济含义是收入每增加一单位所增加的消费支出；bY 表示随着收入的变化而变化的消费，叫作引致消费。

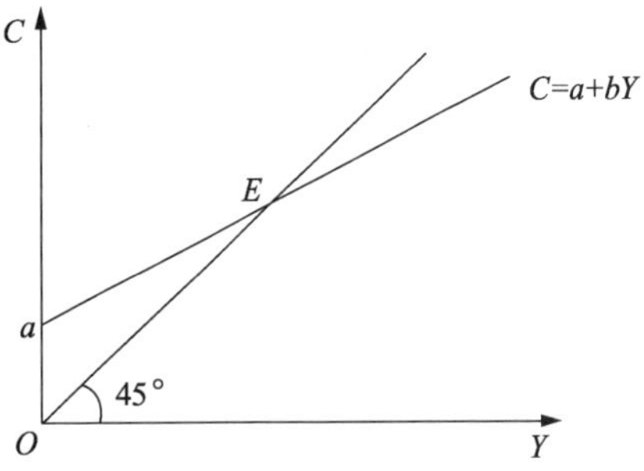

在横轴为收入（Y）、纵轴为消费支出（C）的坐标系中，消费函数 $C = a + bY$ 所对应的消费曲线如图 8-1 所示。假如消费函数为 $C = 50 + 0.6Y$，则该消费函数的经济含义是：人们的基本消费为 50 元，而增加的收入中有 60% 用于消费。

图 8-1　线性的消费曲线

(二) 储蓄函数

1. 储蓄函数的含义

储蓄函数表示储蓄与收入之间的依存关系。在其他条件不变的情况下，储蓄与收入呈同方向变动，即收入增加，储蓄增加；收入减少，储蓄减少。如果以 S 代表储蓄，Y 代表收入，则储蓄函数可以表示为

$$S=f(Y) \tag{8.26}$$

2. 平均储蓄倾向与边际储蓄倾向

要进一步研究储蓄与收入之间的关系，就要引入平均储蓄倾向和边际储蓄倾向两个指标。

平均储蓄倾向（Average Propensity to Save，APS）是指储蓄总量与收入总量的比率，即 $APS=S/Y$。假如 100 元收入中有 80 元用于消费，其余 20 元用于储蓄，则平均储蓄倾向 $APS=20/100=0.2$。

边际储蓄倾向（Marginal Propensity to Save，MPS）是指储蓄增量与收入增量的比率，即 $MPS=\Delta S/\Delta Y$。

边际储蓄倾向与边际消费倾向类似，也随着收入的增加而增加，但不会超过收入的增量，即 $0<MPS<1$；但是，与边际消费倾向不同的是，一般情况下，储蓄的增加速度快于收入的增加速度。这意味着随着收入的增加，边际储蓄是递增的，这是凯恩斯主义的一个重要假设。

3. 储蓄函数的形式

我们可以假设收入等于消费与储蓄之和，则储蓄函数可以从消费函数中推导出来。如果消费函数是线性的，那么储蓄与收入也应呈线性关系。

$$S=f(Y)=Y-C=Y-(a+bY)=-a+(1-b)Y \tag{8.27}$$

式（8.27）中，S 代表实际储蓄，Y 代表实际收入；$-a$ 是自发储蓄，它代表收入 $Y=0$ 时的储蓄量；$1-b$ 是边际储蓄倾向，即每增加一单位收入所增加的储蓄。在横轴为收入（Y）、纵轴为储蓄（S）的坐标系中，储蓄函数 $S=-a+(1-b)Y$ 所对应的储蓄曲线如图 8-2 所示。

由上可知，平均消费倾向与平均储蓄倾向之和等于 1；边际消费倾向与边际储蓄倾向之和也等于 1。

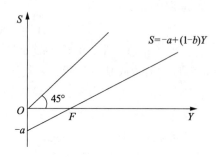

图 8-2 线性的储蓄曲线

二、均衡国民收入的决定

为简单起见，下面仅分析两部门经济中均衡国民收入的决定。在只存在两部门经济条件下，总支出由消费和投资构成，即 $Y=C+I$。从前面的分析可知，两部门经济均衡的条件是 $I=S$。由于 $S=Y-C$，两部门经济均衡的条件可以写成 $I=Y-C$，即 $Y=C+I$。

为了使分析简化，在简单国民收入决定模型中，把投资看作一个外生变量，即投资是一个不随着利息率和国民收入水平的变化而变化的常量。根据这个假定，可设 $I=I_0$（I_0 为一个常量），则均衡国民收入的决定模型为

$$Y = C+I$$
$$C = a+bY$$
$$I = I_0$$

解联立方程组，可得均衡国民收入

$$Y = \frac{a+I_0}{1-b} \tag{8.28}$$

两部门均衡国民收入的决定可以由图 8-3 来说明。在图 8-3 中，横轴表示收入，纵轴表示消费和投资，45°线上任何一点到纵轴和横轴的距离都相等，表明总支出等于总收入。根据消费函数可以得到消费曲线。假定投资是自主投资，则在消费曲线上垂直相加投资，就可以得到总支出曲线 $C+I_0$。总支出曲线与 45°线的交点为 E，表明总支出等于总收入，E 点决定的收入水平 Y_0 就是均衡国民收入。

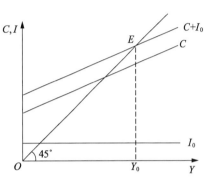

图 8-3　两部门均衡国民收入的决定

可见，只要已知消费函数，就可以求出均衡国民收入。例如，假定消费函数为 $C=50+0.6Y$，自发投资 I_0 为 150 万元，则均衡国民收入为

$$Y = \frac{a+I_0}{1-b} = \frac{50+150}{1-0.6} = 500 \text{（万元）}$$

表 8-3 显示了消费函数为 $C=50+0.6Y$ 及自发投资 I_0 为 150 万元时均衡国民收入的情况。

表 8-3　均衡国民收入的决定　　　　　　　　　　单位：万元

收入（Y）	消费（C）	储蓄（S）	投资（I_0）
100	110	-10	150
200	170	30	150
300	230	70	150
400	290	110	150
500	350	150	150
600	410	190	150
700	470	230	150

表 8-3 中的数据表明，当收入为 500 万元时，消费为 350 万元，投资为 150 万元，因此，$Y=C+I$，说明 500 万元是均衡国民收入。如果收入小于 500 万元，比如收入为

400万元,总支出为440万元,则意味着企业销售出去的产量大于它们生产出来的产量,存货出现意外减少,这时扩大生产是有利可图的,于是企业会增雇工人,增加产量,使收入向均衡收入靠拢;相反,如果收入大于500万元,比如收入为600万元,总支出为560万元,则意味着企业生产出来的产量大于它们的销售量,存货出现意外增加,于是企业会减少生产,使收入仍向500万元靠拢。

延伸阅读

蜜蜂的寓言

18世纪,荷兰的曼德维尔博士在《蜜蜂的寓言》一书中讲述了一个有趣的故事。一群蜜蜂为了追求豪华的生活,大肆挥霍,结果这个蜂群很快兴旺发达起来。而后来,这群蜜蜂改变了习惯,放弃了奢侈的生活,崇尚节俭,结果却导致了整个蜜蜂社会的衰败。

这是关于节俭悖论的一个有趣的故事。众所周知,节俭是一种美德。从理论上讲,节俭是个人积累财富最常用的方式。从微观上分析,某个家庭勤俭持家,减少浪费,增加储蓄,往往可以致富。然而,熟悉西方经济学的人都知道,根据凯恩斯的总需求决定国民收入的理论,节俭对于经济增长并没有什么好处。实际上,这里蕴含着一个矛盾:公众减少消费,增加储蓄,往往会导致社会收入的减少。因为在既定的收入中,消费与储蓄呈反方向变动,即消费增加,储蓄就会减少;消费减少,储蓄就会增加。所以,储蓄与国民收入呈反方向变动,储蓄增加,国民收入就会减少;储蓄减少,国民收入就会增加。根据这种观点,增加消费、减少储蓄会通过增加总需求来引起国民收入增加,就会促进经济繁荣;反之,就会导致经济萧条。由此可以得出一个蕴含逻辑矛盾的推论:节制消费、增加储蓄会增加个人财富,对个人是件好事,但由于会减少国民收入,进而引起经济萧条,对国民经济是件坏事。

三、乘数原理

前面的分析虽然说明了总支出的变动会引起国民收入的变动,但并没有说明这些变动的数量关系。例如,当投资增加100万元时,国民收入增加多少呢?要回答这一问题,就必须借助于乘数理论。

乘数的概念最早是由英国经济学家卡恩提出的,后来由凯恩斯加以发挥。乘数又称倍数,表示支出的自发变化所引起的国民收入变化的倍数,或者说是国民收入变动量与引起这种变动的自发支出变量之间的比率。在西方经济学中,乘数包括投资乘数、政府购买支出乘数、政府转移支付乘数、税收乘数和平衡预算乘数等。凯恩斯重点研究的是投资乘数。

假如一定时期内投资的增加量为 ΔI,由该投资增加量所引起的国民收入增加量为 ΔY,则投资乘数 K 可用公式表示为

$$K = \frac{\Delta Y}{\Delta I} \tag{8.29}$$

假设某社会的消费函数为 $C = 50 + 0.6Y$，投资为 150 万元，当国民经济达到均衡状态时，均衡国民收入为 500 万元。现某公司决定新建一个工厂，从而使投资由原来的 150 万元增加到现在的 250 万元，则投资的增加量为 100 万元，当国民经济达到均衡状态时，国民收入由原来的 500 万元增加到现在的 750 万元，即国民收入的增加量为 250 万元。可见，由该笔投资所引起的国民收入的增加量是投资增加量的 2.5 倍。为什么当投资增加时，国民收入的增加量会是投资增加量的若干倍呢？下面我们来分析一下这个过程。

过程1：当投资增加 100 万元时，增加的这一部分投资用来购买生产资料或劳动力等生产要素。那么，这 100 万元就以工资、利息、租金和利润的形式流入生产要素所有者手中，也就是居民的手中，这样居民的收入就增加了 100 万元，也就是说国民收入增加了 100 万元，记为 $\Delta Y_1 = 100$（万元）。

过程2：由消费函数可知，边际消费倾向为 0.6。居民手中收入增加了 100 万元后，其中的 60（100×0.6）万元要用于消费。此时，这 60 万元也以工资、利息、租金和利润的形式流入拥有消费品的生产者手中，也就是居民的手中，这样居民的收入就又增加了 60 万元，也就是说国民收入增加了 60 万元，记为 $\Delta Y_2 = 60$（万元）。

过程3：同上，这些消费品的生产者会把这 60 万元中的 36（60×0.6）万元用于消费，则国民收入增加了 36 万元，记为 $\Delta Y_3 = 36$（万元）。

这个过程不断地循环下去，最后使国民收入增加了 250 万元。其过程是

$$100 + 100 \times 0.6 + 100 \times 0.6 \times 0.6 + \cdots + 100 \times 0.6^{n-1}$$
$$= 100 \times (1 + 0.6 + 0.6^2 + \cdots + 0.6^{n-1})$$
$$= 250 \text{（万元）}$$

上式表明，当投资增加 100 万元时，国民收入增加了 250 万元，即投资乘数 $K = \Delta Y / \Delta I = 2.5$。上面的例子也说明，投资乘数 = 1/(1-边际消费倾向)，即 $K = 1/(1-MPC)$，由于 $MPS = 1 - MPC$，因此

$$K = \frac{1}{1-MPC} = \frac{1}{MPS} \tag{8.30}$$

可见，乘数的大小与边际消费倾向有关，边际消费倾向越大或边际储蓄倾向越小，乘数就越大。

需要指出的是，乘数发生作用需要一定的条件。也就是说，只有在社会上各种资源没有得到充分利用时，总需求的增加才会使各种资源得到充分利用，从而产生乘数作用；而且，乘数作用的发挥是需要时间的，只有经过一段时间，国民收入的成倍增加才能表现出来。此外，乘数作用是双重的，即当总需求增加时，所引起的国民收入的增加量会大于初始总需求的增加量；当总需求减少时，所引起的国民收入的减少量也会大于初始总需求的减少量。因此，西方经济学家将乘数形象地比喻为一把"双刃剑"。

同步练习

一、单项选择题

1. 在两部门经济中，均衡发生在（　　）时。
   A. 实际储蓄等于实际投资　　　　B. 实际消费加实际投资等于总产出
   C. 计划储蓄等于计划投资　　　　D. 总投资等于企业部门的收入

2. 如果消费函数为 $C=a+bY$，a、$b>0$，则表明平均消费倾向（　　）。
   A. 大于边际消费倾向　　　　　　B. 小于边际消费倾向
   C. 等于边际消费倾向　　　　　　D. 以上三种情况都有可能

3. 假定其他条件不变，厂商投资增加将引起（　　）。
   A. 国民收入增加，但消费水平不变　　B. 国民收入增加，同时消费水平提高
   C. 国民收入增加，但消费水平下降　　D. 国民收入增加，但储蓄水平下降

4. 消费曲线与45°线相交点的产出水平表示（　　）。
   A. 净投资支出大于零时的 GDP 水平　　B. 均衡的 GDP 水平
   C. 消费和投资相等　　　　　　　　　　D. 没有任何意义，除非投资恰好为零

5. 如果边际储蓄倾向为 0.3，投资增加 60 亿元，将导致均衡国民收入增加（　　）。
   A. 20 亿元　　B. 60 亿元　　C. 180 亿元　　D. 200 亿元

二、判断题

1. 消费和储蓄都与收入呈同方向变动，所以收入增加，消费和储蓄都可以增加。（　　）
2. 边际消费倾向与边际储蓄倾向之和等于1。（　　）
3. 自发消费随收入的变动而变动，它取决于收入和边际消费倾向。（　　）

第三节　总需求分析（二）：IS-LM 模型

在简单国民收入决定模型中，只研究了利息率和投资不变的情况下，总需求对均衡国民收入的决定。但实际上，利息率和投资都是变动的，而且其对总需求和国民收入的影响还都较大。在 IS-LM 模型中，就是要分析在利息率和投资变动的情况下，总需求对国民收入的决定，以及利息率与国民收入之间的关系。

IS-LM 模型是说明产品市场与货币市场同时达到均衡时国民收入与利息率决定的模型。在这里，I 表示投资，S 表示储蓄，L 表示货币的需求，M 表示货币的供给。

一、产品市场的均衡：IS 曲线

IS 曲线是描述产品市场达到均衡，即 $I=S$ 时，国民收入与利息率之间存在反方

向变动关系的曲线，如图 8-4 所示。

在图 8-4 中，横轴表示国民收入，纵轴表示利息率。IS 曲线上任何一点都有 $I=S$，即产品市场实现了均衡。IS 曲线向右下方倾斜，表明在产品市场上实现均衡时，利息率与国民收入呈反方向变动，即利息率高，国民收入低；利息率低，国民收入高。

在产品市场上，利息率与国民收入之所以呈反方向变动，是因为利息率与投资呈反方向变动。我们知道，投资的目的是实现利润最大化，投资者一般要用贷款来投资，而贷款必须付出利息。这样，投资规模就取决于利润率与利息率。在利润率既定的条件下，投资规模显然就只取决于利息率了。利息率越低，投资越多；反之，投资越少。由此可见，利息率与投资呈反方向变动。由于投资是总需求的一个重要组成部分，投资增加，总需求增加，从而国民收入就增加；投资减少，总需求减少，从而国民收入就减少。因此，利息率与国民收入呈反方向变动。

总需求的变动会引起 IS 曲线发生平行的移动。如图 8-5 所示，当总需求增加时，IS 曲线向右上方移动，即从 IS_0 移动到 IS_1；当总需求减少时，IS 曲线向左下方移动，即从 IS_0 移动到 IS_2。

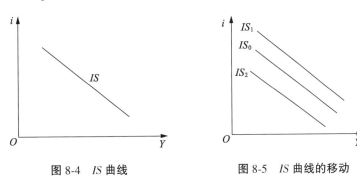

图 8-4　IS 曲线　　　　　　图 8-5　IS 曲线的移动

二、货币市场的均衡：LM 曲线

LM 曲线是描述货币市场达到均衡，即 $L=M$ 时，国民收入与利息率之间存在同方向变动关系的曲线，如图 8-6 所示。

在图 8-6 中，横轴表示国民收入，纵轴表示利息率。LM 曲线向右上方倾斜，表明在货币市场上实现均衡时，利息率与国民收入呈同方向变动，即利息率越高，国民收入就越高；利息率越低，国民收入就越低。

可用凯恩斯主义的货币理论来解释货币市场上利息率与国民收入呈同方向变动的原因，货币需求（L）是由货币的交易需求与谨慎需求（L_1）和货币的投机需求（L_2）构成的。L_1 取决于国民收入，并与国民收入呈同方向变动，记为 $L_1=L_1(Y)$；L_2 取决于利息率，并与利息率呈反方向变动，记为 $L_2=L_2(i)$。货币的供给（M）指的是实际货币供给量，它由中央银行的名义货币供给量与价格水平决定。货币市场均衡的条件是

$$M = L = L_1(Y) + L_2(i) \tag{8.31}$$

从式（8.31）可以看出，当货币的供给既定时，若 L_1 增加，则 L_2 必然减少，而 L_1 的增加又是国民收入增加的结果，L_2 的减少又是利息率上升的结果。因此，在货币市场上达到均衡状态时，国民收入与利息率呈同方向变动。

LM 曲线会随着货币供给量的变动而发生平行移动。如图 8-7 所示，当货币供给量增加时，LM 曲线向右下方移动，即从 LM_0 移动到 LM_1；当货币供给量减少时，LM 曲线向左上方移动，即从 LM_0 移动到 LM_2。

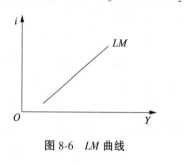

图 8-6　LM 曲线

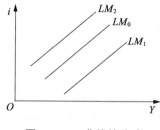

图 8-7　LM 曲线的移动

三、IS-LM 模型

把 IS 曲线与 LM 曲线放在同一张图上，就可以得出产品和货币两个市场同时达到均衡时，国民收入与利息率决定的 IS-LM 模型，如图 8-8 所示。

在图 8-8 中，IS 曲线上的任意一点都表示产品市场的均衡，即 $I = S$；LM 曲线上的任意一点都表示货币市场的均衡，即 $L = M$。IS 曲线与 LM 曲线相交于 E 点，在 E 点上两个市场同时达到均衡，这时决定了利息率为 i_0，均衡国民收入为 Y_0。而且，也只有在利息率为 i_0、国民收入为 Y_0 时，两个市场才能同时达到均衡。

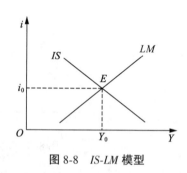

图 8-8　IS-LM 模型

那么，均衡的国民收入和均衡的利息率是否会发生变化呢？答案是：当 IS 曲线移动或 LM 曲线移动或这两条曲线同时移动时，均衡的国民收入或均衡的利息率会发生变化。

在其他条件不变的情况下，IS 曲线因投资、消费、政府购买支出的增加或税收的减少而向右上方移动时，均衡的国民收入和均衡的利息率都会上升；IS 曲线因投资、消费、政府购买支出的减少或税收的增加而向左下方移动时，均衡的国民收入和均衡的利息率都会下降。

在其他条件不变的情况下，LM 曲线因货币的供给增加，或货币的投机性需求增加或货币的交易性需求减少而向右下方移动时，均衡的国民收入增加，均衡的利息率下降；反之，当 LM 曲线向左上方移动时，均衡的国民收入减少，均衡的利息率上升。

如果 IS 曲线和 LM 曲线同时移动，则视 IS 曲线和 LM 曲线的具体移动方向和幅度而定。同时移动的情况包括以下四种类型：① 若 IS 曲线向右上方移动，LM 曲线向右下方移动，则均衡的国民收入增加，而利息率的变动主要取决于 IS 曲线与 LM 曲线两者的变动幅度，均衡的利息率可能上升，也可能不变或下降；② 若 IS 曲线向左下方移动，LM 曲线向右下方移动，则均衡的利息率下降，而均衡的国民收入可能增加，也可能减少或不变，具体情况取决于这两条曲线移动的幅度；③ 若 IS 曲线向右上方移动，LM 曲线向左上方移动，则均衡的利息率一定上升，而均衡的国民收入可能增加，也可能减少或不变；④ 若 IS 曲线向左下方移动，LM 曲线向左上方移动，则均衡的国民收入一定减少，而均衡的利息率可能上升，也可能下降或不变。

此外，IS-LM 模型能够直观地反映政府干预经济采取的是何种政策。政府干预经济的宏观经济政策主要指财政政策和货币政策。财政政策是政府通过财政支出与税收政策的变动来影响和调节总需求；货币政策是中央银行为影响经济而采取的控制货币供给和调控利息率的各项措施。财政政策可分为扩张性的财政政策和紧缩性的财政政策，扩张性的财政政策会使总需求增加，紧缩性的财政政策会使总需求减少。货币政策也可分为扩张性的货币政策和紧缩性的货币政策，扩张性的货币政策会使货币供给量增加，紧缩性的货币政策会使货币供给量减少。当采取扩张性的财政政策时，IS 曲线会向右上方移动，当采取紧缩性的财政政策时，IS 曲线会向左下方移动；当采取扩张性的货币政策时，LM 曲线会向右下方移动，当采取紧缩性的货币政策时，LM 曲线会向左上方移动。

同步练习

一、单项选择题

1. 导致 IS 曲线向右上方移动的因素有（　　）。

   A. 投资需求增加　　　　　　　　B. 投资需求减少
   C. 储蓄意愿增强　　　　　　　　D. 消费意愿减弱

2. 导致 LM 曲线向右下方移动的因素有（　　）。

   A. 投机性货币需求增加　　　　　B. 交易性货币需求增加
   C. 货币供给量减少　　　　　　　D. 货币供给量增加

3. 在 IS 曲线不变的情况下，货币量（M）减少会引起（　　）。

   A. Y 增加，i 下降　　　　　　B. Y 增加，i 上升
   C. Y 减少，i 下降　　　　　　D. Y 减少，i 上升

4. 在 LM 曲线不变的情况下，自发总需求增加会引起（　　）。

   A. 收入增加，利息率上升　　　　B. 收入增加，利息率不变
   C. 收入增加，利息率下降　　　　D. 收入不变，利息率上升

二、判断题

1. 自发消费增加，投资曲线上移，IS 曲线左移。　　　　　　　　　　（　　）
2. 利息率高，人们就减少对货币的需求；利息率低，人们就增加对货币的需求。因此，货币的需求与利息率有直接关系，与国民收入有间接关系。　　　　　（　　）

第四节　总需求和总供给分析：AD-AS 模型

在前面的总需求分析中，均假设总供给可以适应总需求的增加而增加，并且价格水平始终不变，并未分析总供给对国民收入决定的影响及价格水平的决定。然而，在现实经济中，总供给总是有限的，价格水平也是变动的。为此，在本节中我们将总需求分析与总供给分析结合起来，以说明总需求和总供给的变动如何决定国民收入与价格水平这一问题。

一、总需求曲线

总需求曲线（简称 AD 曲线）是表明产品市场与货币市场同时达到均衡时总需求与价格水平之间关系的曲线，如图 8-9 所示。

在图 8-9 中，横轴代表国民收入（Y），纵轴代表价格水平（P）。总需求曲线 AD_0、AD_1、AD_2 均为向右下方倾斜的曲线，说明总需求与价格水平呈反方向变动，即价格水平上升，总需求减少；价格水平下降，总需求增加。同时，AD_0、AD_1、AD_2 这三条曲线分别代表不同的总需求水平。

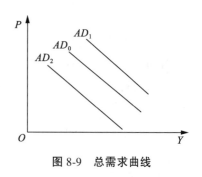

图 8-9　总需求曲线

总需求与价格水平呈反方向变动的原因可用前面的 IS-LM 模型予以解释。在 IS-LM 模型中，货币供给量指的是实际货币供给量，其大小取决于名义货币供给量与价格水平两个方面。当名义货币供给量不变时，实际货币供给量与价格水平呈反方向变动，即价格水平上升，实际货币供给量减少；价格水平下降，实际货币供给量增加。因此，在货币需求不变的情况下，实际货币供给量的减少会引起利息率的上升，进而引起投资减少，总需求减少；反之，实际货币供给量的增加会引起利息率的下降，进而引起投资增加，总需求增加。

总需求曲线的移动是由总需求的变动引起的。当价格水平既定时，总需求会由于某种原因（如消费、投资或政府购买支出等的增加）而增加，这时总需求曲线向右上方移动（如从 AD_0 移动到 AD_1）；同样，总需求也会由于某种原因（如消费、投资或政府购买支出等的减少）而减少，这时总需求曲线向左下方移动（如从 AD_0 移动到 AD_2）。

二、总供给曲线

总供给曲线（简称 AS 曲线）是表明产品市场与货币市场同时达到均衡时总供给与价格水平之间关系的曲线。它反映的是在每一既定的价格水平下，所有厂商愿意提供的产品与劳务的总和。由于总供给取决于资源的利用状况，因此在不同的资源利用状况下，总供给与价格水平之间的关系，即总供给曲线是不同的。图 8-10 说明了总供给曲线的三种不同情况。

（1）总供给曲线表现为一条与横轴平行的线，即图 8-10 中的 ab 段。它表明了在资源尚未得到充分利用的条件下，可以在不提高价格的情况下增加总供给。由于这种情况是由凯恩斯提出的，因此该曲线被称为"凯恩斯主义总供给曲线"。

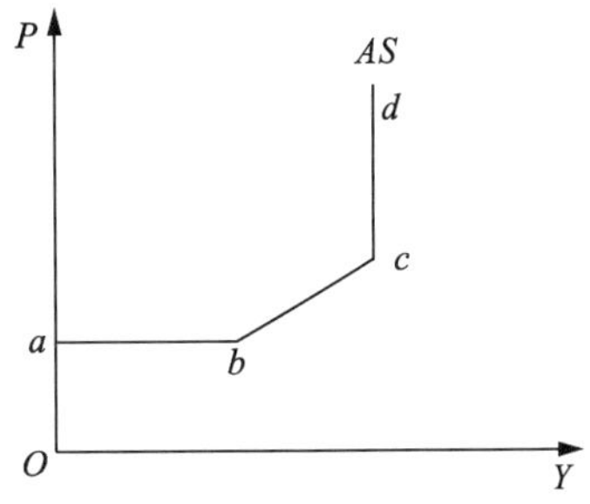

图 8-10 总供给曲线的三种基本形式

（2）总供给曲线表现为一条向右上方倾斜的线，即图 8-10 中的 bc 段。它表明了在资源接近充分利用的条件下，产量的增加会使生产要素的价格上涨，从而使生产成本增加，进而推动整个价格水平的上升，亦即表明了总供给与价格水平呈同方向变动，但这是短期内存在的情况，所以该曲线被称为"短期总供给曲线"。

（3）总供给曲线表现为一条垂线，即图 8-10 中的 cd 段。它表明了在资源已得到充分利用的条件下，无论价格水平如何上升，总供给也不会增加。由于在长期内经济总是会实现充分就业的，因此该曲线便被看作"长期总供给曲线"。

上述三种情况的总供给曲线中，除了第二种短期总供给曲线会因技术进步等而发生向左上方或右下方的平行移动外，其他两种情况的总供给曲线在资源既定即潜在的国民收入水平既定的条件下，均不会发生上下或左右的平行移动。

三、总需求—总供给模型

总需求—总供给模型（简称 AD-AS 模型）是将总需求曲线和总供给曲线结合在一起来说明均衡国民收入与均衡价格水平是如何决定的模型。可以用图 8-11 来说明 AD-AS 模型。

在图 8-11 中，总需求曲线 AD 与总供给曲线 AS 相交于 E 点，此时总需求等于总供给，国民经济处于均衡状态，E 点对应的 Y_0 即为均衡国民收入，均衡的价格水平为 P_0。

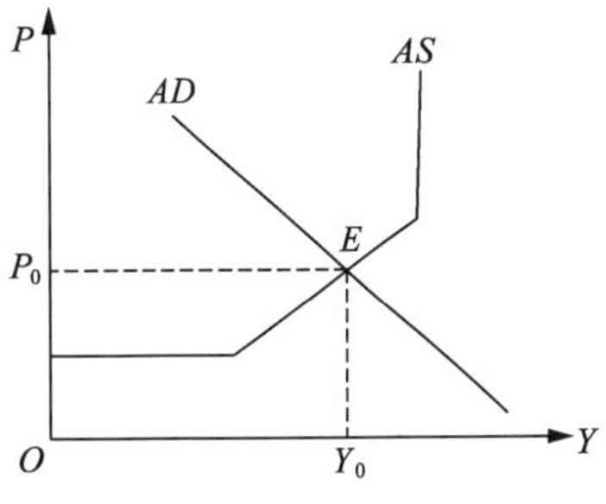

图 8-11 AD-AS 模型

但事实上，一方面总需求会发生变动，另一方面总供给在短期内也会发生变动。下面分别予以说明。

（一）总需求变动对国民收入与价格水平的影响

在 AD-AS 模型中，尽管我们首先要分析的是总需求变动对国民收入与价格水平的影响，但也必须与总供给曲线的三种不同情况结合起来考虑。

1. 凯恩斯主义总供给曲线与总需求变动

凯恩斯主义总供给曲线的前提是在实现充分就业之前，价格水平并不变动。因此，在凯恩斯主义总供给曲线时，总需求的增加会使国民收入增加，但价格水平不变；总需求的减少会使国民收入减少，但价格水平也不变。如图 8-12 所示，总需求的变动会引起国民收入的同方向变动，而不会引起价格水平的变动。

在图 8-12 中，AS 为凯恩斯主义总供给曲线，它与 AD_0 相交于 E_0 点，决定了国民收入为 Y_0，价格水平为 P_0。当总需求增加时，总需求曲线由 AD_0 移至 AD_1，并与 AS 相交于 E_1 点，决定了国民收入为 Y_1，价格水平仍为 P_0。与此相反，当总需求减少时，总需求曲线由 AD_0 移至 AD_2，并与 AS 相交于 E_2 点，决定了国民收入为 Y_2，价格水平仍为 P_0。

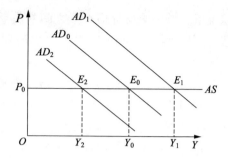

图 8-12　凯恩斯主义总供给曲线与总需求变动

2. 短期总供给曲线与总需求变动

在短期总供给曲线时，总需求的增加会使国民收入增加，价格水平也上升；总需求的减少会使国民收入减少，价格水平也下降。如图 8-13 所示，总需求的变动引起国民收入与价格水平的同方向变动。

在图 8-13 中，AS 为短期总供给曲线，它与 AD_0 相交于 E_0 点，决定了国民收入为 Y_0，价格水平为 P_0。当总需求增加时，总需求曲线由 AD_0 移至 AD_1，并与 AS 相交于 E_1 点，决定了国民收入为 Y_1，价格水平为 P_1。当总需求减少时，总需求曲线由 AD_0 移至 AD_2，并与 AS 相交于 E_2 点，决定了国民收入为 Y_2，价格水平为 P_2。

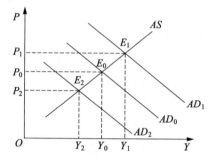

图 8-13　短期总供给曲线与总需求变动

3. 长期总供给曲线与总需求变动

在长期总供给曲线时，由于资源已得到充分利用，所以总需求的增加只会使价格水平上升，而国民收入不会变动；同样，总需求的减少也只会使价格水平下降，而国民收入不会变动。如图 8-14 所示，总需求的变动会引起价格水平的同方向变动，而不会引起国民收入的变动。

在图 8-14 中，AS 为长期总供给曲线，它与 AD_0 相交于 E_0 点，决定了充分就业的国民收入为 Y_f，价格水平为 P_0。当总需求增加时，总需求曲线由 AD_0 移至 AD_1，并与 AS 相交于 E_1 点，决定了国民收入仍为 Y_f，价格水平为 P_1。当总需求减少时，总需求曲线由 AD_0 移至 AD_2，并与 AS 相交于 E_2 点，决定了国民收入仍为 Y_f，价格水平为 P_2。

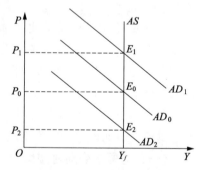

图 8-14　长期总供给曲线与总需求变动

（二）短期总供给变动对国民收入与价格水平的影响

短期总供给是会变动的，这种变动同样会影响国民收入与价格水平。在总需求不变时，短期总供给的增加，会使国民收入增加，价格水平下降；而短期总供给的减少，会使国民收入减少，价格水平上升。如图 8-15 所示，短期总供给的变动会引起国民收入的同方向变动，价格水平的反方向变动。

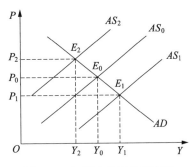

图 8-15　短期总供给曲线变动

在图 8-15 中，最初的总供给曲线为 AS_0，它与总需求曲线 AD 相交于 E_0 点，决定了国民收入为 Y_0，价格水平为 P_0。当总供给增加时，总供给曲线由 AS_0 移至 AS_1，并与 AD 相交于 E_1 点，决定了国民收入为 Y_1，价格水平下降至 P_1。当总供给减少时，总供给曲线由 AS_0 移至 AS_2，并与 AD 相交于 E_2 点，决定了国民收入为 Y_2，价格水平上升至 P_2。

AD-AS 模型从总需求与总供给的角度分析均衡国民收入与一般价格水平的决定，是分析宏观经济问题的有用工具。

同步练习

一、单项选择题

1. 总需求曲线向右下方倾斜是由于（　　）。
   A. 价格水平上升时，投资会减少　　B. 价格水平上升时，消费会减少
   C. 价格水平上升时，净出口会减少　　D. 以上几个因素都是
2. 短期总供给曲线向右上方倾斜，该曲线变为一条垂线的条件是（　　）。
   A. 每个企业都生产其能力产量　　B. 每个企业的产量达到其物质限制
   C. 经济实现了充分就业　　D. 与总需求曲线相交

二、判断题

1. 在考察短期总供给曲线时，总需求变动会引起国民收入与价格水平的同方向变动。（　　）
2. 在总需求不变时，短期总供给的增加会使国民收入增加，价格水平下降。（　　）
3. 总需求持续低迷可能会引起经济衰退。（　　）

本章小结

国内生产总值是指经济社会（一个国家或地区）在一定时期内运用生产要素所生产的全部最终产品和劳务的市场价值。国内生产总值的核算方法有三种，即支出法、收入法和生产法。国内生产总值可分为名义国内生产总值和实际国内生产总值。

除了国内生产总值外，国民收入核算体系中还涉及国内生产净值、国民收入、个人收入和个人可支配收入等几个重要的经济总量。

在了解国民收入核算的重要指标和核算方法的基础上，就可以得到国民收入构成的基本公式，并进一步推导出储蓄—投资恒等式。

总需求与总供给相等时的国民收入是均衡的国民收入。当不考虑总供给这一因素时，均衡的国民收入是由总需求决定的。简单国民收入决定模型分析了在利息率和投资不变的情况下，总需求的变动会引起均衡国民收入的同方向变动。乘数是指总需求增加引起国民收入增加的倍数。乘数的大小取决于边际消费倾向，边际消费倾向越大，乘数就越大，从而使总需求和国民收入增加得越多。乘数发生作用是有条件的，只有在社会资源没有得到充分利用的情况下，总需求的增加才会产生乘数效应。乘数是一把"双刃剑"。

IS-LM 模型分析的是在利息率和投资变动的情况下，总需求对国民收入的决定，以及利息率与国民收入之间的关系。IS 曲线是描述产品市场达到均衡时，国民收入与利息率之间存在反方向变动关系的曲线。LM 曲线是描述货币市场达到均衡时，国民收入与利息率之间存在同方向变动关系的曲线。

AD-AS 模型从总需求与总供给的角度分析均衡国民收入与一般价格水平的决定，是分析宏观经济问题的有用工具。在 AD-AS 模型中，当总需求曲线与短期总供给曲线相交时，就决定了均衡的国民收入与均衡的价格水平。总需求曲线表示价格水平与总需求量之间的关系。总供给曲线表示价格水平与总供给量之间的关系。总供给曲线有水平段（凯恩斯主义总供给曲线）、倾斜段（短期总供给曲线）和垂直段（长期总供给曲线）。

复习与思考

一、问答题

1. 什么是国内生产总值？理解时应注意哪几个方面？
2. 国民收入中的基本总量有几个？它们之间的关系如何？
3. 简要说明 GNP 与 GDP 的关系。
4. 为什么要区分名义 GDP 和实际 GDP。
5. 消费函数和储蓄函数有什么关系？
6. 简述 IS-LM 模型的内容和意义。
7. 什么是总供给曲线？它有哪三种不同的情况？
8. 在不同的总供给曲线下，总需求变动对国民收入与价格水平有何不同的影响？
9. 在总需求不变时，短期总供给的变动对国民收入与价格水平有何影响？

二、计算题

1. 现有资料如表 8-4 所示。

表 8-4　面包价值增值的计算　　　　　　　　　单位：元

生产阶段	产品价值	中间产品成本	增值
小麦	100	—	
面粉	120		
面包			30
合计			

（1）理解中间产品和最终产品的内涵，并完成表 8-4 中空缺部分的填写。
（2）最终产品面包的价值是多少？
（3）如不区分中间产品和最终产品，按各个阶段的产值计算，总产值为多少？
（4）各个生产阶段的增值和是多少？
（5）重复计算即中间产品的成本是多少？

2. 请根据表 8-5 提供的数据回答以下问题。

表 8-5　一国经济资料　　　　　　　　　单位：亿元

分类名称	金额
耐用消费品	497
非耐用消费品	1 301
服务消费	2 342
企业固定资产净投资	566
住房净投资	224
存货投资	7
联邦政府购买	449
州和地方政府购买	683
出口	640
进口	670
超出 GDP 的 GNP	7
折旧	658
企业间接税	551
公司利润（包括支付现款后的应付工资）	387
社会保险费	556
净利息	442
股息（包括企业转移支付）	162
政府对个人的转移支付	837
个人利息收入	694
个人税收和非税收支付	645

（1）根据 GDP 核算的支出法，求出消费、投资、政府购买及净出口各项数据，

并计算该国的 GDP。

(2) 根据表 8-5 计算消费、投资和政府购买占 GDP 的比重。

3. 一经济社会生产三种产品：书本、面包和菜豆。它们在 2021 年和 2022 年的产量和价格如表 8-6 所示。

表 8-6　书本、面包和菜豆在 2021 年和 2022 年的产量和价格

产品	2021 年产量	2021 年价格/美元	2022 年产量	2022 年价格/美元
书本/本	100	10	110	10
面包/条	200	1	200	1.5
菜豆/千克	500	0.5	450	1

试求：(1) 2021 年和 2022 年的名义国内生产总值各为多少？

(2) 如果将 2021 年作为基年，则 2022 年的实际国内生产总值为多少？

(3) 2021—2022 年国内生产总值价格指数为多少？2022 年价格比 2021 年价格上升了多少？

4. 根据下列统计资料，计算 GDP、NDP、NI、PI 及 DPI。

(1) 净投资 125　　　　　　　　(5) 政府转移支付 120

(2) 净出口 15　　　　　　　　　(6) 企业间接税 75

(3) 储蓄 25　　　　　　　　　　(7) 政府购买 200

(4) 资本折旧 50　　　　　　　　(8) 社会保险费 130

(9) 个人消费支出 500　　　　　 (11) 公司所得税 50

(10) 公司未分配利润 100　　　　(12) 个人所得税 80

5. 一经济社会原始收入为 1 000 亿元，消费为 800 亿元，当收入增至 1 200 亿元时，消费增至 900 亿元，计算：

(1) APC、APS、MPC、MPS。

(2) 当自发总需求增加 50 亿元时，国民收入会增加多少？

6. 假设某经济社会的消费函数为 $C=100+0.8Y$，投资为 50 亿元。

(1) 求均衡收入、消费和储蓄。

(2) 若投资增至 100 亿元，求增加的收入。

(3) 若消费函数变为 $C=100+0.9Y$，投资仍为 50 亿元，收入和储蓄各为多少？当投资增至 100 亿元时，收入增加多少？

(4) 消费函数变化后，乘数如何变化？

三、案例分析题

储蓄与收入呈反方向变动对吗？

众所周知，在既定的收入下，个人和家庭的消费与储蓄呈反方向变动，即消费增加，储蓄就会减少；消费减少，储蓄就会增加。储蓄与个人或家庭的收入呈同方向变动，节制消费、增加储蓄就会增加个人或家庭的财富，因此节约对于个人和家庭来说是好事。

但在宏观经济中，储蓄与国民收入呈反方向变动，储蓄增加，国民收入就会减少；储蓄减少，国民收入就会增加。这是因为增加消费、减少储蓄会通过增加总需求来引起国民收入增加，进而带来经济繁荣。这样，从宏观经济的角度来看，个人和家庭的节俭将不利于国民收入的增加。

讨论：为什么微观和宏观视角下的节俭会产生完全相反的效果呢？

第九章 失业与通货膨胀

> **学习目标**
>
> 1. 掌握失业与充分就业的含义；
> 2. 了解失业的类型及影响；
> 3. 了解通货膨胀的含义、衡量指标及类型；
> 4. 理解通货膨胀产生的原因；
> 5. 了解通货膨胀对经济的影响；
> 6. 理解菲利普斯曲线的含义。

案例导入

美国的通货膨胀与失业

美国在20世纪60年代的情况表明，短期中决策者可以以较高的通货膨胀率为代价来减少失业。1964年的减税与扩张性货币政策共同扩大了总需求，并使失业率降到5%以下，这种总需求的扩大主要作为美国政府越南战争支出的副产品一直持续到60年代后期。失业的减少和通货膨胀率的上升都高于决策者所预想的。

20世纪70年代是经济混乱的时期。这10年是从决策者力图降低60年代遗留下来的通货膨胀开始的。尼克松总统实行了对工资和物价的暂时控制，而美联储通过紧缩性货币政策引起了衰退，但通货膨胀率只有很少的下降。工资与物价控制取消之后，控制的影响也结束了，而衰退又如此之小，以至于不能抵销在此之前繁荣的膨胀性影响。到1972年，失业率与10年前相同，而通货膨胀率高出了3个百分点。

在1973年年初，决策者不得不应付石油输出国组织（欧佩克）所引起的大规模供给冲击。欧佩克70年代中期第一次提高油价，使通货膨胀率上升到10%左右。这种不利的供给冲击与暂时的紧缩性货币政策是引起1975年衰退的因素。衰退期间的高失业降低了一些通货膨胀，但欧佩克进一步提高油价又使70年代后期的通货膨胀率上升。

20世纪80年代是从高失业和高通货膨胀预期开始的。在保罗·沃尔克主席的领导下，美联储坚定地推行旨在降低通货膨胀率的政策。在 1982 年和 1983 年，失业率曾达到 40 年来的最高水平。高失业，辅之以 1986 年石油价格下降，使通货膨胀率从 10%左右下降到 3%左右。到 1987 年，6% 的失业率已接近自然失业率的最大估算。但是，80 年代期间失业率一直下降，1989 年降到 5.2%，并又开始了新一轮需求拉动的通货膨胀。

与以前的 30 年相比，20 世纪 90 年代是比较平静的。这 10 年开始于几次紧缩性总需求冲击所引起的衰退。1992 年失业率上升到 7.3%。通货膨胀率虽然下降了，但下降得很少。与 1982 年的衰退不同，1990 年衰退时的失业率从未大大超过自然失业率，因此对通货膨胀的影响不大。

随着 20 世纪 90 年代接近结束，通货膨胀与失业都达到许多年来的低水平。一些经济学家解释这种令人满意的发展时认为，"婴儿潮"一代人成长起来，降低了经济的自然失业率。如果是这样的话，不引起通货膨胀率上升的失业率可能仍然低于 5%。另一些经济学家认为，暂时因素（如由亚洲金融危机引起的美元坚挺）的变动压低了通货膨胀，而且新一轮需求拉动的通货膨胀很快会来临。

因此，最近的宏观经济历史展现出通货膨胀的许多原因。20 世纪 60 年代和 80 年代的情况说明需求拉动通货膨胀的两个方面：60 年代的低失业提高了通货膨胀率，而在 80 年代高失业降低了通货膨胀率。70 年代的情况说明成本推动的通货膨胀效应。

（资料来源：曼昆. 宏观经济学 [M]. 10 版. 卢远瞩，译. 北京：中国人民大学出版社，2020：315-316. 有改动）

案例思考：请从以上数据出发，评价美国的通货膨胀与失业情况，并说明二者之间的关系。

失业与通货膨胀理论是当代宏观经济学的重要组成部分，也是当前社会最关注的社会经济热点之一。本章主要讨论失业与通货膨胀的一般理论，分析失业与通货膨胀产生的原因，进而为政府的宏观经济政策提供理论依据。

第一节 失 业

一、失业的定义与衡量

（一）失业的定义

在法定劳动年龄内，有劳动能力的劳动者在面对现行工资水平条件下，想要工作但没有找到工作，并正在寻找工作的现象，称为失业。

对失业概念的理解，我们要注意以下几点：

第一，各国对法定劳动年龄的界定。许多国家把适合劳动的年龄界定为 14—65 周岁，如我国规定男性 16—60 周岁、女性 16—55 周岁为劳动年龄人口。对应来说，

16 周岁以下和 60 周岁以上的为非劳动年龄人口。

第二，只有具有劳动能力并有就业欲望的人口才能称为劳动力。劳动力是在劳动年龄范围内，有劳动能力并愿意就业的人，其中包括就业者和失业者。劳动者中不愿意就业的人为非劳动力。非劳动力包括：① 在校学生；② 家务劳动者；③ 因病退职人员，以及丧失劳动能力、服刑等不能工作的人员；④ 不愿工作的人员。

它们之间的关系可用公式表示为：劳动力人口＝劳动年龄人口－非劳动力人口（这类人口也在劳动年龄范围内）；失业人口＝劳动力人口－就业人口。

第三，劳动力在现行工资水平下没有找到工作，正在寻找工作是构成失业的重要条件。

（二）失业的衡量

衡量一个经济社会中失业状况最基本的指标是失业率。失业率是失业人口占劳动力人口的百分比。如果用 N 表示就业人口，U 表示失业人口，L 表示劳动力人口，n 表示就业率，u 表示失业率，那么有

$$n = \frac{N}{L} \times 100\%, \quad u = \frac{U}{L} \times 100\% \tag{9.1}$$

这样，失业率 u 可以通过就业率 n 得到，因为 $u = 1 - n$。同样，知道了失业率 u，也可以得到就业率 n。因此，研究失业问题，实际上也是研究就业问题。减少失业，就是扩大就业。失业率的估算对于了解一国宏观经济状况、制定经济政策都是十分重要的。

例如，一个国家总人口为 2 亿人，16 岁以下人口为 1 500 万人，60 岁以上人口为 500 万人。该国劳动年龄人口为 1.8 亿人。在这 1.8 亿人中，全日制学校学生 800 万人，无劳动能力者 100 万人，不愿意参加工作者 100 万人，则劳动力人口为 1.7 亿人。假设劳动力人口中就业人口为 1.5 亿人，失业人口为 0.2 亿人，则失业率为

$$u = \frac{U}{L} \times 100\% = 0.2/1.7 \times 100\% \approx 12\%$$

二、失业的类型

根据失业的原因，可以把失业主要分为以下三种类型。

（一）摩擦性失业

摩擦性失业是指经济中由正常的劳动力流动引起的失业。在动态的经济中，总有一部分人或自愿或被迫地离开原来的地区或职业，从离开旧工作到找到新工作总有一段时间间隔，这一时期中的人就处于失业状态。在任何情况下，总会存在一定的摩擦性失业。即使劳动力供求在职业、技能、产业、地区分布等方面完全均衡，仍会存在摩擦性失业。

摩擦性失业量的大小取决于劳动力流动性的大小和寻找工作所需要的时间。劳动力流动量越大、流动越频繁，寻找工作所需要的时间越长，摩擦性失业量就越大。劳动力流动性的大小在很大程度上是由制度性因素、社会文化因素和劳动力的构成决定

的。寻找工作的过程是付出时间、精力甚至货币及机会成本的过程。

（二）结构性失业

由于经济结构的迅速变化，劳动力的供给结构不适应劳动力需求结构的变动，从而产生结构性失业。在这种情况下，往往"失业与空位"并存，劳动力很难找到与自己的技能、职业、居住地区相符合的工作。例如，在有些西方国家，随着经济和科学技术的发展、世界贸易格局的变化，汽车工业走向衰落，对汽车工人的需求减少，从而引起了汽车工人的失业。与此同时，某些新兴工业所需要的具有特殊技能的劳动力却供不应求，产生了许多职位空缺。同样，在某些走向衰落的工业区存在大量失业者的同时，某些新兴工业区却可能出现劳动力供不应求、许多职位空缺的情况。

结构性失业与摩擦性失业的区别是：在摩擦性失业的情况下，虽然"失业与空位"并存，但劳动力的供给结构与需求结构是一致的，每个寻找工作的人一般都有一个适合他的空缺职位，只是寻找者暂时尚未找到这个空缺职位；而在结构性失业的情况下，一方面寻找工作的人找不到与自身技能、职业、居住地区相吻合的工作，另一方面劳动力需求者找不到符合岗位技能要求的工人。另外，摩擦性失业者的失业时间一般较短，而结构性失业持续时间较长。

（三）周期性失业

周期性失业是指由经济周期性波动导致的失业。周期性失业又叫需求不足的失业，也就是社会总需求不足所引起的失业。经济发展具有周期性，在经济繁荣的时期，社会总需求会上升，在经济萧条的时期，社会总需求就会不足。所以，这种失业常与经济周期同步，在经济繁荣的时期下降，在经济萧条的时期上升，从而呈现周期性。政府为稳定经济而进行需求管理的目标就是减少周期性失业，实现充分就业。

除了上述三种失业类型外，在宏观经济学中还有一种关于失业的分类，即所谓自愿失业和非自愿失业。前者是指劳动力不愿接受现行工作条件和工资水平而形成的失业；后者是指劳动力愿意接受现行工作条件和工资水平但仍找不到工作的失业。

三、充分就业与自然失业率

如果没有周期性失业，或者说当所有的失业都是摩擦性失业和结构性失业时，就实现了充分就业。一个社会的充分就业并不是指人人都有工作，在实现充分就业的情况下，失业依然存在，此时的失业率叫作自然失业率。也就是说，实现充分就业时的失业率称为自然失业率。自然失业率的高低取决于劳动市场结构、信息完备程度、劳动力转移成本等多种因素，而与市场经济运行本身无关。也就是说，无论经济如何波动，自然失业现象都会存在。

四、失业的成本

失业对于个人来说，既要蒙受损失收入之苦，又会受到有关社会问题的困扰；对于国家来说，通常会导致总产量降低到潜在产量以下，从而损失宏观产量。所以，失业是有成本的，包括个人成本、宏观经济成本和社会成本。下面仅从个人成本和宏观经济成本来说明。

（一）失业的个人成本

失业对于个人来说，影响是深重的，甚至是灾难性的。第一，失业与贫困相对应。失业意味着收入的中断，因为工资收入仍然是大部分劳动者维持生计的主要收入来源，劳动者一旦失去工作，其物质生活水平必然下降。第二，带来难以用货币衡量的社会负效应。失业除了会引起贫困外，还会影响失业者及其家人的情绪。因为长期失业者必然承受着来自家庭和社会的巨大压力，自尊心的挫伤，造成心理上的严重失衡，彷徨、无助等沮丧情绪增加，家庭矛盾增多、犯罪率上升、离婚率提高等不良社会效应相继出现。第三，失业对个人的影响依不同年龄段而有所不同。年轻人长期失业，降低了他们今后就业的竞争力，久而久之，孤独与苦闷会使其人格与社会格格不入，愈加难以就业；对于中老年人来说，失业的打击是沉重的，因为一旦失业，就意味着潜在的永久性失业，很多企业在用工上存在年龄歧视。第四，失业影响健康和寿命。有数据显示，失业使相当一部分人的健康状况下降。心理学家指出，失业造成的心理创伤不亚于亲人的离世。

（二）失业的宏观经济成本

劳动力或人力资源具有不可保留性，会随着时间的推移而逐渐丧失。劳动力不能投入生产过程中，就不能创造价值，就会影响经济的增长和社会的发展。因此，从经济学的角度来看，失业意味着劳动力资源的闲置浪费、宏观 GDP 的减少。从产出核算的角度来看，失业者的收入总损失等于生产的损失，因此损失的产量是计量周期性失业损失的主要尺度。1968 年，美国经济学家阿瑟·奥肯根据美国的数据，提出了经济周期中失业变动与产出变动的关系，即奥肯定律。

奥肯定律的内容是：失业率每高于自然失业率 1 个百分点，实际 GDP 增长率将低于潜在 GDP 增长率 2 个百分点。反过来，实际 GDP 增长率比潜在 GDP 增长率高出 2 个百分点，失业率下降 1 个百分点。用公式表示为

$$\text{失业率变动} = -\frac{1}{2} \times (\text{实际 GDP 增长率} - \text{潜在 GDP 增长率}) \qquad (9.2)$$

西方学者认为，奥肯定律揭示了产品市场与劳动市场之间极为重要的关系，描述了实际 GDP 的短期变动与失业率变动的联系。根据这个定律，可以通过失业率的变动推测或估计 GDP 的变动，也可以通过 GDP 的变动预测失业率的变动。例如，实际失业率为 8%，高于 6% 的自然失业率 2 个百分点，则实际 GDP 就将比潜在 GDP 低 4% 左右。

同步练习

一、单项选择题

1. 失业率的计算是用（　　）。

A. 失业工人的数量除以工人的数量

B. 劳动力总量除以失业工人的数量

C. 失业工人的数量除以劳动力的总量

D. 就业工人的数量除以失业工人的数量

2. 自然失业率（　　）。

A. 恒为零

B. 是历史上最低限度水平的失业率

C. 恒定不变

D. 是经济处于潜在产出水平时的失业率

3. 因经济萧条而形成的失业，属于（　　）。

A. 永久性失业　　　B. 摩擦性失业　　　C. 周期性失业　　　D. 结构性失业

4. 某人因钢铁行业不景气而失去工作，属于（　　）。

A. 摩擦性失业　　　B. 结构性失业　　　C. 周期性失业　　　D. 永久性失业

二、判断题

1. 失业率是指失业人口与全部人口之比。（　　）

2. 无论什么人只要没有找到工作就属于失业。（　　）

3. 只要存在失业劳动者，就不可能有工作空位。（　　）

第二节　通货膨胀

一、通货膨胀的定义与类型

（一）通货膨胀的定义

通货膨胀是在信用货币制度下，流通中的货币数量超过经济实际需要而引起的货币贬值和物价水平全面而持续的上涨。定义中的物价上涨不是指一种或几种物品的价格上升，也不是指物价水平偶然的、临时性的或季节性的上升，而是指物价总水平在一定时期内持续普遍的上升过程，或者是指货币价值在一定时期内持续的下降过程。

（二）通货膨胀的衡量

1. 衡量物价水平的指标

衡量物价水平的指标是物价指数。物价指数是表明商品价格从一个时期到另一个时期变动程度的指数。根据计算物价指数时包括的商品和劳务种类的不同，可以计算出三种主要的物价指数，分别为消费者物价指数、生产者物价指数、GDP 折算指数。

（1）消费者物价指数（Consumer Price Index，CPI），又称零售物价指数或生活费用指数，是衡量一定时期内居民个人的日常生活用品和劳务的价格水平变化的指标。这是与居民个人生活最为密切的物价指数，因为这个指标最能衡量居民货币的实际购买力水平。

（2）生产者物价指数（Producer Price Index，PPI），又称批发价格指数，是衡量一定时期内生产资料（资本品）与消费资料（消费品）批发价格变化的指标。

(3) GDP 折算指数，是衡量一定时期内全部最终产品与劳务价格变化的指标。它是按当年价格计算的 GDP 与按基期价格计算的 GDP 的比率。这一指标范围较广，包括消费品、资本品及进口商品的价格变动状况，能够全面准确地反映一般价格水平变动的趋势，但其原始资料不易获得。

2. 反映通货膨胀程度的指标

通货膨胀率是用来反映通货膨胀程度的指标。所谓通货膨胀率，是指从一个时期到另一个时期价格水平变动的百分比。其计算公式为

$$\pi_t = \frac{P_t - P_{t-1}}{P_{t-1}} \times 100\% \qquad (9.3)$$

式（9.3）中，π_t 为 t 时期的通货膨胀率，P_t 和 P_{t-1} 分别为 t 时期和 $t-1$ 时期的价格水平。

例如，某国 2022 年 CPI 为 110，2021 年 CPI 为 100，那么该国 2022 年的通货膨胀率为

$$\pi_t = \frac{P_{2022} - P_{2021}}{P_{2021}} \times 100\% = \frac{110 - 100}{100} \times 100\% = 10\%$$

（三）通货膨胀的类型

对于通货膨胀，可以从三个不同的角度进行划分。

1. 按照价格上升的速度分类

按照价格上升的速度分类，通货膨胀可分为温和的通货膨胀、奔腾的通货膨胀和恶性的通货膨胀。

(1) 温和的通货膨胀，是指通货膨胀率低且以较稳定的价格水平上升。一般认为，通货膨胀率在两位数以内为温和的通货膨胀。有的经济学家把通货膨胀率在 2%~3% 的通货膨胀称为爬行的通货膨胀，在这种通货膨胀下，物价较为稳定，货币不会有明显的贬值，对经济不会产生明显的影响。

(2) 奔腾的通货膨胀，一般指物价水平持续走高，通货膨胀率通常要达到两位数，在 10%~100%。在这种情况下，公众无法承受物价上涨带来的货币贬值，会采取各种措施抛出货币、囤积商品，从而导致金融市场混乱和经济严重扭曲。20 世纪 50 年代到 70 年代的拉美各国就曾经历过奔腾的通货膨胀，年平均物价上涨率高达 10%~70%，严重影响了经济发展和人民生活的稳定。

(3) 恶性的通货膨胀，又称超级通货膨胀，是指通货膨胀失去控制，物价水平急剧上涨，货币极度贬值，通货膨胀率通常在 100% 以上。例如，1920—1923 年，德国发生恶性的通货膨胀，一个人在 1922 年年初持有 3 亿德国马克债券，两年后这些债券的面值连一片口香糖也买不到。

2. 按照人们对通货膨胀的可预期程度分类

按照人们对通货膨胀的可预期程度分类，通货膨胀可分为预期到的通货膨胀和未预期到的通货膨胀。

(1) 预期到的通货膨胀，又称惯性通货膨胀，是指价格上升的速度在人们的预

料之中。如果社会的通货膨胀率是稳定的，人们可以完全预期，那么通货膨胀对社会经济生活的影响很小。因为在这种可预期的通货膨胀之下，各种名义变量（如名义工资、名义利息率等）都可以根据通货膨胀率进行调整，从而使实际变量（如实际工资、实际利息率等）不变。这时通货膨胀对社会经济生活的唯一影响，是人们将减少他们所持有的现金量。

（2）未预期到的通货膨胀，是指价格上升的速度超出人们的预料，或者人们根本没有想到价格会上涨。在通货膨胀率不能完全预期的情况下，通货膨胀将会影响社会收入分配及经济活动，一些人可能因此变得富裕，而另一些人可能因此变得贫穷。因为这时人们无法准确地根据通货膨胀率来调整各种名义变量，以及他们应采取的经济行为。

3. 按照对价格影响的差别分类

按照对价格影响的差别分类，通货膨胀可分为平衡的通货膨胀和非平衡的通货膨胀。

（1）平衡的通货膨胀，即各种商品的价格都按相同的比例上升。实际上，各种商品的价格都按相同的比例上升的情况在现实生活中是难以出现的，因此平衡的通货膨胀在现实生活中更像是一种巧合。多数情况下，通货膨胀都表现为非平衡的通货膨胀。

（2）非平衡的通货膨胀，即各种商品价格上升的比例并不完全相同。在现实生活中，甲商品价格上升的幅度可能会高于乙商品价格上升的幅度，消费品价格上升的幅度可能会高于投资品价格的上升幅度。当然，也可能出现一些商品价格上升，而另一些商品价格下降的情形。

二、通货膨胀产生的原因

关于通货膨胀产生的原因，西方经济学家主要从两个方面给出了解释：第一个方面是从需求和供给的角度进行解释；第二个方面是从经济结构因素变动的角度来说明。

（一）需求拉动的通货膨胀

需求拉动的通货膨胀形成的原因在于总需求过度增长，总供给不足，即"太多的货币追求较少的货物"。按照凯恩斯的解释，如果总需求上升到大于总供给的地步，过度的需求是能引起物价水平普遍上升的。简单来说，需求拉动的通货膨胀就是总需求超过总供给所引起的一般价格水平的持续上涨。

下面用图9-1来说明总需求是如何拉动物价上涨的。在图9-1中，横轴表示国民收入，纵轴表示一般价格水平，AD为总需求曲线，AS为总供给曲线。总供给曲线AS起初为水平状态，这表示在国民收入水

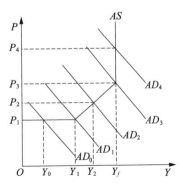

图9-1 需求拉动的通货膨胀

平较低时，总需求的增加不会引起一般价格水平的上涨。图中总需求从 AD_0 增加到 AD_1，国民收入也从 Y_0 上升到 Y_1，但一般价格水平仍保持在 P_1 水平；当国民收入增加到 Y_1 时，总需求继续增加，将导致国民收入和一般价格水平同时上升，图中总需求从 AD_1 增加到 AD_2 时，国民收入从 Y_1 上升到 Y_2，一般价格水平也从 P_1 上升到 P_2。也就是说，在这个阶段，总需求的增加，在提高国民收入的同时也拉升了一般价格水平。当国民收入增加到潜在的国民收入水平即 Y_f 时，国民经济已经处于充分就业的状态，在这种情况下，总需求的增加只会拉动一般价格水平上升，而不会使国民收入增加，如总需求从 AD_3 上升到 AD_4，国民收入仍然保持在 Y_f，但一般价格水平从 P_3 上升到 P_4。

也就是说，当经济体系中有大量资源闲置时，总需求的增加不会引起物价上涨，只会使国民收入增加；当经济体系中的资源接近充分利用时，总需求的增加会同时拉升国民收入和一般价格水平；当经济体系中的资源利用达到充分就业状态时，总需求的增加不会使国民收入增加，而只会导致一般价格水平上升。

（二）成本推动的通货膨胀

成本推动的通货膨胀是指在没有超额需求的情况下由供给方面成本的提高所引起的通货膨胀。成本的增加意味着只有在高于以前的价格水平时，才能达到与以前同样的产量水平，即总供给曲线向左上方移动。在总需求不变的情况下，总供给曲线向左上方移动使国民收入减少，价格水平上升，这种价格上升就是成本推动的通货膨胀，可以用图 9-2 来说明。

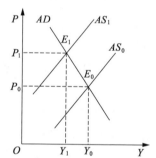

图 9-2 成本推动的通货膨胀

在图 9-2 中，原来的总供给曲线 AS_0 与总需求曲线 AD 决定了国民收入水平为 Y_0，价格水平为 P_0。成本增加后，总供给曲线向左上方移动到 AS_1，总需求保持不变，从而决定了新的国民收入水平为 Y_1，价格水平为 P_1，价格水平由 P_0 上升到 P_1 是由成本的增加引起的，这就是通常所说的成本推动的通货膨胀。

引起成本增加的原因并不完全相同，因此成本推动的通货膨胀又可以根据其原因的不同分为以下几种。

1. 工资成本推动的通货膨胀

许多经济学家认为，工资是成本中的主要部分。工资的提高会使生产成本增加，厂商因此提高产品和劳务的价格，从而导致通货膨胀。在劳动力市场存在工会的卖方垄断情况下，工会利用其垄断地位要求提高工资，雇主迫于压力提高工资后，就会将提高的工资加入成本，提高产品和劳务的价格，从而引起通货膨胀。工资的提高往往是从个别部门开始的，但由于各部门之间的攀比行为，个别部门工资的提高往往会导致整个社会的工资水平上升，从而引起普遍的通货膨胀。而且，这种通货膨胀一旦形成，还会形成工资—物价螺旋式上升，即工资上升引起物价上涨，物价上涨又引起工资上升。这样，工资与物价不断互相推动，形成严重的通货膨胀。

2. 利润推动的通货膨胀

利润推动的通货膨胀又称价格推动的通货膨胀，是指市场上具有垄断地位的厂商为增加利润而提高价格所引起的通货膨胀。在不完全竞争的市场上，具有垄断地位的厂商控制了产品的销售价格，从而可以提高价格以增加利润。这种通货膨胀是因利润的推动而产生的，尤其是在工资提高时，垄断厂商以工资的提高为借口，更大幅度地提高产品的价格，使产品价格的上升幅度大于工资的上升幅度，其差额就是利润的增加，这种利润的增加使物价上涨，形成通货膨胀。西方经济学者认为，工资推动和利润推动实际上都是操纵价格的上升，其根源在于经济中的垄断，即工会的垄断形成工资推动，厂商的垄断形成利润推动。

3. 原材料成本推动的通货膨胀

这是指厂商生产中所需要的原材料价格上升推动产品和劳务的价格上升所形成的通货膨胀。在现代经济中，某些能源或关键的原材料供给不足，会导致其价格上升，进而引起厂商成本上升，如石油价格上升、某种进口原材料价格上升等。最典型的事例是 20 世纪 70 年代覆盖整个西方发达国家的滞胀（经济停滞与通货膨胀并存），其主要根源之一就在于当时石油价格的大幅上升。

（三）供求混合推进的通货膨胀

现实经济中的通货膨胀大多是由需求与供给这两方面的因素共同起作用的结果，即所谓"拉中有推，推中有拉"。一方面，通货膨胀过程可能从一般的过度需求开始，过度需求引起物价上涨，从而促使工会要求提高工资，这样成本推动力量就会发生作用，引起更高的通货膨胀；另一方面，通货膨胀过程也可以从成本推动开始，如厂商在工会的压力下提高工资或为追逐利润而减少供给，导致物价上涨，同时，货币收入的增加使得市场需求增加，拉动物价继续上涨，引起更高的通货膨胀。纯粹需求拉动或成本推动的通货膨胀都是不可能持续的，现实经济中大量存在的是需求与供给同时发生作用的混合型通货膨胀。

（四）结构性通货膨胀

结构性通货膨胀，是指在没有需求拉动和成本推动的情况下，只是由经济结构因素的变动引起的一般价格水平的持续显著的上涨。

从生产率提高的角度来看，社会经济结构存在着这样的特点，即一些部门生产率提高的速度快，另一些部门生产率提高的速度慢；从经济发展的过程来看，社会经济结构存在着这样的特点，即一些部门正在迅速发展，另一些部门则日趋衰落；从同世界市场的关系来看，社会经济结构存在着这样的特点，即一些部门（开放部门）同世界市场的联系十分密切，另一些部门（非开放部门）同世界市场没有密切联系。一般来说，生产率提高速度快的部门工资水平提高快，而生产率提高速度慢的部门工资水平提高慢。但是，处于生产率提高速度慢的部门的工人要求"公平"，由于工会的存在，他们要求提高工资水平的愿望往往会实现，这使得整个社会的工资增长率超过劳动生产率的增长率，从而引起通货膨胀，这种通货膨胀就是结构性通货膨胀。同样，在迅速发展的部门和日趋衰落的部门、开放部门和非开放部门之间也存在这种情况。

三、通货膨胀的效应

通货膨胀是一种普遍的经济现象，经济社会中的每一个公民和其他经济单位都在某种程度上受到它的影响。总体来看，通货膨胀对社会的影响主要有收入再分配效应和产出效应。

（一）通货膨胀的收入再分配效应

所谓收入再分配效应，是指通货膨胀会影响经济社会的收入再分配，使一部分人的利益受损，另一部分人的利益增加。通货膨胀意味着货币购买力的下降，会导致人们的实际收入水平发生变化，这就是通货膨胀的再分配效应。但是，通货膨胀对不同经济主体的收入再分配效应是不同的。

1. 通货膨胀不利于收入相对固定者，有利于收入变动者

对于收入相对固定者来说，其实际收入会因通货膨胀和货币购买力下降而减少，因此其生活水平必然相应地降低。收入相对固定者主要包括工薪阶层，也包括那些领取救济金和退休金的人及靠其他福利和转移支付维持生活的人，他们的收入在相当长的时间内是不变的。特别是那些只获得少量救济金的老人，可以说他们是通货膨胀的牺牲品。

相反，那些收入变动者会从通货膨胀中受益。这些人的货币收入会随着价格水平和生活费用的上涨而上涨。例如，在扩张中的行业工作并有强大的工会支持的工人就是这样，他们的工资合同中订有工资随生活费用的上涨而提高的条款，或有强有力的工会代表他们进行谈判，在每个新合同中都有可能得到大幅度的工资增长。企业主也可能从通货膨胀中获利，如果产品价格比资源价格上升得快，则企业的收益将比它的成本增长得快。

2. 通货膨胀不利于储蓄者，有利于吸储者

随着物价水平的上涨，存款的实际价值或购买力会降低，那些持有闲置货币和存款在银行的人会受到损失。同样，像保险金、养老金及其他固定价值的证券财产等，在通货膨胀中，其实际价值也会下降。因为通常银行的名义存款利息率在扣除物价水平变动后的实际利息率为负数，无形中储蓄者的货币就缩水了。例如，2011年4月，我国的1年期基准存款利息率是3.25%，如果扣除物价指数（CPI上涨5.4%），实际利息率为-2.15%，显然，100元的存款无形中缩水了2.15元。

3. 通货膨胀不利于债权人，有利于债务人

债权人和债务人在签订借贷合同时，是按照当时的通货膨胀率来确定利息率的，当发生未预期的通货膨胀时，会使实际利息率下降，导致债权人利益受损。通俗地说，因为通货膨胀，借款者借到的是"较贵的"货币，归还的却是"便宜的"货币。正因为如此，通货膨胀会影响到长期贷款的发放，进而使投资减少。

4. 通货膨胀不利于公众，有利于政府

研究表明，第二次世界大战以来，西方国家政府从通货膨胀中获得了大量的再分配财富，其来源有两点：第一，政府获得了通货膨胀税收入。因为政府税收中有部分

税收是累进的，如个人所得税，在通货膨胀期间，一些人的名义收入增加了，原来不用交税的，现在需要交税了，另一些本来交税的人则进入更高的纳税级别，政府因此获得了更多的税收。所以，有些西方经济学家认为，希望政府去努力制止通货膨胀是比较难的。第二，在现代经济中，政府把发行公债作为筹集资金和调控经济的手段，从而负有较大数额的国债，通货膨胀使得政府作为债务人而获益。

（二）通货膨胀的产出效应

一般认为，温和的通货膨胀对经济发展比较有利。因为人们消费时有"买涨不买跌"的倾向，即当人们认为物价将上涨时，会采取及时消费的策略，消费增加会刺激厂商扩大生产规模，从而就业增加、国民收入上升；而当人们认为物价将下跌时，会采取持币等待的策略，消费减少会导致厂商缩小生产规模，从而失业增加、国民收入下降。当然，这只是一般的分析，通货膨胀的产出效应主要有以下三种情况。

1. 需求拉动的通货膨胀会引起产出增加

现代政府多数同意这样一种观点：产出与通货膨胀是一对互补品，即通货膨胀在一定时期内对产出有拉升作用。由于人们对通货膨胀的未预见性，短期中的工资、利息、租金等成本有刚性或黏性，暂时不会随着物价的上涨而上涨，这样，生产涨价产品的企业会从中得利，从而刺激其扩大投资和生产。从通货膨胀中得到实惠的雇主也会给劳动者一些补偿，劳动者会产生空前的工作积极性，从而推动产出进一步增长。这种现象在现实生活中的确存在，即所谓需求拉动型通货膨胀刺激产出水平的提高。但是，应当引起注意的是，需求拉动的通货膨胀对经济的这种拉动作用是暂时的，一旦人们的货币幻觉消失，要求把工资涨到与通货膨胀同步的话，这种刺激作用就会消失。

2. 成本推动的通货膨胀会导致产出下降，失业增加

这种情况产生的前提条件是经济体系已经实现充分就业。在这种情况下，如果发生成本推动的通货膨胀，则原来的总需求所能购买的实际产品的数量会减少，也就是说，当成本推动抬高物价水平时，既定的总需求只能在市场上支持一个较小的实际产出。所以，实际产出会下降，失业会增加。

3. 恶性的通货膨胀导致经济崩溃

首先，恶性的通货膨胀会使居民和企业产生通货膨胀预期，即估计物价还会继续升高。这样，人们为了不让自己的储蓄和收入贬值，宁愿在价格上升前把这部分财富消费掉，从而产生过度的消费购买，致使稍后的储蓄和投资都会减少，使经济增长率下降。其次，恶性的通货膨胀还会促使劳动者要求提高工资。他们不仅要求增加工资以抵销过去价格水平的上升，而且要求补偿下次工资谈判前可以预料到的通货膨胀所带来的损失。于是，企业扩大再生产和增加就业的积极性就会下降。再次，企业在通货膨胀率上升时会增加存货投资和设备投资，而当银行不能满足其投资贷款需求时，企业就会被迫减少存货，生产就会收缩。最后，当出现恶性的通货膨胀时，人们完全丧失对货币的信心，人们不再致力创造财富，而是致力尽快将货币转化为可持有的物品，造成资源的无效配置，经济体系极有可能陷入崩溃。

同步练习

一、单项选择题

1. 下列关于通货膨胀的描述，正确的是（　　）。
   A. 货币发行量过多而引起的一般物价水平普遍持续的上涨是通货膨胀
   B. 房屋价格的不断上涨就是通货膨胀
   C. 通货膨胀是价格水平的偶然上涨
   D. 货币发行量过多导致的股票价格上涨就是通货膨胀
2. 一般来说，通货膨胀会使（　　）。
   A. 债权人受益，债务人受损
   B. 债权人受损，债务人受益
   C. 债权人和债务人都受益
   D. 债权人和债务人都受损

二、判断题

1. 没有预料到的通货膨胀有利于债务人，而不利于债权人。（　　）
2. 自然失业率是指摩擦性失业和结构性失业造成的失业率。（　　）

第三节　失业与通货膨胀的关系

前文的分析表明，失业和通货膨胀是短期宏观经济运行中存在的两个主要问题，经济决策者在解决这两个问题的时候，往往会碰到这样一个矛盾，即降低通货膨胀率与降低失业率这两个目标是互相冲突的。因此，有必要从理论上探讨失业与通货膨胀之间的关系。在宏观经济学中，失业与通货膨胀之间的关系主要用菲利普斯曲线来说明。

一、菲利普斯曲线的含义

1958年，在英国任教的新西兰经济学家菲利普斯在研究了1861—1957年的英国失业率和货币工资增长率的统计资料后，提出了一条用以研究失业率与货币工资增长率之间替代关系的曲线，这就是最初的菲利普斯曲线。该曲线表明：当失业率较低时，货币工资增长率较高；反之，当失业率较高时，货币工资增长率较低，甚至为负数。

菲利普斯曲线本来只是用来描述失业率与货币工资增长率之间的关系，但后来有的经济学家认为，工资是成本的主要构成部分，从而也是产品价格的主要构成部分，因此可以用通货膨胀率来代替货币工资增长率。这样一来，菲利普斯曲线就变成了一条用来描述失业率与通货膨胀率之间替代关系的曲线。该曲线表明：当失业率高时，通货膨胀率就低；当失业率低时，通货膨胀率就高。菲利普斯曲线如图9-3所示。在图9-3中，横轴代表失业率，纵轴代

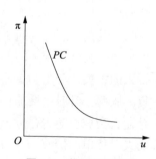

图9-3　菲利普斯曲线

表通货膨胀率,向右下方倾斜的曲线 PC 即为菲利普斯曲线。菲利普斯曲线说明了失业率与通货膨胀率之间存在着替代关系。

二、菲利普斯曲线的应用

菲利普斯曲线为政府实施经济干预、进行总需求管理提供了一份可供选择的菜单。它意味着可以以较高的通货膨胀率为代价,来降低失业率或实现充分就业;而要降低通货膨胀率和稳定物价,就要以较高的失业率为代价。也就是说,失业率与通货膨胀率之间存在着一种"替换关系",想要降低或增加其中的一个,就要以增加或降低另一个为代价。

具体而言,一个经济社会首先要确定一个临界点,由此确定一个失业与通货膨胀的组合区域。实际的失业率与通货膨胀率组合如果在组合区域内,则政策制定者无须采取调节措施;如果在组合区域外,则政策制定者可根据菲利普斯曲线所表示的关系进行调节。图 9-4 说明了这种调节的过程。

在图 9-4 中,假定当失业率和通货膨胀率都在 4% 以内时,经济社会被认为是安全的或可以容忍的,这时在图 9-4 中就得到了一个临界点,即 A 点,由此形

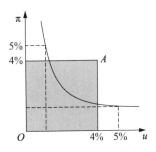

图 9-4 菲利普斯曲线的应用

成的一个正方形的区域称为安全区域,如图 9-4 中的阴影部分所示。如果该经济社会的实际失业率与通货膨胀率组合落在安全区域内,则政策制定者无须采取任何措施(政策)调节。

如果实际的通货膨胀率高于 4%(如达到 5%),则该经济社会的通货膨胀率已超过可接受的范围,政策制定者可以采取紧缩性政策,以提高失业率为代价来降低通货膨胀率。从图 9-4 中可以看到,当通货膨胀率降到 4% 以下时,经济社会的失业率仍然在可接受的范围内。

如果实际的失业率高于 4%(如达到 5%),根据菲利普斯曲线,政策制定者可以采取扩张性政策,以提高通货膨胀率为代价来降低失业率。从图 9-4 中可以看出,当失业率降到 4% 以下时,经济社会的通货膨胀率仍然在可接受的范围内。

三、短期菲利普斯曲线与长期菲利普斯曲线

菲利普斯曲线所揭示的失业与通货膨胀之间的替代关系与美国等西方发达国家 20 世纪 50—60 年代的失业率和通货膨胀率的数据较为吻合,但到 20 世纪 70 年代末期,由于滞胀的出现,失业与通货膨胀之间的这种替代关系不存在了,于是对失业与通货膨胀之间的关系又有了新的解释。

1968 年,美国货币学派代表人物弗里德曼指出了菲利普斯曲线分析的一个严重缺陷,即它忽略了影响工资变动的一个重要因素:工人对通货膨胀的预期。他认为,企业和工人关注的不是名义工资,而是实际工资,当劳资双方谈判新工资协议时,他

们都会对新协议期的通货膨胀进行预期,并根据预期的通货膨胀相应地调整名义工资水平。根据这种观点,人们预期通货膨胀率越高,名义工资增加就越快,由此,弗里德曼提出了短期菲利普斯曲线的概念。

这里所说的"短期"是指从预期到需要根据通货膨胀做出调整的时间间隔。短期菲利普斯曲线就是预期通货膨胀保持不变的情况下通货膨胀率与失业率之间关系的曲线。在短期中,工人来不及调整通货膨胀预期,预期的通货膨胀率可能低于以后实际发生的通货膨胀率。这样,工人所得到的实际工资可能小于先前预期的实际工资,从而企业实际利润增加,刺激了投资,使得就业增加,失业率下降。在这个前提下,通货膨胀率与失业率之间存在替代关系,也就是说向右下方倾斜的菲利普斯曲线在短期中是可以成立的。因此,在短期中引起通货膨胀率上升的扩张性财政政策与扩张性货币政策是可以起到减少失业的作用的,这就是通常所说的宏观经济政策的短期有效性。

在长期中,工人将根据实际发生的情况不断调整自己的预期,工人预期的通货膨胀率与实际发生的通货膨胀率迟早会一致。这时工人会要求增加名义工资,使实际工资不变,从而通货膨胀就不会起到减少失业的作用。也就是说,在长期中,失业率与通货膨胀率之间并不存在替换关系,因此长期菲利普斯曲线是一条垂直于横轴的线。而且,在长期中,经济总能实现充分就业,经济社会的失业率将处于自然失业率的水平,因此通货膨胀率的变化不会影响长期中的失业率水平。

由于人们会根据实际发生的情况不断调整自己的预期,所以短期菲利普斯曲线将不断移动,从而形成长期菲利普斯曲线,如图9-5所示。

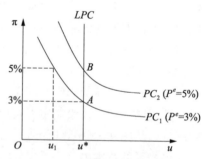

图9-5 从短期PC到长期PC

在图9-5中,假定某一经济体系处于自然失业率为u^*、通货膨胀率为3%的A点,此时若政府采取扩张性政策,以使失业率降低到u_1,由于扩张性政策的实施,总需求增加,导致价格水平上升,通货膨胀率上升至5%。由于在A点处,工人预期的通货膨胀率为3%,而现在实际的通货膨胀率为5%,高于其预期的通货膨胀率,从而工人的实际工资下降,导致企业生产积极性提高,产出和就业率增加,于是失业率下降到u_1,因此就会发生图9-5中短期菲利普斯曲线$PC_1(P^e=3\%)$所示的情况,失业率由u^*下降到u_1,而通货膨胀率从3%上升到5%。

当然,这种情况只是短期的,经过一段时间后,工人们会发现价格水平的上升和实际工资的下降,这时他们便要求提高货币工资,与此同时,工人们会相应地调整其对通货膨胀的预期,即从原来的3%调整到现在的5%,伴随着这种调整,实际工资回到了原有的水平,相应地,企业生产和就业也都回到了原有的水平,失业率又回到了原来的u^*,但此时经济已经处于具有较高通货膨胀率预期(5%)的B点。

以上过程会重复下去,在短期中,由于工人不能及时调整预期,存在着失业与通货膨胀之间的替换关系,表现在图形上,便有诸如PC_1,PC_2,…的各条短期菲利普斯曲线。随着工人预期通货膨胀率的上升，短期菲利普斯曲线不断地上移。

从长期来看，工人预期的通货膨胀率与实际的通货膨胀率是一致的，因此，企业不会增加生产和就业，失业率也就不会下降，从而便形成了一条与自然失业率重合的长期菲利普斯曲线 LPC。图9-5中的长期菲利普斯曲线表明：在长期中，不存在失业与通货膨胀之间的替换关系。换句话说，长期菲利普斯曲线告诉我们，从长期来看，政府运用扩张性政策不但不能降低失业率，还会使通货膨胀率不断上升，这就是通常所说的宏观经济政策的长期无效性。

通货紧缩

经济学者普遍认为，消费价格指数（CPI）连跌三个月，即表示出现通货紧缩。通货紧缩就是产品过剩或需求不足导致物价、工资、利息率等各类价格持续下跌。在经济实践中，判断某个时期的物价下跌是不是通货紧缩，一看消费价格指数是否由正转变为负，二看这种下降的持续是否超过了一定时限。

一般来说，适度的通货紧缩，通过加剧市场竞争，有助于调整经济结构和挤去经济中的"泡沫"，也会促进企业加强技术投入和技术创新，改进产品和服务质量，对经济发展有积极作用的一面。但过度的通货紧缩，会导致物价总水平长时间、大范围下降，市场银根趋紧，货币流通速度减慢，市场销售不振，影响企业生产和投资的积极性，强化居民"买涨不买跌"的心理，左右企业的"惜投"和居民的"惜购"，大量的资金闲置，限制了社会需求的有效增长，最终导致经济增长乏力，经济增长率下降，对经济的长远发展和人民群众的长远利益不利。由此看来，通货紧缩对经济发展有消极的一面。为此，我们必须通过加大政府投资的力度，刺激国内需求，抑制价格下跌，保持物价的基本稳定。

与通货膨胀相反，通货紧缩意味着消费者购买力提高，但持续下去会导致债务负担加重，企业投资收益下降，消费者消极消费，国家经济可能面临价格下降与经济衰退相互影响、恶性循环的严峻局面。通货紧缩的危害表现在：物价下降了，却在暗中让个人和企业的负债增加了，因为持有资产实际价值缩水了，而对银行的抵押贷款却没有减少。比如，人们按揭购房，通货紧缩可能使购房者所拥有房产的价值远远低于他们所承担的债务。

同步练习

一、单项选择题

1. 菲利普斯曲线说明（　　）。

A. 通货膨胀由过度需求引起　　　　B. 通货膨胀导致失业

C. 通货膨胀率与失业率之间正相关　　　D. 通货膨胀率与失业率之间负相关

2. 长期菲利普斯曲线说明（　　）。

A. 通货膨胀与失业之间不存在相互替代关系

B. 传统菲利普斯曲线仍然有效

C. 在价格很高的情况下通货膨胀与失业之间仍然存在替代关系

D. 离原点越来越远

二、判断题

1. 根据菲利普斯曲线，失业率与通货膨胀率之间是正相关的关系。　　（　　）

2. 在长期中，失业与通货膨胀之间并不存在替代关系，因而在长期中政府的宏观经济政策是无效的。　　（　　）

本章小结

失业与通货膨胀是现代经济发展的两大顽症，任何国家或地区的经济发展都无法避免受到这两大问题的冲击，由于这两大经济现象会对一个国家或地区的国民经济和居民生活产生巨大影响，因此它们是宏观经济学研究的两大中心问题。

失业是指有劳动能力、愿意接受现行工资水平但仍然找不到工作的现象。经济学中所说的失业指的是非自愿失业。失业可以分为摩擦性失业、结构性失业和周期性失业等不同的类型。失业会给国民经济造成巨大损失，奥肯定律认为，失业率每高于自然失业率1个百分点，实际GDP增长率将低于潜在GDP增长率2个百分点。宏观经济学研究的一大目标是如何实现充分就业，充分就业并不等于百分之百就业，而是指一个社会中消灭了周期性失业时的状态，此时失业率为自然失业率。

通货膨胀一般是指物价水平在一定时期内持续的、普遍的上升过程，或者说货币实际购买力在一定时期内持续的下降过程。衡量通货膨胀有三种主要的物价指数：消费者物价指数（CPI）、生产者物价指数（PPI）、GDP折算指数。造成通货膨胀的原因主要有需求拉动、成本推动和供求混合推进等。

菲利普斯曲线是一条用来描述失业率与通货膨胀率之间关系的曲线。现代经济学认为，在短期中，失业与通货膨胀之间存在着替代关系；在长期中，失业与通货膨胀之间并不存在替代关系。

复习与思考

一、问答题

1. 什么是通货膨胀？它通常有哪些衡量指标？

2. 通货膨胀的类型有哪些？

3. 通货膨胀的成因是什么？

4. 什么是失业？失业有哪些种类？

5. 充分就业与自然失业互相矛盾吗？为什么？
6. 菲利普斯曲线在短期中和在长期中的形状是不同的，这说明了什么问题？

二、计算题

1. 若2019—2022年的消费者物价指数分别为400、440、462、480，求2020年、2021年和2022年的通货膨胀率。

2. 假设统计部门选用A、B、C三种商品来计算消费者物价指数，所获数据如表9-1所示。

表9-1 A、B、C三种商品数据

品种	数量/个	基期价格/元	本期价格/元
A	2	1.00	1.50
B	1	3.00	4.00
C	3	2.00	4.00

试计算消费者物价指数及通货膨胀率。

3. 假设某经济体某一时期有1.75亿劳动年龄人口，其中有1.2亿人有工作，0.1亿人在寻找工作，0.45亿人没有工作但也没在找工作。

试求：（1）劳动力人数。

（2）劳动力参与率。

（3）失业率。

三、案例分析题

人社部划定2022年稳就业路线图

2022年2月22日，人力资源和社会保障部（以下简称"人社部"）在例行新闻发布会上提出，2022年，面对就业总量压力不减、结构性矛盾突出的情况，将把高校毕业生等青年就业作为重中之重，加大中小微企业吸纳毕业生的就业支持举措。与此同时，调整优化"降、返、补"政策组合拳，全力支持市场主体稳定和扩大岗位。聚焦拓展就业空间，强化创业带动就业。

人社部当天发布的数据显示，2021年就业目标任务圆满完成，重点群体就业稳中有进，市场供求保持活跃状态。人社部就业促进司司长分析称，就业政策持续加力。2021年阶段性降低失业和工伤保险费超过1 500亿元，支出就业补助资金近1 000亿元，发放失业保险稳岗返还231亿元。此外，加大创业担保贷款等政策落实力度，促进创业带动就业。扩大高校毕业生市场化、社会化就业渠道，向127万名困难毕业生发放求职创业补贴。

对于下一步稳就业方向，张莹表示，将以实现更加充分、更高质量就业为目标，以实施"十四五"就业促进规划为引领，以落实落细就业优先政策为抓手，聚焦重点、精准施策，努力确保就业大局稳定。

一是聚焦稳定市场主体，强化就业优先政策。调整优化"降、返、补"政策组合拳，继续实施失业保险稳岗返还政策，同时落实好支持企业吸纳就业的税收优惠、担保贷款、就业补贴等政策。

二是聚焦拓展就业空间,强化创业带动就业。完善创业担保贷款等政策,加强创业孵化基地建设。支持灵活就业健康发展,推出一批规范化零工市场。

三是聚焦稳定重点群体,强化精准就业帮扶。将高校毕业生等青年就业作为重中之重,加大中小微企业吸纳毕业生的就业支持举措。稳定农民工特别是脱贫人口的务工规模。

四是聚焦促进供需匹配,强化培训服务质量。继续实施职业技能提升行动,瞄准市场需求,提升培训效果。统筹开展好"10+N"就业服务专项活动,努力缓解招工难问题。

讨论:(1)结合案例,分析目前我国劳动者失业的原因。

(2)分析解决失业问题的途径。

第十章　经济增长和经济周期

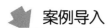

1. 了解经济增长的含义；
2. 理解经济增长的源泉；
3. 理解哈罗德-多马模型的基本思想；
4. 了解新古典增长模型的基本思想；
5. 熟悉经济周期的阶段划分与类型；
6. 了解经济周期的成因。

案例导入

中国经济的"8"和"4"

在一场研讨会上，著名经济学家黄泰岩提出了一种判断中国经济周期的简单方法，令人耳目一新。他认为，只需要记住两个数字，就能很形象地掌握中国经济发展的周期性规律。

第一个数字就是"8"，中国人喜欢"8"，因为"8"与"发"谐音。可中国经济很有意思，一到"8"就下降。比如 2008 年，人们大多认为经济下降是受世界金融危机的影响。但事实上中国经济内生性的"周期"规律也到了盛极而衰的顶点。当年早些时候发电量、用电量就开始下降，工业增加值持续下滑，而股市早在此前的 2007 年 10 月就开始发出信号向下调整。往前推 10 年，1998 年是中国经济最糟糕的年份，随后连续 5 年通货紧缩，直到 2003 年才逐步走出来。1988 年是改革开放后通货膨胀的最严重年份，CPI 涨幅达到 18%。再往前推，1978 年、1968 年、1958 年中国经济都处于重大调整期或灾害年份。

在黄泰岩看来，中国经济似乎更喜欢数字"4"。"4"与"死"谐音，可在中国，"遇4就不死"。2004 年中国经济从通货紧缩中走出来，之后中国经济形势大好。1994 年，中国迎来一轮新发展周期。1984 年是中国改革开放取得巨大成功的年份。1974 年中国经济搞整顿，效果不错。1964 年中国从三年困难时期中走出来。1954 年中国开始第一个五年计划，也是即将迎来大发展的时刻。

其实，这种看似有点玩笑成分的经济分析中暗含了以 10 年为时间段的"周期"理论。也就是说，中国经济有可能遵循一个五年上升、五年下降的"完美的经济周期"波动。

（资料来源：http：//newpaper.dahe.cn/jrxf/html/2011－02/25/content_467809.htm. 有改动）

案例思考：什么是经济周期？经济周期能够避免吗？

纵观人类几千年的发展历史，我们可以看到全球经济总的趋势是向前发展的，但是在前进的过程中，不时地会有起伏，而且还很有规律。总体来看，经济是波浪式前进、螺旋式上升的。上下起伏，就是经济周期性运动；上升趋势，就是经济的增长运动。

第一节　经济增长

一、经济增长的含义与衡量指标

（一）经济增长的含义

经济增长通常是指在一定时期内，一个国家或地区经济水平的持续提高，具体表现为经济总量的增加、总产出的增加、人均收入的增加等。一个国家或地区的经济总量和经济增长速度决定了其在世界上的经济地位，持续稳定的经济增长将增强一国国力，提升国民生活水平，使其在世界经济活动中取得更多的主动权，因此各国都把经济增长作为最重要的发展目标之一。

在了解了经济增长的含义后，我们需要指出它与经济发展的区别。经济发展是指一国由不发达状态过渡到发达状态，它不仅包括国内生产总值的增加，而且包括经济结构、社会制度等的变革。所以，经济增长的含义较为狭窄，而经济发展的含义较为宽泛，经济发展包含了经济增长。经济增长与经济发展具有密切的关系，经济增长是经济发展的基础，经济发展是经济增长的结果。没有经济增长不可能有经济发展，但有经济增长并不一定有经济发展，如在国内生产总值增加时，经济结构、社会结构并未发生变革，经济增长导致资源浪费、环境污染等都是无发展的表现，这种格局被称为"无发展的增长"。

（二）经济增长的衡量指标

如果用总产出的增加来定义经济增长，则经济增长率（G_Y）可表示为

$$G_Y = \frac{Y_t - Y_{t-1}}{Y_{t-1}} \tag{10.1}$$

式（10.1）中，Y_t 表示 t 期的总产出，Y_{t-1} 表示 $t-1$ 期的总产出。

用人均产出的增加来定义经济增长更为普遍。我们用 y_t 表示 t 期的人均产出（人

均实际GDP)，用 y_{t-1} 表示 $t-1$ 期的人均产出，则经济增长率（G_Y）可表示为

$$G_y = \frac{y_t - y_{t-1}}{y_{t-1}} \tag{10.2}$$

如果要计算某一时期的年平均经济增长率，则可用下式求得

$$\overline{G} = \sqrt[n]{\frac{Y_t}{Y_0}} - 1 \tag{10.3}$$

式（10.3）中，$\overline{G}$ 表示年平均经济增长率，Y_0 表示基年的经济总量或总产出，Y_t 表示末年的经济总量或总产出，n 表示从基年到末年的年数。

经济增长率的高低体现了一个国家或地区在一定时期内经济总量的增长速度，也是衡量一个国家或地区总体经济实力增长速度的标志。

二、经济增长的决定因素

经济增长问题是人类社会所面临的共同问题，那么究竟是什么因素导致了经济增长呢？研究资本主义社会近200多年的经济发展史，我们会发现，经济发达国家并非经由同一条道路发展起来的。例如，英国是最早开始工业革命的国家，并早在19世纪就成了世界经济的领导者；日本则相反，加入世界经济竞赛的时间较晚，它最初是模仿外国技术、限制进口和保护国内工业，然后大力发展自己的制造业和电子业，最终成功地发展了本国经济。

虽然发达国家所走过的经济发展道路不尽相同，但有一点是明确的，即人们生存与发展所需的产品和劳务是通过某些已知的生产技术，利用资源——自然资源、劳动和资本生产出来的。图10-1说明了一国潜在的产出（也就是一个社会在一定时期内所能生产出来的最大产出水平）是如何决定的。

图 10-1 潜在产出的决定因素

从图10-1可以看出，无论是发展中国家还是发达国家，其经济增长的决定因素都包括资本、劳动、自然资源和技术四个方面，总生产函数将上述因素综合考虑在一起，即

$$Q = Af(K, L, R) \tag{10.4}$$

式（10.4）中，Q 为产出，K 为投入的资本，L 为投入的劳动，R 为投入的自然资源，A 代表经济中的技术水平，f 为生产函数。

（一）资本

这里所讲的资本是物质资本。物质资本又称有形资本，是指设备、厂房、存货等，还包括许多由政府投资所形成的社会基础资本，如公路、铁路、灌溉工程、引水

工程、公共医疗保健事业等。一般来说，在劳动不变的情况下，资本的数量越大，人均资本量越高，社会生产能力就越高，经济增长就越快。

经济增长中必然有资本的增加，英国古典经济学家亚当·斯密就曾把资本的增加作为国民财富增加的源泉。现代经济学家认为，在经济增长中，一般的规律是资本的增加要大于人口的增加，即人均资本量是增加的，从而每个劳动力所拥有的资本量（资本—劳动比率）是增加的。只有人均资本量增加，才有人均产量的提高。根据美国经济学家索洛的研究，在1909—1940年，美国经济年平均增长率为2.9%，其中由资本增加所引起的增长率为0.32%，即资本在经济增长中所做的贡献占11%左右。

（二）劳动

劳动是指劳动力的增加。劳动力的增加又可分为劳动力数量的增加与劳动力质量的提高，这两个方面对经济增长都是重要的。

劳动力数量的增加可以有三个来源：一是人口的增加；二是人口中就业率的提高；三是劳动时间的增加。劳动力质量的提高则是文化技术水平和健康水平的提高。劳动力是数量与质量的统一。一个高质量的劳动力可以等于若干个低质量的劳动力，劳动力数量的不足可以由质量的提高来弥补。例如，第二次世界大战后，美国劳动力数量的增加并不多，但美国发达的教育提高了劳动力的质量，从而使劳动对经济增长做出了重要贡献。根据索洛的估算，在1909—1940年，美国经济2.9%的年均增长率中，由劳动增加所引起的增长率为1.09%，即劳动在经济增长中所做的贡献占38%左右。应该指出的是，在经济增长的开始阶段，人口增长率高。因此，这时劳动的增加主要依靠劳动力数量的增加。而经济增长到一定阶段后，人口增长率下降，劳动时间缩短，这时就要通过提高劳动力的质量来弥补劳动力数量的不足，这是一个普遍的规律。

（三）技术

技术进步在经济增长中的作用体现在生产率的提高上，即同样的生产要素投入量能提供更多的产品。技术进步主要包括资源配置的改善、规模经济和知识的进展。资源配置的改善主要是指人力资源配置的改善，即劳动力从低生产率部门转移到高生产率部门，包括农业劳动力转移到工业，以及独立经营者与小企业中的劳动力转移到大企业。劳动力的这种转移提高了生产率。规模经济是指由企业规模扩大所引起的成本下降与收益增加。知识的进展是技术进步中最重要的内容，包括科学技术的发展及其在生产中的运用、新工艺的发明与采用等。特别需要强调的是，知识的进展不但包括自然科学与技术科学的进展，还包括管理科学的进展。技术进步在经济增长中起了最重要的作用，根据索洛的估算，在1909—1940年，美国经济2.9%的年均增长率中由技术进步所引起的增长率为1.49%，即技术进步在经济增长中所做的贡献占51%左右。而且，随着经济的发展，技术进步的作用越来越重要。

（四）自然资源

自然资源主要包括土地、森林、水源、矿产、环境质量等。世界上很多国家就是凭借其丰富的自然资源取得了发展，自然资源在其经济增长中发挥了重要的促进作用。美国、加拿大、挪威等国的早期经济发展就是很好的例证。但就现今的世界经济而言,自然资源的拥有量已不再是取得经济增长的必要条件。例如,日本所拥有的自然资源是比较匮乏的,但其凭借大力发展劳动密集型和资本密集型的产业也取得了快速发展。

需要指出的是,以上所分析的影响经济增长的因素仅指经济因素,它所假定的前提是社会制度和意识形态已经符合经济增长的要求。

三、经济增长模型

宏观经济学对经济增长理论所进行的有影响的研究有三个时期,即 20 世纪 40 年代、20 世纪 50 年代后期到 60 年代、20 世纪 80 年代后期到 90 年代初期,分别产生了哈罗德-多马模型、新古典增长模型和内生增长理论。

(一)哈罗德-多马模型

哈罗德-多马模型是 20 世纪 40 年代由英国经济学家哈罗德和美国经济学家多马分别提出的,他们所提出的模型基本相同,故合称哈罗德-多马模型。

哈罗德-多马模型是以一些严格的假定为前提条件的,这些假定主要包括:① 整个社会只生产一种产品,这种产品既可以作为消费品,也可以作为资本品。② 生产中只使用两种生产要素:劳动与资本。这两种生产要素为固定技术系数(它们在生产中的比率是固定的),不能互相替代。③ 规模收益不变,也就是说生产规模扩大时不存在收益递增或递减的情况。④ 劳动力按不变的、由外部因素决定的速度增长。⑤ 社会的储蓄率,即储蓄与收入的比率不变。⑥ 技术水平不变。

有了这些基本假定后,可以给出哈罗德-多马模型的基本公式

$$G = \frac{S}{C} \tag{10.5}$$

式(10.5)中,G 代表国民收入增长率,即经济增长率;S 代表储蓄率,即储蓄量在国民收入中所占的比例;C 代表资本—产出比,即生产一单位产量所需要的资本量。根据这一模型的假定,资本与劳动的配合比例是固定不变的,从而资本—产出比率也是不变的。这样,经济增长率实际上就取决于储蓄率。从式(10.5)可知,在资本—产出比率不变的条件下,储蓄率高,则经济增长率高;储蓄率低,则经济增长率低。可见,这一模型强调的是资本增加对经济增长的作用,分析的是资本增加与经济增长之间的关系。

哈罗德-多马模型根据上述公式,提出了实际增长率、均衡增长率和自然增长率三个概念,用来分析经济长期稳定增长的条件与经济波动的原因。实际增长率(G)是实际所发生的增长率,它由实际的储蓄率(S)和实际的资本—产出比率(C)决定,即

$$G = \frac{S}{C} \tag{10.6}$$

均衡增长率(G_W),也称有保证的增长率或合意的增长率,是长期中理想的增长

率，它由合意的储蓄率（S_d）和合意的资本—产出比率（C_r）决定，即

$$G_W = \frac{S_d}{C_r} \tag{10.7}$$

自然增长率（G_n）是长期中人口增长和技术进步所允许达到的最大增长率，它由最适宜的储蓄率（S_O）和合意的资本—产出比率（C_r）决定，即

$$G_n = \frac{S_O}{C_r} \tag{10.8}$$

哈罗德-多马模型认为，长期中实现经济稳定增长的条件是实际增长率、均衡增长率与自然增长率相一致，即 $G = G_w = G_n$。如果这三种增长率不一致，则会引起经济波动。具体来说，在短期中，实际增长率与均衡增长率的背离会引起经济波动。当实际增长率大于均衡增长率（$G > G_W$）时，会引起累积性的扩张，因为这时实际的资本—产出比率小于均衡的资本—产出比率（$C < C_r$），厂商会增加投资，使两者最后一致，从而就刺激了经济的扩张。相反，当实际增长率小于均衡增长率（$G < G_W$）时，会引起累积性的收缩，因为这时实际的资本—产出比率大于均衡的资本—产出比率（$C > C_r$），厂商就会减少投资，使两者最后一致，从而引起了经济收缩。在长期中，均衡增长率与自然增长率的背离也会引起经济波动。当均衡增长率大于自然增长率（$G_w > G_n$）时，由于均衡增长率超过了人口增长和技术进步所允许的程度，经济发展将会出现长期停滞；反之，当均衡增长率小于自然增长率（$G_w < G_n$）时，由于均衡增长率不会达到人口增长和技术进步所允许的程度，经济发展将会出现长期繁荣。所以，只有使这三种增长率达到一致，才能实现经济的稳定增长。

（二）新古典增长模型

哈罗德-多马模型所得出的经济稳定增长的条件十分苛刻，因为实际增长率取决于有效需求，很难与短期和长期稳定增长所要求的增长率相一致。索洛用改变资本—产出比率的办法来解决上述难题，该办法被称为新古典增长理论。这种理论认为，通过市场机制可改变资本—劳动比率，充分就业的稳定增长就可以实现。

新古典增长理论的基本假定包括：第一，社会储蓄函数 $S = sY$，其中 s 是作为参数的储蓄率；第二，劳动力按一个不变的比率 n 增长；第三，生产的规模报酬不变。这样，在一个只包括居民和厂商的两部门经济体系中，经济的均衡条件是投资等于储蓄（$I = S$），也就是资本存量的增加等于储蓄。资本存量的变化等于投资减去折旧，当资本存量为 K 时，假定折旧是资本存量 K 的一个固定比率（$0 < \delta < 1$）即折旧为 δK，则资本存量的变化 ΔK 为

$$\Delta K = I - \delta K \tag{10.9}$$

根据 $I = S = sY$，上式可写为

$$\Delta K = sY - \delta K \tag{10.10}$$

令 $y = Y/N$，表示人均产出；令 $k = K/N$，表示人均资本存量。于是，人均资本存量的增长率 Δk 可以写为

$$\frac{\Delta k}{k} = \frac{\Delta K}{K} - \frac{\Delta N}{N} = \frac{\Delta K}{K} - n \tag{10.11}$$

也就是说,人均资本存量的增长率等于资本存量的增长率减去劳动力的增长率,再将 $\Delta K = sY - \delta K$ 代入上式,可得

$$\Delta k = sy - (n+\delta)k \tag{10.11}$$

式(10.11)是新古典增长模型的基本方程。这个方程表明:人均资本增加等于人均储蓄 sy 减去 $(n+\delta)k$ 项。$(n+\delta)k$ 项可以这样理解:一方面,一定量的人均储蓄必须用于雇用新工人,每个工人占有的资本为 k,这一用途使用的储蓄为 nk;另一方面,一定量的储蓄必须用于替换折旧资本,这一用途使用的储蓄为 δk。也就是说,人均储蓄扣除用于雇用新工人和替换折旧资本的部分后即为人均资本增加量。总量为 $(n+\delta)k$ 的人均储蓄被称为资本广化,人均储蓄超过 $(n+\delta)k$ 的部分导致了人均资本 k 的上升,即 $\Delta k > 0$,被称为资本深化。因此,新古典增长模型的基本方程可以用语言表述为:资本深化=人均储蓄-资本广化。

在这个方程中,如果 $\Delta k = 0$,则 $sy = (n+\delta)k$,若 s、n、δ 均保持不变,则人均产出也保持不变,这一状态被称为长期均衡状态,如图10-2所示。

在图10-2中,$y = f(k)$,代表人均产出曲线,由于资本的边际生产力递减,所以 $f(k)$ 呈图中形状;$sy = sf(k)$ 是人均储蓄曲线;$(n+\delta)k$ 表示资本广化,由于假定 n 和 δ 都是不变的,所以 $(n+\delta)k$ 是一条直线,它和 $sf(k)$ 曲线相交于 E 点,表示在 E 点达到均衡状态,这时产量为 y_E。若经济运行在

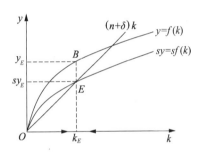

图10-2 新古典增长模型图示

E 点左面,即 $sf(k)$ 大于 $(n+\delta)k$,则表示有资本深化现象,$\Delta k > 0$,人均资本 k 上升;反之,则人均资本 k 下降。当经济趋于资本深化阶段时,表示 y 和 k 上升,y 上升说明产出增长速度比人口快。

图10-2对现实有一定的指导意义,如在其他条件不变的情况下,一国可以通过提高储蓄率 s,使 $sf(k)$ 曲线向上移动,从而使人均资本和人均产出提高;或者通过降低人口增长率 n,使 $(n+\delta)k$ 曲线向右下方移动,从而使人均资本和人均产出提高;此外还可以通过调整人均资本 k,使人均产出 $f(k)$ 变动。

(三)内生增长理论

新古典增长理论在20世纪60年代到80年代占据经济增长理论的主流地位,但随着人们对经济问题认识的深入和经济形势的发展,这一模型逐渐暴露出一些问题。如根据该模型的观点,落后国家的经济增长要快于发达国家,因为落后国家的人均资本水平较低,单位资本的回报率较高。但近些年来,各国经济发展的实际情况告诉我们,有些落后国家经济增长的速度反而慢于发达国家,落后国家与发达国家之间的差距有拉大的趋势。正是在这种情况下,20世纪80年代以来,以罗默和卢卡斯为代表的经济学家在反思新古典增长理论的基础上,逐渐形成了一种新的增长理论,即内生

增长理论。

以往经济增长理论中将储蓄率、人口增长和技术进步等经济增长重要因素视作外生变量（一个给定的量），也就是说这些因素是经济增长的动力而不是经济增长的结果。而现实经济中储蓄率的变化、人口增长率的变化和技术进步既是经济增长的动力，也是经济增长的结果，因此这些因素不可能是外生变量，而是随着经济增长而变化的量。内生增长理论试图将这些重要因素作为内生变量，用规模收益递增和内生技术进步来说明各国经济如何增长，其显著特点是将增长率内生化。

内生增长理论比较集中地讨论了技术进步这一因素在经济增长中的作用。该理论认为，一个经济体系技术进步的快慢和路径是由这个经济体系中的家庭、企业在经济增长中的行为决定的。该理论的主要代表人物罗默认为，企业通过增加投资的行为提高了知识水平，而知识有正外部性，这使物质资本和劳动等其他要素也具有收益递增的特点。另一代表人物卢卡斯认为，发达国家拥有大量的人力资本，经济持续增长是人力资本不断积累的结果。还有的学者强调从事生产的过程也是获得知识的过程，即所谓"干中学"，"干中学"积累起来的经验使劳动力和固定资产的效率在生产过程中不断提高。总之，技术进步是经济体系的内生变量。

内生增长理论对现实有着较强的指导意义，依据其观点，政府应当通过各种政策，如对研究和开发提高补贴、对文化教育事业给予支持、用税收等政策鼓励资本积累等，来促进经济增长。

同步练习

一、单项选择题

1. 经济增长的标志是（　　）。
   A. 失业率的下降　　　　　　　　B. 先进技术的广泛应用
   C. 社会生产能力的不断提高　　　D. 城市化速度加快

2. 下列提高经济增长率的方法，最好是（　　）。
   A. 发现新的自然资源　　　　　　B. 发展新技术
   C. 提高人口增长率　　　　　　　D. 降低人口增长率

3. 假如要把产出的年增长率从5%提高到7%，在资本—产出比率等于4的前提下，根据哈罗德-多马模型，储蓄率应达到（　　）。
   A. 28%　　　　B. 30%　　　　C. 32%　　　　D. 20%

4. 若想把产出的年增长率从5%提高到7%，在储蓄率为20%的条件下，按照哈罗德-多马模型，资本—产量比率约为（　　）。
   A. 2　　　　　B. 3　　　　　C. 4　　　　　D. 5

5. 按照哈罗德和多马的观点，若想使资本主义经济在充分就业的情况下稳定地增长下去，其条件是（　　）。
   A. $G = G_w = G_n$　　B. $G = G_w$　　C. $G = G_n$　　D. $G > G_n$

6. 根据哈罗德和多马的分析，如果均衡增长率 G_W 大于自然增长率 G_n，经济将（　　）。

A. 持续高涨　　　　B. 长期萧条　　　　C. 均衡增长　　　　D. 不能确定

二、判断题

1. 经济增长的最简单定义就是国民生产总值的增加、社会福利的增加和个人福利的增加。（　　）
2. 经济增长和经济发展所研究的是同样的问题。（　　）
3. 只要技术进步，经济就可以实现持续增长。（　　）
4. 经济增长的机会成本是降低人们目前的消费水准。（　　）
5. 美国经济快速增长、生产率大幅提高的主要原因在于其国家的人口少。（　　）

第二节　经济周期

一、经济周期的含义

经济周期，也称商业周期或商业循环，是指经济社会在运行过程中周期性地出现经济扩张和经济紧缩的交替更迭、循环往复的一种现象。具体表现为国民经济总量指标（如国民收入、就业率、消费总量），出现波动一般呈现出繁荣、衰退、萧条和复苏四个不同的变化阶段，并交替更迭、循环往复。对于经济周期有两种不同的理解，古典经济学的经济周期是指实际GDP绝对量的上升和下降的交替过程。但是，现代经济发展的实际情况告诉我们，实际GDP绝对量下降的情况是很少见的，所以现代宏观经济学认为经济周期是经济增长率的上升和下降的交替过程。根据这一定义，衰退不一定表现为GDP绝对量的下降，而主要是GDP增长率的下降，这种衰退在宏观经济学中称为增长性衰退。

在理解经济周期的内涵时，需要注意以下三点：第一，经济周期的中心是国民收入的波动，这种波动引起了失业率、一般物价水平、利息率及对外贸易活动的波动，所以研究经济周期的关键是研究国民收入波动的规律与根源；第二，经济发展的周期性波动是客观存在的经济现象，任何国家的经济发展都无法避免；第三，虽然每个经济周期并不完全相同，但它们存在共同之处，即每个经济周期都是繁荣与萧条的交替。

二、经济周期的阶段划分

一个完整的经济周期包括四个阶段：繁荣、衰退、萧条、复苏。其中，繁荣与萧条是两个主要阶段，衰退与复苏是两个过渡性阶段。

如图10-3所示，以横轴表示时间（年份），纵轴表示国民收入。向右上方倾斜的直线 N 代表正常的经济活动水平。从 A 到 B 为经济周期的繁荣阶段，在 B 点达到顶峰；从 B 到 C 为衰退阶段，此时经济运行开始收缩；从 C 到 D 为萧条阶段，各种宏观经济指标进一步恶化，在 D 点降到谷底；从 D 到 E 为复苏阶段，说明经济形势开始好转，即将进入下一个繁荣阶段。

（一）繁荣阶段

在这一阶段，生产迅速增加，投资增加，信用扩张，价格水平上升，就业增加，公众对未来乐观。此时的国民收入和经济活动高于正常水平，当就业量与产出达到最高时，经济就开始进入衰退阶段。

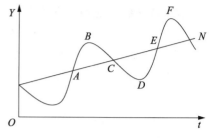

图 10-3　经济周期示意图

（二）衰退阶段

在这一阶段，生产开始急剧减少，投资也开始减少，信用慢慢紧缩，价格水平逐步下降，破产倒闭的企业数量不断增加，失业率不断上升，公众对未来趋于悲观。当经济活动水平降至正常经济活动水平时，萧条阶段便来临了。

（三）萧条阶段

在这一阶段，平等国民收入和经济活动低于正常水平。

（四）复苏阶段

在这一阶段，生产和投资不断增加，闲置的机器设备得到利用，物价、股票价格、利息率等逐渐上升，信用逐渐活跃，就业人数也在逐渐增加，公众的情绪逐渐高涨。当产量或产值等相关经济指标恢复到衰退前的最高水平时，就进入了新一轮的繁荣阶段。

三、经济周期的分类

关于经济周期，比较常见的划分包括朱格拉周期、基钦周期和康德拉季耶夫周期。

（一）朱格拉周期

朱格拉周期也称主要周期、中周期、经济中波，是由法国经济学家朱格拉于1860年提出的。朱格拉对美国、英国与法国银行业的运行状况进行了较长时间的观察研究，提出宏观经济一次周期性的波动历时9~10年，分为繁荣、危机和清算三个阶段，以国民产出、失业率、多部门的利润和价格等主要经济指标的变动为标志。朱格拉是第一位对经济周期的阶段进行划分的经济学家，现在我们所面对的经济周期主要是这种周期，通常认为其长度为8~10年。

（二）基钦周期

基钦周期也称短周期，是美国经济学家基钦于1923年提出的。他对较长时间内美国与英国的物价水平、利息率及银行结算等指标进行分析后发现，在一次主要周期的发生过程中也会有经济运行的波动，主要同市场商品可供量和企业存货量的变化有关，影响因素主要是企业存货增减所引起的投资数量的变动。一般情况下，基钦周期的长度为40个月（约3.5年），约为主要周期的一半，即在一次主要周期的波动过程中会包括两次次要周期的波动。

（三）康德拉季耶夫周期

康德拉季耶夫周期也称长周期，是俄国经济学家康德拉季耶夫在对美国、法国、英国及其他一些国家 1780—1920 年的经济运行情况进行研究后于 1925 年提出的。他认为西方国家的经济波动每次历时 50~60 年，平均长度为 54 年。

延伸阅读

库兹涅茨周期

库兹涅茨周期也称建筑业周期，是由美国经济学家库兹涅茨在 1930 年提出的。库兹涅茨根据英国、美国、法国等国 19 世纪初到 20 世纪初 60 种工农业主要产品的产量和 35 种工农业主要产品的价格变动情况，提出了平均长度为 15~25 年的周期。这种长周期与人口增长所引起的建筑业增长和衰退相关，是由建筑业的周期性波动引起的。

熊彼特周期

美籍奥地利经济学家熊彼特综合了前人的研究成果，认为经济中存在着长、中、短三种不同类型的周期，每个长周期的长度为 48~60 年，其中包含了六个中周期；每个中周期的长度为 9~10 年，其中包含了三个短周期；短周期约为 40 个月，三个短周期构成一个中周期，十八个短周期构成一个长周期。他以重大创新为标志，划分了三个长周期：第一个长周期从 18 世纪 80 年代到 1842 年，是"产业革命时期"；第二个长周期从 1842 年到 1897 年，是"蒸汽和钢铁时期"；第三个长周期是 1897 年以后，是"电气、化学和汽车时期"。每个长周期中仍有中等创新所引起的波动，这就形成了若干个中周期；每个中周期中还有小创新引起的波动，这就形成了若干个短周期。

四、经济周期的成因

当代西方经济学家对经济周期的形成原因众说纷纭，从大的方面来讲可分为外生经济周期理论和内生经济周期理论。

（一）外生经济周期理论

外生经济周期理论是内生经济周期理论的对称，是一类用经济体系以外的因素来解释经济周期的理论。它认为经济周期不是由经济体系本身的因素引起的，而是由某些外在因素，如太阳黑子和气候的变化、科学技术重大的创造发明、人口的变动等引起的。典型的外生经济周期理论包括以下几种。

1. 政治性经济周期理论

政治性经济周期理论是指一种用西方发达国家政治活动周期来解释经济周期性波动原因的理论。一些西方经济学家认为，在西方发达国家中，政治家为赢得选票而制定不同的经济政策,由此引起了经济的周期性波动。由于这种经济周期是随着选举的政治周期而发生变动的,所以被称为政治性经济周期。一些西方经济学家认为,政策制定者为了在选举中获胜,往往从选举的需要出发制定经济政策。一般来说,在选举之前,经济形势的改善,特别是失业率的降低,有利于现任政府连选连任。因此,现任政府就要在选举之前采取减税或增加政府支出这类扩张性财政政策来刺激经济,这就引起了选举前的经济繁荣。在选举之后,为了制止这种繁荣所引起的通货膨胀,一般要采取紧缩性财政政策,从而又会引起经济萧条。

2. 太阳黑子理论

英国经济学家杰文斯等人认为,经济周期是由太阳黑子活动这一自然因素引起的。这种理论认为,太阳黑子的活动对农业生产影响很大,而农业生产的状况又会影响工业及整个经济。太阳黑子活动的周期性决定了经济波动的周期性。具体来说,太阳黑子活动频繁会使农业减产,农业减产影响到工业、商业、工资、购买力、投资等,从而引起整个经济萧条。相反,太阳黑子活动的减少则使农业丰收,整个经济繁荣。他们用长期中太阳黑子活动周期与经济周期基本吻合的资料来证明这种理论。

3. 创新理论

熊彼特以创新理论来解释经济周期,把经济周期看成是由各种发明和创造带来的。他认为,经济周期是正常的,是创新引起的旧均衡的破坏和向新均衡的过渡。由创新引起的经济周期的过程是:创新为创新者带来超额利润,引起其他企业效仿,形成"创新浪潮"。于是,引起对资本品需求的增加,导致银行信用扩大,生产增长,经济走向繁荣。随着创新的普及,盈利机会逐渐减少,超额利润消失,投资下降,信用收缩,经济由繁荣走向萧条。从资本主义发展的角度来看,一旦萧条到达谷底,新的创新引致的复苏和繁荣将推动生产力在更高水平上向前发展。

(二) 内生经济周期理论

内生经济周期理论是一类用经济体系内在的因素来解释经济周期的理论。这类理论从经济体系本身寻找经济周期的原因,认为经济周期是货币、消费、私人投资和政府开支等经济因素的变动所引起的。投资过度理论、消费不足理论、心理周期理论、纯货币理论和乘数—加速原理等都属于内生经济周期理论。

1. 投资过度理论

投资过度理论主要强调经济周期的根源在于生产结构的不平衡,尤其是资本品和消费品生产之间的不平衡。人们把当期收入分成储蓄和消费两部分,消费部分直接用于购买消费品,储蓄部分则进入资本市场,通过银行、保险、证券等各种金融机构进入各企业经营者手中,被投入资本品购买和生产之中,这一过程就是投资。如果利息率政策有利于投资,则投资的增加首先引起对资本品需求的增加及资本品价格的上升,这样就进一步刺激了投资的增加,形成了经济繁荣。但是,这种资本品生产的增长要以消费品生产的下降为代价,从而导致生产结构的失调。当经济扩张到一定程度时,整个生产结构已经处于严重的头重脚轻状态,于是经济衰退不可避免地发生了。

2. 消费不足理论

消费不足理论是由英国经济学家马尔萨斯、霍布森等人提出的。这种理论认为，萧条是由于国民收入分配不均造成富人储蓄过度而穷人收入水平过低，因而社会对消费品需求的增加赶不上消费品生产的增长。而消费品需求不足又引起对资本品需求不足，进而使整个经济出现生产过剩性危机。消费不足的根源则在于国民收入分配不平等所造成的穷人购买力不足和富人储蓄过度。

3. 心理周期理论

心理周期理论强调心理预期对经济周期各个阶段形成的决定作用，是由英国经济学家凯恩斯和庇古提出的。这种理论认为，预期对人们的经济行为有决定性的影响，乐观与悲观预期的交替引起了经济周期中繁荣与萧条的交替。任何一种因素刺激了投资活动，引起高涨后，人们对未来预期的乐观程度一般总是超过合理的经济考虑下应有的程度。这就导致投资过多，经济过度繁荣。而一旦这种过度乐观的预期所造成的错误被觉察，又会变成不合理的过分悲观的预期。由此过度减少投资，引起经济萧条。凯恩斯认为，萧条的产生是由于资本边际效率的突然崩溃，而造成这种崩溃的原因正是人们对未来的悲观预期。这种理论强调了造成人们预期过分悲观或乐观的原因仍然是经济因素。

4. 纯货币理论

纯货币理论是由英国经济学家霍特里提出的。这种理论认为，经济周期是由银行体系交替的扩张和紧缩信用造成的，因而是纯粹的货币现象。在发达的资本主义社会，流通工具主要是银行信用。商人运用的资本主要来自银行信用。当银行体系降低利息率，扩大信用时，商人就会向银行增加借款，从而增加向生产者的订货，这样就引起生产的扩张和收入的增加，而收入的增加又引起对商品需求的增加和物价的上升，经济活动继续扩大，经济进入繁荣阶段。但是，银行扩大信用的能力并不是无限的。当银行体系被迫停止扩大信用，转而紧缩信用时，商人得不到贷款，就减少订货，由此出现生产过剩性危机，经济进入萧条阶段。

5. 乘数—加速原理

现代经济学家十分重视投资变动在引起经济周期中所起的关键作用，具有代表性的理论就是乘数—加速原理。

乘数是指投资变动所引起的产量变动。乘数原理说明，由于经济中各部门之间存在密切的联系，某一部门的一笔投资不仅会使本部门的产量增加，而且会使其他部门产生连锁反应，引起这些部门投资与产量的增加，从而使最终产量的增加是原来投资的倍加数。

加速原理是指产量变动所引起的投资变动。加速原理说明，由于现代化大生产的特点是采用大量先进而昂贵的设备，所以在开始生产时，投资要大于产量，投资的变动率要大于产量的变动率，但在生产能力形成后，如果产量不以一定的比率增长，投资就无法增加。也就是说，要使投资一直增加，产量就必须按一定的比率增长。

西方经济学家认为，经济之所以会发生周期性波动，其根源正在于乘数原理与加速原理的相互作用。具体来说，投资增加引起产量的更大增加，产量的更大增加又引起投资的更大增加，这样经济就会出现繁荣。然而，产量达到一定水平后因社会需求与资源的限制而无法继续增加，这时在加速原理的作用下投资减少，投资的减少又会在乘数原理的作用下使产量继续减少，这两者的共同作用又使经济出现萧条。由于乘数原理与加速原理的共同作用，经济中就形成了由繁荣到萧条，又由萧条到繁荣的周期性运动。

同步练习

一、单项选择题

1. 经济周期的中心是（　　）。
   A. 价格的波动　　　B. 利息率的波动　　C. 收入的波动　　　D. 消费的波动
2. 中周期的每一个周期为（　　）。
   A. 5~6 年　　　　　B. 8~10 年　　　　 C. 25 年左右　　　 D. 50 年左右
3. 朱格拉周期是一种（　　）。
   A. 短周期　　　　　B. 中周期　　　　　C. 长周期　　　　　D. 不能确定
4. 基钦周期是一种（　　）。
   A. 短周期　　　　　B. 中周期　　　　　C. 长周期　　　　　D. 不能确定
5. 康德拉季耶夫周期是一种（　　）。
   A. 短周期　　　　　B. 中周期　　　　　C. 长周期　　　　　D. 不能确定

二、判断题

1. 经济周期的中心是国民收入的波动。（　　）
2. 实际 GDP 是现代经济学家衡量经济周期的唯一变量。（　　）

本章小结

经济增长通常是指在一定时期内，一个国家或地区经济水平的持续提高，具体表现为经济总量的增加、总产出的增加、人均收入的增加等。经济增长的决定因素有资本、劳动、技术和自然资源。自宏观经济学诞生至今，经济学家们一直致力解释经济增长现象，并先后形成了哈罗德-多马模型、新古典增长模型和内生增长理论等具有代表性的理论观点。

经济周期又称商业周期或商业循环，是指国民收入及经济活动的周期性波动。一个完整的经济周期包括繁荣、衰退、萧条和复苏四个阶段。经济周期可以分为朱格拉周期、基钦周期和康德拉季耶夫周期。对于经济为什么会出现周期性波动，宏观经济学给出了不同的解释，即外生经济周期理论和内生经济周期理论。外生经济周期理论认为是经济体系外部的因素导致了经济活动的周期性波动，内生经济周期理论认为是经济体系内部的因素导致了经济活动的周期性波动。

复习与思考

一、问答题

1. 西方经济学把经济周期分为哪几个阶段？
2. 西方经济学家怎样解释经济周期产生的原因？
3. 哈罗德-多马模型是怎样解释经济中长期波动的原因的？
4. 比较哈罗德-多马模型、新古典增长模型和内生增长理论的差异。
5. 根据经济增长理论试述一国如何有效地促进经济增长。

二、案例分析题

表10-1是我国1989—2004年GDP增长率的有关数据。

表10-1　我国1989—2004年GDP增长率

年份	1989	1990	1991	1992	1993	1994	1995	1996
GDP增长率/%	4.1	3.8	9.2	14.2	13.5	12.6	10.5	9.6
年份	1997	1998	1999	2000	2001	2002	2003	2004
GDP增长率/%	8.8	7.8	7.1	8.0	7.3	8.0	9.1	9.5

资料来源：历年国民经济和社会发展统计公报，中国统计信息网。

要求：

1. 请据此画出这一期间我国经济周期活动图。
2. 如果其中有一个完整的经济周期，请划分各个阶段并说明理由。

第十一章　宏观经济政策

学习目标

1. 了解宏观经济政策目标及工具；
2. 掌握财政政策的内容；
3. 理解自动稳定器和相机抉择的财政政策的含义；
4. 理解银行存款的创造机制；
5. 掌握货币政策的内容和工具；
6. 了解财政政策与货币政策配合使用的政策效果。

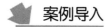案例导入

中国宏观经济政策的运用

2023 年 3 月 5 日，第十四届全国人民代表大会第一次会议开幕，国务院总理李克强作政府工作报告，为 2023 年中国经济社会发展锚定"稳字当头、稳中求进"的工作总基调，并明确了目标与指标。

政府工作报告将 2023 年国内生产总值增长设为 5% 左右。从宏观经济政策方面来看，2023 年要保持政策连续性、稳定性、针对性，加强各类政策协调配合，形成共促高质量发展合力。积极的财政政策要加力提效。赤字率拟按 3% 安排。完善税费优惠政策，对现行减税降费、退税缓税等措施，该延续的延续，该优化的优化。稳健的货币政策要精准有力。保持广义货币供应量和社会融资规模增速同名义经济增速基本匹配，支持实体经济发展。

国民经济作为一个复杂整体，其运行状况需要从不同方面用不同指标反映，一般而言，政府对宏观经济的调控目标总是不止一个，而不同的宏观经济政策对政策目标的影响也不同，需要政府对各种宏观经济政策进行综合运用。

（资料来源：中国政府网）

案例思考：财政政策与货币政策是如何发挥作用的？

经济生活不可能自动地始终处于稳定的最佳状态，正如人总会生病。这时就需要

政府针对宏观经济问题采取相应的宏观调控政策，以确保经济有条不紊，保持活力与持续增长。宏观经济政策建立在宏观经济理论的基础上，通过运用财政政策、货币政策来调节、控制宏观经济变量以达到预期目的。

第一节 宏观经济政策概述

一、宏观经济政策目标及其相互关系

宏观经济政策是指国家或政府为增进整个社会的经济福利、改进国民经济的运行状况、实现一定的政策目标而有意识和有计划地运用一定的政策工具制定的解决经济问题的指导原则和措施。它是政府为实现一定的经济目标而对经济活动进行有意识的干预。因此，任何一项经济政策的制定都是根据一定的经济目标进行的。

（一）宏观经济政策目标

一般认为，宏观经济政策有四个目标，即充分就业、物价稳定、经济增长和国际收支平衡。

1. 充分就业

充分就业是指包含劳动在内的一切生产要素都以愿意接受的价格参与生产活动的状态。如果"非自愿失业"已消除，失业仅限于摩擦性失业、结构性失业和自愿失业，就是实现了充分就业。一般认为充分就业不是百分之百就业，充分就业并不排除像摩擦性失业这样的失业情况存在。大多数经济学家认为存在 4%~6% 的失业率是正常的，此时社会处于充分就业状态。失业意味着稀缺资源的浪费或闲置，从而使经济总产出下降，社会总福利受损。因此，失业的成本是巨大的。降低失业率，实现充分就业常常成为西方宏观经济政策的首要目标。

2. 物价稳定

物价稳定是指物价总水平的稳定。一般用价格指数来表达一般价格水平的变化。价格指数是表示若干种商品价格水平的指数，可以用一个简单的百分数时间数列来表示不同时期一般价格水平的变化方向和变化程度。价格指数又分为消费者物价指数（CPI）、生产者物价指数（PPI）和 GDP 折算指数三种。物价稳定不是指每种商品的价格固定不变，而是指价格指数的相对稳定。实践表明，西方国家的通货膨胀已经无法完全消除，大部分西方国家已把一般的轻微通货膨胀的存在看作基本正常的经济现象。

3. 经济增长

经济增长是指在一定时期内一个国家经济总产出或人均产出水平的持续增加。经济增长通常用一定时期内实际国内生产总值的年均增长率来衡量。经济增长会增加社会福利，但并不是增长率越高越好。这是因为经济增长一方面要受到各种资源条件的限制，不可能无限地增长，尤其对于经济已相当发达的国家来说更是如此；另一方面也要付出代价，如造成环境污染、引起各种社会问题等。因此，经济增长就是实现与本国具体情况相符的适度增长，这种增长既要能满足社会发展的需要，又是人口增长和技术进步所能达到的。要根据资源和技术进步来确定适度增长率，并考虑到保护环境和减少污染问题，这就是我们所说的可持续增长。

4. 国际收支平衡

国际收支平衡也是宏观经济政策的一个具有重要意义的目标。所谓国际收支平衡，是指既无国际收支赤字，又无国际收支盈余的状态。从长期来看，无论是国际收支赤字还是国际收支盈余都对一国经济有不利影响，会限制和影响其他宏观经济政策目标的实现。具体来说，长期的国际收支盈余是以减少国内消费与投资，从而不利于充分就业和经济增长为代价的。国际收支赤字要由外汇储备或借款来偿还，而外汇储备和借款都是有限的，长期的国际收支赤字会导致国内通货膨胀，不利于物价稳定。在国际收支平衡中，贸易收支的平衡更为重要。

（二）宏观经济政策目标之间的关系

宏观经济政策四大目标之间既存在互补关系，也存在交替关系。互补关系是指一个目标的实现对另一个目标的实现有促进作用。如为了实现充分就业，就要保护必要的经济增长。交替关系是指一个目标的实现对另一个目标的实现有排斥作用。如物价稳定与充分就业之间就存在两难选择。为了实现充分就业，必须刺激总需求，扩大就业量，这样就要实施扩张性的财政政策和货币政策，由此就会引起物价水平的上升；而为了抑制通货膨胀，就必须实施紧缩性的财政政策和货币政策，由此又会引起失业率的上升。又如经济增长与物价稳定之间也存在着相互排斥的关系。因为在经济增长过程中，通货膨胀难以避免。再如国内均衡与国际均衡之间存在着交替关系。这里的国内均衡是指充分就业和物价稳定，而国际均衡是指国际收支平衡。为了实现国内均衡，就可能降低本国产品在国际市场上的竞争力，从而不利于国际收支平衡。为了实现国际收支平衡，又可能不利于实现充分就业和物价稳定的目标。

由此，在制定经济政策时，必须对经济政策目标进行价值判断，权衡轻重缓急和利弊得失，确定目标的实现顺序和目标指数高低，同时使各个目标能有最佳的匹配组合，使所选择和确定的目标体系成为一个和谐的有机整体。

二、宏观经济政策工具

宏观经济政策工具是用来实现宏观经济政策目标的手段。一般而言，政策工具是多种多样的，不同的政策工具都有各自的作用，但也往往可以达到相同的政策目标。在宏观经济政策工具中，常用的有需求管理政策、供给管理政策及国际经济政策。

（一）需求管理政策

需求管理政策是通过调节总需求来实现一定政策目标的宏观管理工具。需求管理政策是以凯恩斯的总需求分析理论为基础制定的，是凯恩斯主义所重视的政策工具。需求管理政策是要通过对总需求的调节，实现总需求与总供给的平衡，实现既无失业又无通货膨胀的目标。在总需求小于总供给时，经济中会因需求不足而产生失业，这时就要运用扩张性的政策工具来刺激总需求，以克服经济萧条，实现充分就业；在总需求大于总供给时，经济中会因需求过度而产生通货膨胀，这时就要运用紧缩性的政策工具来抑制总需求，以克服通货膨胀。需求管理政策包括财政政策和货币政策。

（二）供给管理政策

供给学派理论的核心是把注意力从需求转向供给。供给管理是通过对总供给的调节来达到一定的政策目标。在短期中，影响供给的主要因素是生产成本，特别是生产成本中的工资成本。在长期中，影响供给的主要因素是生产能力，即经济潜力的增长。因此，供给管理政策包括控制工资与物价的收入政策、改善劳动市场的人力政策及促进技术改进或效率提高的经济增长政策。

供给侧结构性改革

供给侧结构性改革旨在调整经济结构，使要素实现最优配置，提升经济增长的质量和数量。供给侧结构性改革，就是从提高供给质量出发，用改革的办法推进结构调整，矫正要素配置扭曲，扩大有效供给，提高供给结构对需求变化的适应性和灵活性，提高全要素生产率，更好地满足广大人民群众的需要，促进经济社会持续健康发展。

（三）国际经济政策

国际经济政策是对国际经济关系的调节。现实中每一个国家的经济都是开放的，各国经济之间存在着日益密切的往来与相互影响。一国的宏观经济政策目标中有国际经济关系的内容（国际收支平衡），其他目标的实现不仅有赖于国内经济政策，而且有赖于国际经济政策。因此，在宏观经济政策中也应该包括国际经济政策。

一、单项选择题

1. 宏观经济政策的首要目标是（　　）。
   A. 经济增长　　　B. 物价稳定　　　C. 充分就业　　　D. 国际收支平衡
2. 凯恩斯主义所使用的政策工具是（　　）。
   A. 需求管理政策　B. 供给管理政策　C. 国际经济政策　D. 以上都是

二、判断题

1. 需求管理政策包括财政政策和货币政策。（　　）
2. 充分就业和物价稳定是一致的，只要实现了其中一项，也就实现了另一项。（　　）
3. 凯恩斯主义所重视的政策工具是需求管理政策。（　　）

第二节　财政政策

财政政策是国家调控经济，实现政策目标最主要的政策工具之一。所谓财政政策，是指为促进就业水平提高、减轻经济波动、防止通货膨胀、实现稳定增长而对政府支出、税收和借债水平所进行的选择或对政府收入和支出水平所做的决策。财政政策主要是通过政府的财政收支实施的。

一、国家财政的构成

国家财政包括政府收入和政府支出两个方面。

（一）政府收入

政府的收入主要来源于税收和公债两个部分。

1. 税收

税收是国家为了实现其职能，按照法律预先规定的标准，强制地、无偿地取得财政收入的一种手段。因此，税收具有强制性、无偿性、固定性三个基本特征。

税收是政府收入中最主要的部分，在西方发达国家中，税收在国内生产总值中经常占20%以上，有些国家甚至高达50%以上。各国的税收通常由许多具体的税种组成，且依据不同的标准可以对税收进行不同的分类。

（1）根据课税对象，税收可分为财产税、所得税和流转税三大类。财产税主要是指对不动产即土地和土地上的建筑物等所征收的税。遗产税一般包含在财产税中。所得税是对个人和公司的所得征税，在西方国家的政府税收中，所得税占有很大比重，因此所得税税率的变动会对经济活动产生重大影响。流转税是对流通中的商品和劳务交易的总额征税。增值税是流转税的主要税种之一。

（2）根据纳税的方式，税收可分为直接税和间接税。直接税是指不能转嫁税赋，即只能由纳税人自己承担税赋的税收。这类税收一般在收入环节征收，如所得税。间接税是指能够转嫁税赋，即可以通过提高商品和劳务的售价把税赋转嫁给购买者的税收。这类税收一般在生产和流通环节征收，如增值税、关税等。

（3）根据收入中被扣除的比例，税收可分为累退税、比例税和累进税三种。累退税是税率随征税客体总量增加而递减的一种税。比例税是税率不随征税客体总量变动而变动的一种税，即按固定比率从收入中征税，多适用于流转税和财产税。累进税是税率随征税客体总量增加而增加的一种税。西方国家的所得税多属于累进税。

2. 公债

公债是政府财政收入的另一个组成部分。公债是政府的债务，包括中央政府的债务和地方政府的债务。其中，中央政府的债务被称为国债。公债的形式一般有短期公债、中期公债和长期公债三种。短期公债是政府通过国库券取得的。在美国，国库券的期限一般有3个月、半年和1年三种。目前，国库券成为政府短期借债的主要形式。中期公债是政府通过发行中期债券取得的，期限一般为1年以上5年以内。长期公债是政府通过发行长期债券取得的，期限为5年以上。

政府发行公债，一方面能增加政府的财政收入，弥补财政赤字，筹措建设资金，影响财政收支，属于政府的财政政策；另一方面又能对包括货币市场和资本市场在内的金融市场产生扩张和收缩的作用，通过公债的发行在金融市场上影响货币的供求，促使利息率发生变动，进而影响消费和投资，调节社会总需求水平，对经济产生扩张或收缩的作用。因此，从这一点上看，公债既有财政政策的功能，又有一定的货币政策作用。

（二）政府支出

政府支出包括各级政府的支出，政府支出方式有两种：政府购买和政府转移支付。

1. 政府购买

政府购买是指政府对商品和劳务的购买。这种支出是以取得商品和劳务为目的的有偿支出。它是一种实质性的支出。它可以使经济资源的利用从私人部门转到公共部门。由于政府购买有着商品和劳务的实际交易，因此它直接形成社会需求和社会购买力，是国民收入的一个组成部分，作为计入GDP的四大需求项目（消费、投资、政府购买和净出口）之一。

2. 政府转移支付

政府转移支付是指政府单方面的、无偿的资金支付，包括社会保障支出、社会福利支出、政府对农业的补贴、债务利息支出、捐赠支出等。这种支出是不以取得商品和劳务作为报偿的支出。政府转移支付是货币性支出，是通过政府把一部分人的收入转给另一部分人，整个社会的收入总量并没有变化，变化的仅是收入总量在社会成员之间的分配比例。正是由于政府转移支付只是资金使用权的转移，并没有相应的商品和劳务的交换发生这个特点，因此它不能计入GDP，不能算作国民收入的组成部分。

二、财政政策的内容与应用

财政政策运用政府收支来调节经济，通过财政收入与财政支出影响消费需求和投资需求，以使总需求与总供给相适应，从而稳定经济，防止经济波动。根据调节方向或目的的不同，财政政策主要分为两种：扩张性财政政策和紧缩性财政政策。

（一）扩张性财政政策

扩张性财政政策是指政府通过增加财政支出和减少税收来刺激经济的政策。在经济萧条时期，总需求小于总供给，经济中存在失业，政府可以通过扩张性财政政策来刺激总需求，以实现充分就业。

1. 增加财政支出

增加财政支出包括增加政府购买和增加政府转移支付两个方面。政府购买包括政府对商品和劳务的购买。政府转移支付主要包括失业救济、养老保险、贫困救济等方面的支出。增加政府购买，加大政府转移支付，使社会总需求中的政府开支部分增加，既可以直接扩大消费和投资，又有利于刺激私人投资，增加居民人均消费，提高总需求水平，从而使总需求与总供给达到均衡。

2. 减少税收

减少税收主要是指减少企业和个人的所得税等。对企业减税可以降低企业成本，增加企业利润，刺激生产。对个人减税可以相对增加居民收入，从而增加消费。通过以上措施增加有效需求，使经济扩张、失业减少。

（二）紧缩性财政政策

紧缩性财政政策是指政府通过减少财政支出和增加税收来抑制经济的政策。在经济繁荣时期，总需求大于总供给，经济中存在通货膨胀，政府可以通过紧缩性财政政策来抑制总需求，以实现物价稳定。

1. 减少财政支出

减少财政支出包括紧缩公共工程开支，减少政府购买和政府转移支付，这样一方面直接减少了总需求，另一方面抑制了私人消费和投资，间接减少了总需求，有助于降低通货膨胀率。

2. 增加税收

增加个人所得税可以减少个人的可支配收入，从而减少消费；增加企业所得税可以减少企业投资，从而抑制消费和投资，减少过度需求，使物价趋于稳定。增加间接税也会抑制消费和投资。

从以上分析可以看出，财政政策通过调节财政的收入和支出来调节社会总需求，从而起到对经济的宏观调控作用。因此，财政政策可看作需求管理政策。

三、自动稳定器

（一）自动稳定器的含义

自动稳定器又称内在稳定器，是指财政制度本身所具有的能够减轻经济波动，维持经济稳定发展的作用。也就是说，即使在政府支出和税率保持不变的时候，财政制度本身也会影响社会经济的活动，能够在经济繁荣时期自动抑制膨胀，在经济衰退时期自动减轻萧条，从而减轻经济波动。

自动稳定器的作用特点表现在：当国民收入下降时，它会自动地引起政府支出的增加和税收的减少，从而阻止国民收入进一步下降；当国民收入上升时，它又会自动地引起政府支出的减少和税收的增加，从而避免经济的过度膨胀。

（二）自动稳定器的作用机制

自动稳定器的作用发挥主要是通过政府税收的自动变化、政府转移支付的自动变化和农产品价格维持制度实现的。

1. 政府税收的自动变化

当经济繁荣时，随着生产扩大、就业增加，人们的收入增加，而通过累进的所得税所征收的税额自动地以更快的速度增加，政府税收以更快的速度增加意味着人们的可支配收入的增幅相对较小，从而使消费和总需求的增幅也相对较小，最终遏制总需求扩张和经济过热。当经济衰退时，国民产出水平下降，个人收入和企业利润普遍下降，在税率不变的条件下，政府税收自动地以更快的速度减少，留给人们的可支配收入也会自动地少减少一些，从而使消费和总需求也自动地少下降一些，起到缓解经济衰退的作用。

因此，在税率不变的条件下，税收随经济周期自动地同方向变化，税收的这种自动变化与政府在经济繁荣时期应当增税、在经济衰退时期应当减税的意图正好吻合，因而它是经济体系内有助于稳定经济的自动稳定因素。

2. 政府转移支付的自动变化

同税收的作用一样，政府转移支付有助于稳定可支配收入，从而有助于稳定在总支出中占很大比重的消费支出。政府转移支付包括政府的失业救济和其他社会福利支出。当经济衰退时，由于失业人数增加，穷人增多，符合救济条件的人数增多，失业救济和其他社会福利支出就会相应增加，从而间接地抑制人们的可支配收入的下降，进而抑制消费需求的下降。当经济繁荣时，由于失业人数减少，穷人减少，失业救济和其他社会福利支出也自动减少，从而抑制可支配收入和消费的增长。

3. 农产品价格维持制度

当经济衰退时，国民收入下降，农产品价格下降，政府按照支持价格收购农产品，可使农民的收入和消费维持在一定水平；当经济繁荣时，国民收入上升，农产品价格上升，政府减少对农产品的支持，并抛售农产品，限制农产品价格的上升，从而抑制农民收入的增长，减少总需求。农产品价格维持制度有利于减轻经济波动，故被认为是稳定器之一。

财政制度的自动稳定器被认为是对经济波动的第一道防线，但其作用是十分有限的。它虽然能够减轻经济波动，却不能消除经济波动，最多只能算是一种辅助手段。凯恩斯主义认为要消除经济波动，必须依靠政府积极的财政政策和货币政策。

四、斟酌使用的财政政策

斟酌使用的财政政策又称相机抉择的财政政策，是指应该根据"逆风而行"的原则，根据宏观经济状况主动采用增减政府收支的决策。例如，当认为总需求非常低，即出现经济衰退时，政府应采取扩张性财政政策，包括增加购买、增加转移支付或减少税收或双管齐下，以刺激总需求；反之，当认为总需求非常高，即出现通货膨胀时，政府应采取紧缩性财政政策，包括增加税收或减少转移支付、减少购买或双管齐下，以抑制总需求。究竟什么时候采取扩张性财政政策，什么时候采取紧缩性财政政策，应由政府对经济发展的形势加以分析权衡，斟酌使用。斟酌使用的财政政策也是凯恩斯主义需求管理的内容。凯恩斯分析的是需求不足型的萧条经济，他认为调节经济的重点应放在总需求的管理上，使总需求适应总供给。当总需求小于总供给，出现衰退和失业时，政府应采取扩张性财政措施，以刺激总需求；当总需求大于总供给，出现通货膨胀时，政府应采取紧缩性财政政策，以抑制总需求。

斟酌使用的财政政策与自动稳定器的差别在于：前者强调运用财政政策主动地调

节经济，而后者强调发挥经济体系内的自发调节机制。

五、赤字财政政策

凯恩斯主义认为，财政政策应该为实现充分就业服务，必须放弃传统的财政预算平衡思想，实行赤字财政政策。

传统的财政预算平衡思想主要有年度平衡预算和周期平衡预算两种。年度平衡预算要求每年都要做到财政收支平衡。这是在20世纪30年代大危机以前普遍采取的财政政策，后来这种政策遭到凯恩斯主义者的攻击。他们认为，坚持年度平衡预算只会使经济波动更加严重。理由是当经济萧条时，税收必然会随之减少，为了减少赤字，只有减少政府支出或提高税率，其结果会加深衰退；当经济繁荣时，通货膨胀率上升，国民收入增加，税收也随之增加，为了减少盈余，只有增加政府支出或降低税率，其结果会加剧通货膨胀。

周期平衡预算是指政府在一个经济周期中保持财政收支平衡。周期平衡预算的思想是：在经济萧条时实行扩张性财政政策，必然会出现财政赤字，而在经济繁荣时实行紧缩性财政政策，又必然会出现财政盈余，以繁荣时的盈余弥补萧条时的赤字，使整个经济周期的盈余和赤字相抵，从而实现预算平衡。由于很难准确估计繁荣与萧条的时间和程度，盈余和赤字更不会完全相等，周期预算平衡往往无法实现。

针对传统的财政预算平衡思想，凯恩斯主义强调要把财政政策从害怕赤字的框框中解放出来，以充分就业为目标来制定财政政策，而不管是否有赤字，即当国民收入低于充分就业的收入水平时，政府有义务实行扩张性财政政策，增加支出或减少税收，以实现充分就业。

凯恩斯主义经济学家认为，赤字财政政策不仅是必要的，而且是可能的。其主要原因有：一是债务人是国家，债权人是公众，国家与公众的根本利益是一致的。政府的财政赤字是国家欠公众的债务，也可以理解为自己欠自己的债务。二是政府的政权是稳定的，这就保证了债务偿还的可靠性，不会引起信用危机。三是债务用于发展经济，经济的发展使政府有能力偿还债务和弥补财政赤字。

政府实行赤字财政政策是通过发行公债进行的。债券卖给不同的人形成不同的筹资方法。如果把债券卖给中央银行，则成为货币筹资，因为中央银行可以把政府债券作为准备金发行货币。这种筹资方法的优点是政府不必还本付息，能够减轻政府的债务负担；缺点是会增加货币供应量，引起通货膨胀。如果把债券卖给中央银行以外的个人、企业、商业银行等，则成为债务筹资。这种筹资方法相当于向公众借钱，不会增加货币供应量，也不会直接引起通货膨胀，但政府必须还本付息，从而背上沉重的债务。政府不能仅仅使用一种方法筹资，因为货币筹资过多会增加通货膨胀的压力，债务筹资过多会增加财政负担，而且公众也会拒绝购买，现实中往往同时使用两种方法为赤字筹资。

赤字财政政策是一把"双刃剑"，可以在短期内刺激经济，使经济较快地走出衰退，但同时也存在以下几个问题：一是在用货币筹资时，赤字财政必然会引起通货膨胀；二是用债务筹资减少了私人储蓄，不利于长期经济增长；三是只有在市场机制充满活力的情况下，赤字财政才能起作用。赤字财政不可能维持经济的长久繁荣，长期运用赤字财政还会引起赤字依赖症。因此，赤字财政政策应限制使用，应注意使债务与 GDP、债务增长与 GDP 增长之间保持一定的比例。

六、财政政策的局限性

财政政策对宏观经济的调节具有很大的作用，但在具体实施时也经常遇到一些困难，使财政政策的效力不能充分发挥。

（1）有些财政政策的实施会遇到阻力。例如，增税一般会遭到公众的普遍反对；减少政府购买可能会引起大垄断资本的反对；削减政府转移支付则会遭到一般平民的反对。

（2）财政政策会存在时滞。首先，财政政策的变动需要政府部门组织讨论、研究，然后做出决策。这样，在财政政策最终形成并付诸实践时，经济形势可能已经发生意想不到的变化，导致财政政策目标无法实现。其次，财政政策发挥作用也有时滞。有些财政政策对总需求有即时的作用，如政府购买的增加对增加总需求有直接而迅速的作用，减税对增加个人可支配收入有即时的作用，但对消费支出的影响则要在一定时间后才会产生。

（3）公众的行为可能会偏离财政政策的目标。例如，当政府采取增支减税政策来扩大总需求时，人们并不一定会把增加的收入用于支出，也可能转化为储蓄。除此之外，财政政策的实施还会受到政治因素的影响。

（4）扩张性财政政策会产生"挤出效应"。挤出效应是指扩张性财政政策会引起社会投资需求的减少。如果把财政政策与货币市场放在一起分析，当政府采取扩张性财政政策时，会使社会的货币需求增加，从而使货币市场利息率上升，继而引起投资需求减少。此外，政府为了弥补扩张性财政政策的资金缺口，会发行公债，这既会减少货币市场的货币供给，也可能使货币市场的利息率上升，从而引起对私人投资的"挤出效应"。因此，政府在财政政策的实施领域上应有所斟酌取舍，尽量避免影响私人投资领域。

同步练习

一、单项选择题

1. 下列属于紧缩性财政政策的是（　　）。
   A. 增加政府转移支付和减少税收　　B. 减少政府购买和增加税收
   C. 增加政府购买和减少税收　　　　D. 提高利息率
2. 经济中存在失业时，应使用的财政政策工具是（　　）。
   A. 增加政府支出　　　　　　　　　B. 提高个人所得税
   C. 提高公司所得税　　　　　　　　D. 增加货币发行量

3. 自动稳定器的功能是（　　）。
A. 缓解经济的周期性波动　　　　　　B. 稳定收入，刺激价格波动
C. 保持经济的充分稳定　　　　　　　D. 推迟经济的衰退
4. 扩张性财政政策对经济的影响是（　　）。
A. 缓和了经济萧条但增加了政府债务　B. 缓和了经济萧条也减轻了政府债务
C. 加剧了通货膨胀但减轻了政府债务　D. 缓和了通货膨胀但增加了政府债务

二、判断题

1. 直接税是指可以将税负直接转嫁给别人的税。　　　　　　　　　　（　　）
2. 自动稳定器能消除失业和通货膨胀。　　　　　　　　　　　　　　（　　）

第三节　货币政策

货币政策是指中央银行通过控制货币供应量来调节利息率进而影响投资和整个经济以实现一定经济目标的经济政策。货币政策一般也分为扩张性货币政策和紧缩性货币政策。前者是通过增加货币供给来带动总需求增长。货币供给增加时，利息率会降低，取得信贷更为容易，因此经济萧条时多采取扩张性货币政策；反之，货币供给减少时，利息率会提高，取得信贷比较困难，因此通货膨胀严重时多采取紧缩性货币政策。

由于货币政策是由中央银行代表政府通过银行体系实施的，所以要知道货币政策的作用过程，就必须对银行体系有所了解。

一、银行体系

在日常生活、工作中，我们总在与各种各样的银行打交道，这些数量众多的银行可以划分为中央银行、商业银行和政策性银行三类。

（一）中央银行

中央银行是国家最高金融管理机构，代表国家发行货币、制定和执行货币金融政策，处理国际性金融事务，对金融体系进行监管，并通过货币政策影响经济活动。作为一种公共机构，中央银行不以营利为目的。当今世界几乎所有已独立的国家和地区都设立了中央银行，如我国的中国人民银行、美国的联邦储蓄银行、英国的英格兰银行、法国的法兰西银行等。一般认为，中央银行具有以下三项职能。

1. 发行货币的银行

中央银行是发行货币的银行，是硬币和纸币的唯一的、最终的来源。中央银行是货币现金的发行者，而商业银行吸收存款中的一部分作为储备又必须存放在中央银行。现金和储备构成基础货币，由中央银行控制，由此中央银行才能控制整个货币供给量。

2. 银行的银行

所谓银行的银行，是指中央银行以商业银行及其他金融机构为交易对象，而不与工商企业及居民户发生直接关系，即不吸收社会公众的存款。该职能主要表现在：一是为商业银行提供贷款，如商业银行用票据再贴现、抵押等办法，可以从中央银行获得贷款；二是为商业银行集中保管存款准备金，同时还为商业银行集中办理全国结算业务。准备金原是商业银行为准备存款人提取存款而持有的通货，现在已成为中央银行控制商业银行以限制货币供给的一种手段。在部分准备金制度下，商业银行必须按存款的一定百分比提取准备金，这一比例称为法定准备金。现在，准备金除了一部分是通货外，大部分都存入中央银行。中央银行可以通过控制准备金来控制商业银行的货币供给和银行系统创造活期存款的能力。

3. 国家的银行

所谓国家的银行，主要指的是中央银行为了政府更好地行使职能，为政府提供各项服务。该职能主要表现在：第一，代理国库。一方面根据国库委托代收各种税款和公债价款等，作为国库的活期存款；另一方面代理国库拨付各项经费，代办各种付款与转账。第二，提供政府所需资金。既以贴现短期国库券等形式为政府提供短期资金，也用帮助政府发行公债或直接购买公债等形式为政府提供长期资金。第三，代表政府与外国发生金融业务关系。第四，执行货币政策。第五，监督、管理全国金融市场的活动。

（二）商业银行

商业银行之所以称为商业银行，是因为早期向银行借款的人都经营商业，但后来工业、农业、建筑业、消费者也都日益依赖商业银行融通资金，故其客户遍及经济各部门，业务也多种多样，所以商业银行只是沿用旧时称呼。商业银行的主要业务包括负债业务、资产业务和中间业务。负债业务主要是吸收存款，包括活期存款、定期存款和储蓄存款。资产业务主要包括放款和投资两类业务。放款业务是为企业提供短期贷款，包括票据贴现、抵押贷款等；投资业务就是购买有价证券以取得利息收入。中间业务是指代客户办理支付事项和其他委托事项，从中收取手续费的业务。

（三）政策性银行

政策性银行是为贯彻国家政策而设立的金融机构，国家通过政策性银行向需要发展的行业部门发放优惠贷款，提供资金支持。设立政策性银行的目的是贯彻政府的经济政策，而不是寻求利润，从这个意义上说，政策性银行与商业银行存在本质的不同。

我国的政策性银行有三家：中国农业发展银行、中国进出口银行和国家开发银行。

二、货币

（一）货币的种类

西方经济学家认为，货币是人们普遍接受的、充当交易媒介的东西。正如美国经济学家、货币主义领袖弗里德曼所说的,货币"是一个共同的、普遍接受的交换媒介"。

货币的本质体现在其职能上。西方经济学家认为,货币的职能主要有以下三种:第一,交换媒介,即作为一种便利交换的工具,这是货币最基本的职能。这种职能包括在延期支付时作为支付手段的职能。第二,计价单位,即用它的单位来表示其他一切商品的价格。这是货币作为交换媒介的必要条件。第三,贮藏手段,即作为保存财富的一种方式。这是货币作为交换媒介的延伸。

目前,西方国家流行的货币主要有以下几类。

1. 纸币

纸币是由中央银行发行的、由法律规定其地位的法偿货币。纸币的价值取决于它的购买力。

2. 铸币

铸币是小额币值的辅币,一般用金属铸造。

纸币和铸币被称为通货或现金。

3. 存款货币

存款货币又称银行货币或信用货币,是指公众在商业银行中的活期存款。在通常情况下,公众向商业银行存入活期存款,然后以这笔活期存款开出该银行承兑的支票,将支票作为流通的工具。

4. 准货币

准货币又称近似货币,主要是指公众在商业银行中的定期存款。准货币本身并不是货币,但在一定条件下可以起到货币的作用。例如,商业银行中的定期存款可以在提前通知的条件下转为活期存款,通过支票流通。属于这类货币的还有除活期存款与定期存款之外的其他储蓄存款,以及随时可以在市场上出售的各类债券等。

5. 货币替代物

货币替代物是指在一定条件下可以暂时代替货币起到交换媒介的作用,但并不具有标准货币其他职能的东西,如信用卡、银行卡、各类磁卡等都属于货币替代物。

在西方经济学中,一般将货币分成以下几个层次:

$$M_1 = 通货 + 商业银行的活期存款 \tag{11.1}$$

$$M_2 = M_1 + 商业银行的定期存款 \tag{11.2}$$

$$M_3 = M_2 + 商业银行以外的金融机构的金融债券 \tag{11.3}$$

$$M_4 = M_3 + 银行与金融机构以外的所有短期金融工具 \tag{11.4}$$

各国可能不完全按上面的归纳对货币进行划分,但是大体上相同。一般地,各国都把 M_1 称为狭义的货币量,M_2 称为较广义的货币量,M_3 称为更广义的货币量,M_4 称为最广义的货币量。也有的国家把货币简单地分为 M_1 和 M_2。

(二)银行存款的创造机制

商业银行在银行体系中占有重要的地位,它能够经营存贷业务,并从中创造货币,影响货币供给。商业银行创造货币是在它的资产负债业务中,通过创造派生存款进行的。

为了说明货币的创造过程，这里先介绍一个很重要的概念——准备金。准备金是银行为了自己的信誉和稳定，以备存款人随时取款而保存在银行的通货和中央银行存款。在银行存款中，准备金所占的比率（准备金与银行存款之比）称为准备率。在现代银行制度中，准备金在银行存款中最低应占的比率是由政府规定的，这一比率称为法定准备率。按法定准备率提留的准备金是法定准备金。法定准备金一部分是银行库存现金，另一部分存放在中央银行的存款账户上。

商业银行都是以营利为目的的，库存作为准备金的现金不能增加利润，为了预防暂时的提款潮而库存过多的现金是不合算的。因此，银行往往保持某些可以随时销售的和可以在短期内变换为现金的证券，这样的证券被称为"第二级准备金"。银行留下法定准备金后，剩余的存款就可以贷出去了。但如果除法定准备金外，银行吸收的存款仍有部分贷不出去，则形成"超额准备金"，即超过法定准备金部分的银行未贷出去的存款，法定准备金与超额准备金之和为银行的总准备金。

银行存款的创造是通过整个银行体系扩大或缩小活期存款的方式实现的（包括银行向企业或个人发放或收回贷款、银行向企业或个人买进或卖出证券）。为了说明银行如何创造货币，先来分析一下银行体系的模型。

假定法定准备率为20%，再假定银行客户会将其一切货币收入以活期存款形式存入银行。在这种情况下，甲客户将100万元存入自己有账户的A银行，银行系统就因此增加了100万元的存款。A银行按法定准备率保留20万元作为准备金存入中央银行，其余80万元全部贷出，假定是借给一家公司用来购买机器，机器制造厂乙得到这笔从A银行开来的支票存款后又全部存入与自己有往来的B银行，B银行得到这80万元支票存款后留下16万元作为准备金存入中央银行，然后贷出64万元，得到这笔贷款的丙厂商又会把它存入与自己有业务往来的C银行，C银行留下其中的12.8万元作为准备金存入中央银行，然后贷出51.2万元。由此，不断存贷下去，各银行的存款总和是

$$100+100\times(1-20\%)+100\times(1-20\%)^2+100\times(1-20\%)^3+\cdots$$
$$=100\times\frac{1}{20\%}$$
$$=500（万元）$$

从以上的例子可以看出，存款总额（用 D 表示）、原始存款（用 R 表示）和法定准备率（用 r_d 表示）三者之间的关系是

$$D=\frac{R}{r_d} \qquad(11.5)$$

由式（11.5）可以看出，银行体系所创造的货币与法定准备率成反比，与原始存款成正比。

从上面的例子可以看出，在银行体系中商业银行具有创造货币的功能，原因是在银行体系中只有商业银行才能接受活期存款，并可以签发支票，从而具有创造货币的

能力。商业银行创造货币有两个基本的前提条件：① 准备金制度；② 非现金结算制度。只有满足这两个条件，商业银行才具有创造货币的功能。

三、货币政策的工具

中央银行实施货币政策的工具主要包括公开市场业务、再贴现率政策和变动法定准备率等。

（一）公开市场业务

公开市场业务是指中央银行在金融市场上公开买卖政府债券以控制货币供给和利息率的政策行为。它是当代西方国家特别是美国实施货币政策的主要工具。

公开市场业务的具体操作是：在经济萧条时期，市场上出现银根紧缩，这时中央银行可在公开市场上买进政府债券，把货币投入市场。商业银行将持有的一部分政府债券卖给中央银行以获得货币，使商业银行的准备金增加；厂商和居民将持有的政府债券卖给中央银行以获得货币，并将货币存入商业银行，也会增加商业银行的准备金。通过银行系统的存款创造，会使存款多倍放大，货币供应量增加，导致利息率下降。与此同时，中央银行买进政府债券，使政府债券价格上升，利息率下降，利息率下降会刺激投资和消费，使总需求增加，从而带动生产扩大、就业增加和物价上涨，消除经济衰退和失业。反之，当经济过热时，即中央银行认为市场上货币供应量过多，出现通货膨胀，便在公开市场上出售政府债券，购买政府债券的既可能是商业银行，也可能是个人或企业。商业银行购买政府债券后，准备金会减少，可以贷款的数量也减少。通过货币乘数的作用，整个社会的货币供应量将会倍数减少。因此，中央银行可以通过公开市场业务增加或减少货币供应量，以达到宏观经济调控的目的。

（二）再贴现率政策

贴现和再贴现是商业银行和中央银行的业务活动之一，一般商业银行的贴现是指客户因急需使用资金，将所持有的未到期票据出售给商业银行，兑现现款以获得短期融资的行为。商业银行在用现金购进未到期票据时，可将该票据到期值的一定百分比作为利息预先扣除，这个百分比就叫作贴现率。商业银行将贴现后的票据保持到票据规定的时间，然后向票据原发单位自然兑现。但若商业银行因准备金临时不足等而急需现金，则商业银行可以将这些已贴现的但尚未到期的票据出售给中央银行，请求再贴现。中央银行作为银行的银行，有义务帮助解决银行的流动性问题。中央银行从商业银行手中买进已贴现但尚未到期的银行票据的活动就称为再贴现。在再贴现时，中央银行同样要预先扣除一定百分比的利息，这种利息就叫作中央银行对商业银行的贴现率，即再贴现率，这就是再贴现率的本意。

中央银行可以通过变动再贴现率来调节货币供应量。若市场上银根紧缩，货币供应量不足，中央银行可以降低再贴现率，商业银行就会增加向中央银行的"贴现"，于是商业银行的准备金增加，可贷出去的现金也增加，通过货币乘数的作用，整个社会的货币供应量将倍数增加；反之，若市场上银根松弛，货币供应量过多，中央银行可以提高再贴现率，商业银行就会减少向中央银行的"贴现"，于是商业银行的准备金减少,可贷出去的现金也减少,通过货币乘数的作用,整个社会的货币供应量将倍数减少。

中央银行调整再贴现率对货币供应量的影响不是很大,实际上中央银行调整再贴现率更多的是表达自己的意图,而不是发挥调整再贴现率对货币供应量的直接影响。

(三) 变动法定准备率

中央银行有权在一定范围内调整法定准备率,从而影响货币供应量。在经济萧条时,为了刺激经济复苏,中央银行可以降低法定准备率。在商业银行不保留超额储备的条件下,法定准备率的下降将给商业银行带来多余的储备,使它们得以增加贷款。这样,商业银行的存款和贷款将发生一轮一轮的增加,导致货币供应量的增加。货币供应量的增加又会降低利息率,从而刺激投资的增加,最终引起国民收入的倍数增加。反之,在经济过热时,中央银行可用提高法定准备率的方法来减少货币供应量,以抑制投资的增加,减轻通货膨胀的压力。

在以上三大主要货币政策工具中,从理论上说,调整法定准备率是中央银行调整货币供给最简单的办法。但由于法定准备率的变动在短期内会导致较大幅度的货币扩张或收缩,引起宏观经济活动的震荡,其作用十分猛烈,所以这一政策工具在实践中很少使用。再贴现率政策除了上述所讲的期限短等限制外,还有在实施过程中比较被动的缺点。这是因为中央银行可以通过降低再贴现率诱使商业银行来借款,但它不能强迫商业银行来借款。若商业银行不向中央银行借款,或借款数量很小,则再贴现率政策执行效果就不明显。尽管再贴现率政策对银行的影响较小,但实施再贴现率政策的意义却很重大,这是因为实施再贴现率政策是利息率变化和信贷松紧的信号。一般来说,再贴现率变化后,银行的利息率也将随之改变。

公开市场业务与上述两项政策工具相比有以下优点:第一,公开市场业务可以按任何规模进行,中央银行既可以大量也可以少量买卖政府债券,使货币供应量发生较大的或迅速的变化。第二,公开市场业务比较主动和灵活,且可以连续进行。在公开市场业务中,中央银行可以根据经济情况的需要自由决定有价证券的买卖数量、时间和方向,即使中央银行有时会出现某些政策失误,也可以及时纠正。第三,公开市场业务可以比较准确地预测出其对货币供给的影响。一旦买进或卖出一定数量金额的证券,就可以根据货币乘数估计出货币供应量增加或减少了多少。基于上述原因,公开市场业务成为中央银行控制货币供应量最重要、最常用的工具。

货币政策除以上三种主要工具外,还有一些其他工具,如道义劝告。所谓道义劝告,是指中央银行运用自己在金融体系中的特殊地位和威望,通过对商业银行及其他金融机构的劝告,影响其贷款和投资方向,以达到控制信用的目的。例如,在大衰退时期,鼓励商业银行扩大贷款;在通货膨胀时期,劝导商业银行限制信用规模。道义劝告虽可收到一定效果,但由于没有可靠的法律地位,因此并不是强有力的控制措施。

四、货币政策的局限性

同财政政策一样,货币政策本身也有一些局限性,从而在实施货币政策时经常会遇到一些困难。

(1) 在通货膨胀时期实行紧缩性货币政策可能效果比较显著,但在经济衰退时期实行扩张性货币政策效果就不明显。因为厂商对经济前景普遍悲观,即使中央银行放松银根,它们也不愿增加贷款,商业银行为安全起见,也不肯轻易放贷,尤其是遇到流动性陷阱时,货币政策效果很有限。

(2) 从货币市场均衡的情况来看,增加或减少货币供给会影响利息率,必须以货币流通速度不变为前提。如果这一前提并不存在,货币供给变动对经济的影响就要打折扣。实际情况是:在通货膨胀时,公众不愿把货币持有在手中,而希望尽快花出去,货币流通速度加快;而在经济衰退时,货币流通速度变慢。

(3) 货币政策作用的外部时滞也影响政策效果。例如,虽然利息率下降,引起投资增加,但扩大生产规模需要时间。

(4) 在开放的经济中,货币政策的效果还受到资金在国际上流动的影响。在从紧的货币政策下,利息率提高,国外资金进入,若汇率浮动,则本币升值,出口减少、进口增加,本国总需求下降;若汇率固定,中央银行为了保证本币不升值,必然抛出本币,按照固定利息率收购外币,于是本国货币供给增加。

五、财政政策与货币政策的相互配合

财政政策和货币政策都可以调节总需求,但会对总需求结构产生不同的影响。例如,若经济处于萧条状态,政府可用扩张性财政政策,也可用扩张性货币政策。若用扩张性财政政策,则会使利息率上升,排挤私人投资,尤其是受利息率影响大的住宅投资,从而使政府购买和消费在总需求结构中的比重增加。相反,若用扩张性货币政策,则会使利息率下降,私人投资增加。就扩张性财政政策而言,不同的扩张项目也会产生不同的影响。若增加政府购买,会使政府购买在总需求结构中的比重增加,消费也会增加,但私人投资受到抑制。若减税或增加政府转移支付,则直接增加的就是私人消费。若采用投资补贴的扩张性财政政策,则不但消费会增加,投资也会增加。

可见,政府在决定选择哪一种政策时,首先要考虑主要是为了刺激总需求中的哪一部分。如果萧条主要是由私人投资不足引起的,则宜用货币政策或投资补贴;如果主要是为了刺激住宅投资,则最好用货币政策;如果主要是为了刺激私人投资,则也许用投资补贴的办法更为有效;如果主要是为了刺激消费,则可用减税和增加政府转移支付的办法。

由于财政政策和货币政策会对国民收入和利息率及总需求结构产生不同的影响,因此对总需求进行调节时常常需要把两种政策搭配起来使用。财政政策与货币政策的搭配方式不同,产生的政策效果就不同,适用的经济环境也不同。

目前,财政政策与货币政策的组合方式主要有四种:扩张性财政政策与扩张性货

币政策、紧缩性财政政策与紧缩性货币政策、扩张性财政政策与紧缩性货币政策、紧缩性财政政策与扩张性货币政策。

（1）扩张性财政政策与扩张性货币政策搭配会引起总需求增加，从而促使经济复苏、高涨。当经济严重萧条时，可采用这种组合，一方面用扩张性财政政策增加总需求，另一方面用扩张性货币政策降低利息率，减少"挤出效应"。

（2）紧缩性财政政策与紧缩性货币政策搭配会使总需求减少，国民收入下降，导致经济发展缓慢甚至开始衰退。当经济发生严重的通货膨胀时，可采用这种组合，一方面用紧缩性财政政策抑制总需求，另一方面用紧缩性货币政策提高利息率，抑制通货膨胀。

（3）扩张性财政政策与紧缩性货币政策搭配会引起利息率上升，产生"挤出效应"。当经济萧条但又不太严重时，可采用这种组合，一方面用扩张性财政政策刺激总需求，另一方面用紧缩性货币政策控制通货膨胀。

（4）紧缩性财政政策与扩张性货币政策搭配会引起利息率下降，投资增加，以防止总需求过多减少。当经济出现通货膨胀但又不太严重时，可采用这种组合，一方面用紧缩性财政政策抑制总需求，另一方面用扩张性货币政策降低利息率，刺激投资，遏制经济衰退。

财政政策与货币政策配合使用的政策效应如表 11-1 所示。

表 11-1　财政政策与货币政策配合使用的政策效应

政策配合	产出	利息率
扩张性财政政策与紧缩性货币政策	不确定	上升
紧缩性财政政策与紧缩性货币政策	减少	不确定
紧缩性财政政策与扩张性货币政策	不确定	下降
扩张性财政政策与扩张性货币政策	增加	不确定

总之，财政政策与货币政策的配合使用，要有利于政府实现宏观调控，保持总量平衡。究竟选择哪一种组合，要根据整个经济的运行状况和政府的宏观目标，以及经济与社会环境状况相机抉择。

同步练习

一、单项选择题

1. 我国的中央银行是（　　）。
   A. 中国工商银行　　　　　　　　B. 中国农业银行
   C. 中国银行　　　　　　　　　　D. 中国人民银行
2. 下列属于紧缩性货币政策的是（　　）。
   A. 提高贴现率　　　　　　　　　B. 增加货币供应量

C. 降低法定准备率　　　　　　　　D. 中央银行买入政府债券

3. 公开市场业务是指（　　）。
   A. 商业银行的信贷活动
   B. 商业银行在公开市场上买进或卖出政府债券
   C. 中央银行增加或减少对商业银行的贷款
   D. 中央银行在金融市场上买进或卖出政府债券

4. 中央银行在公开市场上卖出政府债券是企图（　　）。
   A. 收集一笔资金帮助政府弥补财政赤字
   B. 减少商业银行在中央银行的存款
   C. 减少流通中的基础货币以紧缩货币供给
   D. 赚取买卖债券获取的差价利益

5. 中央银行在公开的证券市场上买入政府债券，会使货币供应量（　　）。
   A. 增加　　　　B. 减少　　　　C. 不变　　　　D. 难以确定

6. 一般地，准备率上升，利息率会有（　　）的压力。
   A. 上升　　　　　　　　　　　　B. 下降
   C. 不变　　　　　　　　　　　　D. 以上情况都有可能

7. 中央银行提高再贴现率会导致货币供应量（　　）。
   A. 增加和利息率提高　　　　　　B. 减少和利息率提高
   C. 增加和利息率降低　　　　　　D. 减少和利息率降低

8. 如果中央银行认为通货膨胀压力太大，其紧缩政策为（　　）。
   A. 在公开市场上出售政府债券　　B. 迫使财政部购买更多的政府债券
   C. 在公开市场上购买政府债券　　D. 降低法定准备率

9. 紧缩性货币政策的运用将导致（　　）。
   A. 货币供应量增加，利息率提高　　B. 货币供应量增加，利息率降低
   C. 货币供应量减少，利息率降低　　D. 货币供应量减少，利息率提高

二、判断题

1. 中央银行提高法定准备率的目的是增加货币供应量。（　　）
2. 扩张性财政政策与紧缩性货币政策相结合会使利息率上升。（　　）
3. 中央银行购买政府债券将引起货币供应量的减少。（　　）
4. 银行体系所能创造的货币与法定准备率成反比，与原始存款成正比。（　　）

本章小结

宏观经济政策是指国家或政府为增进整个社会的经济福利、改进国民经济的运行状况、实现一定的政策目标而有意识和有计划地运用一定的政策工具制定的解决经济问题的指导原则和措施。它是政府为实现一定的经济目标而对经济活动进行有意识的干预。一般认为，宏观经济政策有四个目标：充分就业、物价稳定、经济增长、国际

收支平衡。宏观经济政策常用的工具有需求管理政策、供给管理政策、国际经济政策。

财政政策是政府为实现其宏观经济政策目标而对其收入和支出水平所做出的决策。其主要内容包括政府支出与税收。政府支出包括政府公共工程支出、政府购买及政府转移支付；税收主要是个人所得税、企业所得税和其他税收。自动稳定器是财政制度本身所具有的能够减轻经济波动，维持经济稳定发展的作用。凯恩斯主义经济学家主张运用赤字财政政策和公债政策。

货币政策是中央银行通过对货币供应量的调节来调节利息率，再通过利息率的变动来影响总需求。在凯恩斯主义的货币政策中，中央银行一般通过公开市场业务、再贴现率政策和改变法定准备率这三种主要的货币政策工具来改变货币供应量，以实现宏观经济调控的目标。宏观经济政策的选择要注意财政政策与货币政策的相互配合。

复习与思考

一、问答题

1. 宏观经济政策的目标是什么？这些目标之间有什么矛盾？如何协调？
2. 什么是财政政策？财政政策有哪些工具？
3. 什么是自动稳定器？具有自动稳定器作用的财政制度有哪些？
4. 什么是货币政策？货币政策有哪些工具？
5. 财政政策与货币政策有何区别？
6. 试述财政政策与货币政策配合使用的政策效应。

二、案例分析题

格林斯潘与20世纪90年代美国的经济繁荣

在美国，美联储前主席格林斯潘被称作仅次于总统的实权人物。从1987年8月11日格林斯潘宣誓就任美联储主席，到2001年1月4日克林顿再次任命格林斯潘为美联储主席，格林斯潘已连续四任这一要职。格林斯潘之所以能在美联储主席的位置上稳坐十几年，是因为他领导的美联储的货币政策创造了美国经济连续增长时间最长的新纪录。20世纪90年代美国经济的繁荣，格林斯潘功不可没。

1992年，克林顿政府上台时，美国经济处于衰退中。为了刺激经济，格林斯潘采取了扩张性货币政策，降低利息率，增加货币供给。这种政策产生了两个显著的作用：一是增加了投资。降息减少了企业投资的成本，促进了美国的电子、信息、生物工程等高科技产业的迅速发展，带动了整个美国经济的发展。二是提高了股票价格。降息引起了股价上升，道琼斯工业平均指数突破了一万点大关。股市的活跃进一步鼓励了投资。同时，股价上升使许多美国人的资产增加，这加强了消费者的信心，刺激了消费的增加。

而当20世纪90年代末，美国经济有过热迹象时，格林斯潘又提高利息率，以防止可能出现的通货膨胀加剧。进入21世纪后，美国经济有衰退迹象，格林斯潘又降低利息率。特别是 2001 年，美国的销售与生产疲软，消费者及企业信心下降，为了制止预期的经济疲软，也为了应付"9·11"恐怖事件对美国经济的冲击，美联储连续 11 次降低利息率，一年里将联邦基金利息率从 6.5% 降到 1.75%，降幅达 4.75 个百分点，最终使美国经济触底回升出现好转迹象。多年来，格林斯潘通过交替运用扩张性和紧缩性的货币政策调节经济，实现了美国历史上最长时间的低通货膨胀下的经济持续增长。在谈论美国经济在 20 世纪整个 90 年代的连续增长时，人们称格林斯潘为"一言九鼎的人""最令人尊敬的大管家""金融教父"。这是人们对格林斯潘对美国经济命脉的准确把握和市场宏观调控能力的赞誉。

讨论：本案例中格林斯潘所使用的财政政策和货币政策体现在哪些措施上？

第十二章　开放经济下的国际贸易与国际金融

学习目标

1. 掌握国际贸易常用的基本概念；
2. 掌握绝对优势理论、比较优势理论和资源禀赋理论；
3. 了解国际贸易的得失和限制国际贸易的做法；
4. 了解外汇的含义，掌握汇率的标价方法、种类及汇率制度；
5. 熟悉国际收支及国际收支平衡表的含义及账户划分；
6. 掌握国际收支不平衡的衡量、原因及调节。

案例导入

过去、现在、未来：从丝绸之路到"一带一路"

观古鉴今，只有开放才有共同繁荣。2000 多年前，丝绸之路见证了中外贸易的发展，形成了中外贸易的雏形。随后伴随着哥伦布、麦哲伦等航海家的地理大发现，新航路开辟，东西方之间的文化、贸易交流开始大量增加，助推了 18 世纪的产业革命，促进了国家贸易和自由贸易的繁荣。产业革命之后，国际贸易有了迅速发展，第二次世界大战以后更是突飞猛进，世界出口贸易总额增长了数十倍。在此背景下，加强区域合作不仅是推动世界经济发展的重要动力，而且已经成为一种趋势。2013 年，习近平总书记提出建设"丝绸之路经济带"和"21 世纪海上丝绸之路"（"一带一路"）的合作倡议，旨在共同打造政治互信、经济融合、文化包容的利益共同体、命运共同体和责任共同体。

随着数字经济时代的到来，数字贸易快速发展并成为国际贸易和经济增长的新引擎，引发国际贸易格局变革、全球产业链供应链深刻调整，同时也赋予了经济全球化新的内涵，预示着全球已迈向数字贸易新时代。中国企业在数字经济领域拥有丰富的经验，与"一带一路"国家和地区加强合作，以电子商务、移动支付等为代表的数字经济合作成为高质量共建"一带一路"的新领域，顺应了当地的发展需求，有助于推动经济复苏，具有广阔的发展前景。

在国际贸易发展中，中国致力促进贸易和投资自由化、便利化，旗帜鲜明地反对保护主义，推动经济全球化朝着更加开放、包容、普惠、平衡、共赢的方向发展。2021年，我国与"一带一路"国家货物贸易额达11.6万亿元，同比增长23.6%，创8年来新高，占我国外贸总额的比重达29.7%。

从丝绸之路到"一带一路"，全球化的深入发展是人类社会通向繁荣的必经之路，也是构建人类命运共同体的载体与基石。正因为每个国家都拥有自己的优势产品或者产业，以国际贸易为特征的全球化才得以逐渐形成，在交易中共同获得比较利益，形成了资本、劳动、资源、技术、市场等生产要素在全球的最优配置。

（资料来源：郭福春，潘静波. 经济学基础［M］. 北京：高等教育出版社，2022：229. 有改动）

案例思考：世界各国间为何要进行贸易？

在现实经济生活中，完全不与外界进行经济交往的封闭经济体是不存在的。每一个国家都通过某种形式对外开放，与其他国家进行着经济交流。国际经济往来对各国经济都有重大的影响，能够实现经济资源在世界范围内的最优配置，促进各国经济的发展，增加各国人民的福利。

国际经济往来包括国际商品往来和国际资金往来，每一个国家都可以进口和出口商品，也可以在国际金融市场上借款和贷款。其中，国际商品往来属于国际贸易的内容，而国际资金往来属于国际金融的内容。本章将分别对国际贸易和国际金融的相关知识做简要的介绍。

第一节　国际贸易

一、国际贸易的相关概念

（一）国际贸易与对外贸易

国际贸易[①]（International Trade）是指不同国家之间商品和服务的交换活动。它是一种世界性的交换活动，所以又称为世界贸易。

对外贸易（Foreign Trade）是指一个国家与其他国家之间商品和服务交换的活动。一些海岛国家如英国、日本等也将对外贸易称为海外贸易（Oversea Trade）。

国际贸易和对外贸易有广义和狭义之分。包括商品和服务的国际贸易和对外贸易，称为广义的国际贸易和对外贸易；不把服务贸易包括在内的，则称为狭义的国际贸易和对外贸易。

（二）出口贸易与进口贸易

出口与进口是一个国家对外贸易的两个组成部分。一个国家向其他国家输出本国

---

① 国际贸易包括国家与国家之间、国家与地区之间、地区与地区之间的贸易，因此本章中的"国家"泛指国家和/或地区。在此特做说明，后文不再赘述。

商品和服务的活动称为出口（Export）。一个国家从其他国家输进商品和服务的活动称为进口（Import）。各国在编制对外贸易统计表时，既不是把所有运出国境的商品都列为出口，也不是把所有运进国境的商品都列为进口。列入出口和进口范围的商品只包括因外销和外购而运出与运进国境的商品，凡不是因买卖而运进与运出的商品都不包括在进出口之列。

（三）国际贸易额与国际贸易量

国际贸易额（Value of International Trade），也叫国际贸易值，是指用货币来表示的一定时期内各国的对外贸易总额。国际贸易额通常都用美元来表示，这是因为美元是当今国际贸易中的主要结算货币和国际储备货币。同时，以美元为单位，便于国际贸易的加总和对外贸易的比较。

对于一个国家而言，出口额与进口额之和就是该国的对外贸易总额。但在计算世界的国际贸易额时，不能简单地把所有国家的进口额和出口额加总。这是因为一国的出口就是另一国的进口，将二者相加必然导致重复计算。因此，一般把各国的出口额汇总起来作为国际贸易额。

由于进出口价格是经常变动的，用国际贸易额往往不能准确地反映国际贸易的实际规模及其变化趋势。因此，为了消除价格变动的影响，常常采用国际贸易量（Quantum of International Trade）来反映国际贸易的实际规模。

进（出）口贸易量与进（出）口贸易额相互转换的公式为

$$\text{进（出）口贸易量} = \frac{\text{进（出）口贸易额}}{\text{进（出）口价格指数}} \tag{12.1}$$

（四）对外贸易差额

对外贸易差额（Balance of Foreign Trade）是一个国家在一定时期内（如一年、半年、一季、一月）出口额与进口额之间的差额。当出口额与进口额相等时，称为贸易平衡（Balance of Trade）；当出口额大于进口额时，称为贸易顺差或贸易出超，也叫贸易盈余（Trade Surplus）；当进口额大于出口额时，称为贸易逆差或贸易入超，也叫贸易赤字（Trade Deficit）。

（五）货物贸易与服务贸易

货物贸易又称有形贸易，是指那些有形的、可以看得见的物质性商品（如机器、粮食等）的进出口贸易活动。国际贸易中的货物贸易商品种类繁多，联合国将有形商品分为10大类63章233组786个分组，计1 924个基本项目。我国从1981年起实行的新的商品分类标准就是以联合国标准分类为基础，结合我国进出口货物实际情况编制而成的。货物贸易的进出口必须向海关申报，并列入海关贸易统计，是国际收支的主要构成部分。

服务贸易是一国的法人或自然人在其境内或进入他国境内向外国的法人或自然人提供服务的贸易行为。根据世界贸易组织（WTO）的界定，国际服务贸易主要有以下四种提供方式：服务提供者在一成员境内向任何其他成员境内的服务消费者提供服务；服务提供者在一成员境内向任何其他成员的服务消费者提供服务；一成员的服务提供者在任何其他成员境内以商业存在提供服务；一成员的服务提供者在任何其他成员境内以自然人的存在提供服务。其中，服务包括商务服务、通信服务、建筑及有关工程服务、销售服务、教育服务、环境服务、金融服务、健康与社会服务、旅游与有关服务、娱乐、文化与体育服务、运输服务，以及其他未包括的服务。

（六）对外贸易依存度

对外贸易依存度（Degree of Dependence on Foreign Trade）是指一国对外贸易总额在该国国内生产总值中所占的比重。它是衡量一国国民经济对进出口贸易的依赖程度的一个指标。各国经济发展水平不同，对外贸易政策存在差异，国内市场大小不同，导致各国的对外贸易依存度有较大的差异。

二、国际贸易理论

为什么会产生国际贸易呢？为什么某国是进口甲商品、出口乙商品，而不是进口乙商品、出口甲商品呢？不同的经济学家从不同的角度阐述了这些问题，形成了各种国际贸易理论，其中影响比较大的有以下几种。

（一）绝对优势理论

绝对优势理论认为国际贸易产生的原因是不同国家之间绝对生产成本存在差异，这一理论是由亚当·斯密在其著作《国富论》里提出的。亚当·斯密认为，如果一国能够把经济资源都用来生产具有绝对成本优势的产品，并用以交换别国生产的具有自身绝对成本优势的产品，则两国都能从国际贸易中获益。

举例来说，美国和巴西生产土豆和咖啡的效率是不一样的，为了分析的方便，我们把生产成本都折算为劳动时间。假设美国花费1小时能生产6千克土豆或2千克咖啡，巴西花费1小时能生产2千克土豆或6千克咖啡，显然，两国生产的绝对成本是不一样的，美国生产咖啡的成本是巴西的3倍，巴西生产土豆的成本是美国的3倍。

假设劳动时间为100小时，而且两国人民偏好消费同样数量的咖啡和土豆。在封闭条件下，每个国家都要同时生产两种产品，其中美国用25小时生产150千克土豆，用75小时生产150千克咖啡；巴西用25小时生产150千克咖啡，用75小时生产150千克土豆。由于没有国际贸易，两国人民的消费就是各自生产的产品，均为150千克土豆和150千克咖啡。封闭条件下的生产和消费情况如表12-1所示。

表12-1 封闭条件下的经济活动（绝对优势）

经济活动		美国	巴西
生产	土豆	25小时×6千克/小时=150千克	75小时×2千克/小时=150千克
	咖啡	75小时×2千克/小时=150千克	25小时×6千克/小时=150千克
消费	土豆	150千克	150千克
	咖啡	150千克	150千克

在封闭条件下，两国的绝对优势没有得到发挥，此时两国人民的消费（福利）水平都是比较低的。在开放条件下，两国就应该利用各自的绝对优势，分工生产，这

样就能够提高生产效率，从而促进两国消费水平的提高。

根据绝对优势理论，美国应该专门生产土豆，巴西应该专门生产咖啡，然后两国进行交换，即美国用全部的 100 小时生产 600 千克土豆，巴西用全部的 100 小时生产 600 千克咖啡，然后美国用 300 千克土豆交换巴西 300 千克咖啡，两国人民就能够各自消费到 300 千克土豆和 300 千克咖啡，与封闭条件相比，两国人民的消费水平都得到了提高。开放条件下的生产、交换和消费情况如表 12-2 所示。

表 12-2 开放条件下的经济活动（绝对优势）

经济活动		美国	巴西
生产	土豆 咖啡	100 小时×6 千克/小时＝600 千克 0 小时×2 千克/小时＝0 千克	0 小时×2 千克/小时＝0 千克 100 小时×6 千克/小时＝600 千克
交换	土豆 咖啡	出口 300 千克 进口 300 千克	进口 300 千克 出口 300 千克
消费	土豆 咖啡	300 千克 300 千克	300 千克 300 千克

国际贸易促成了不同国家的分工，使得它们充分发挥自己的绝对优势，提高了生产效率，这样的结果是贸易双方都从中受益，福利水平都得到了提高。

正是根据这一理论，亚当·斯密提出了自由贸易的主张。

（二）比较优势理论

亚当·斯密的理论建立在两国绝对成本比较的基础之上，这一理论暗含着这样一个假设，即参加贸易的双方至少各有一种具有绝对优势的产品，才能在国际贸易中获得相关利益。但如果一个国家所有的产品生产，相对于另一个国家来说，都处于劣势，那么这两个国家之间还会有国际贸易吗？如果有，在这种情况下，国际贸易还会有利于双方吗？为了回答上述问题，大卫·李嘉图于 1817 年提出了比较优势理论。

比较优势理论认为国与国之间的生产机会成本差异是促成国际贸易的主要原因。李嘉图提出，如果一国能够把较多的资源用来生产具有比较优势的产品，并用以交换别国生产的具有自身比较优势的产品，则这两个国家都能从贸易中获利。

实际上，李嘉图的观点指出了即使某国生产任何一种产品都不具备绝对成本优势，只要在机会成本上具有优势，还是可以与别国进行贸易并从中获利。

举例来说，假设美国 1 小时能生产 6 千克土豆或 6 千克咖啡，巴西 1 小时只能生产 1 千克土豆或 3 千克咖啡，此时巴西在两种产品的生产上都不具备绝对优势，那么两国之间还能进行贸易吗？

答案是肯定的，因为巴西虽然不具备绝对成本优势，但具有一定的比较成本优势，两国之间还是可以进行贸易的。从机会成本的角度来看，美国生产 1 千克咖啡需要 1/6 小时，也就是生产 1 千克土豆的时间，即美国生产 1 千克咖啡的机会成本是 1 千克土豆；对于巴西来说，生产 1 千克咖啡需要 1/3 小时，也就是生产 1/3 千克土豆的时间，即巴西生产 1 千克咖啡的机会成本是 1/3 千克土豆。这样，与美国相比，巴西在生产咖啡方面就具有了机会成本上的优势，因此巴西应该把更多的资源用于生产咖啡，而美国应该把更多的资源用于生产土豆。

假设两国人民还是偏好消费同样的土豆和咖啡，在封闭条件下，美国用 50 小时生产 300 千克土豆，用 50 小时生产 300 千克咖啡；巴西用 75 小时生产 75 千克土豆，用 25 小时生产 75 千克咖啡。此时，两国人民只能消费各自生产的咖啡和土豆。封闭条件下的生产和消费情况如表 12-3 所示。

表 12-3　封闭条件下的经济活动（比较优势）

经济活动		美国	巴西
生产	土豆	50 小时×6 千克/小时 = 300 千克	75 小时×1 千克/小时 = 75 千克
	咖啡	50 小时×6 千克/小时 = 300 千克	25 小时×3 千克/小时 = 75 千克
消费	土豆	300 千克	75 千克
	咖啡	300 千克	75 千克

根据各自的比较优势，美国应该更多地生产土豆，减少咖啡的生产，把其中 75 小时用于生产 450 千克土豆，25 小时用于生产 150 千克咖啡，巴西则放弃生产土豆，将 100 小时用于生产 300 千克咖啡；然后，美国用 100 千克土豆交换巴西 200 千克咖啡。这样，美国人民能够消费各 350 千克的土豆和咖啡，巴西人民能够消费各 100 千克的土豆和咖啡，两国的福利都比封闭条件下改善了。开放条件下的生产、交换和消费情况如表 12-4 所示。

表 12-4　开放条件下的经济活动（比较优势）

经济活动		美国	巴西
生产	土豆	75 小时×6 千克/小时 = 450 千克	0 小时×1 千克/小时 = 0 千克
	咖啡	25 小时×6 千克/小时 = 150 千克	100 小时×3 千克/小时 = 300 千克
交换	土豆	出口 100 千克	进口 100 千克
	咖啡	进口 200 千克	出口 200 千克
消费	土豆	350 千克	100 千克
	咖啡	350 千克	100 千克

从以上分析可以看出，即使一国完全没有绝对优势，但只要在某些产品上具有比较优势，还是可以集中经济资源生产这些产品，并用以交换别国具有比较优势的产品，从而实现贸易双方福利水平的提高。

（三）要素禀赋理论

要素禀赋理论认为国与国之间拥有生产要素的相对数量不同，也会促成国际贸易。这一理论是由瑞典经济学家赫克歇尔和俄林提出的，因此又称为赫克歇尔-俄林模型。

该理论认为，各国的要素禀赋——拥有的生产要素的相对数量是不一样的，应该按照要素禀赋来生产相应的产品。生产要素指劳动、资本、土地、技术、管理等。一方面，每个国家拥有生产要素的总量和结构是不一样的；另一方面，生产不同产品需要投入各种不同的生产要素。如果一国生产投入的要素结构与该国拥有的要素结构一致，则其产品具有比较优势；反之，如果一国生产投入的要素结构与该国拥有的要素结构不一致，则其产品缺乏比较优势。

比如，美国拥有较多的资本和技术，但是缺乏劳动力，中国富有土地和劳动力，但是缺乏资本。按要素禀赋理论，美国应该生产资本密集型产品，因为生产这类产品需要投入较多的资本和较少的劳动力，这样投入的要素结构与美国拥有的要素结构是一致的，所以美国资本密集型产品具有比较优势；而中国应该生产劳动密集型产品，中国在这类产品上具有比较优势。然后，美国可以用资本密集型产品交换中国的劳动密集型产品，贸易双方都能从中得到好处，事实也的确如此，中国从美国大量进口芯片、飞机等资本或技术密集型产品，而向美国出口纺织品、玩具等劳动密集型产品。

要素禀赋理论实际上是对比较优势理论的进一步阐述，它从要素结构的角度解释了比较优势产生的源泉，是对比较优势理论的补充和完善。

三、国际贸易的经济效应

如果各国都按上述理论进行专业化生产，然后通过国际贸易获得自己所需要的产品，那么国际贸易就会产生这样一些经济效应。

第一，资源配置在世界范围内实现最优化。各国按自己的资源条件进行专业化生产，可以使资源得到最有效的运用。由于资源配置的改善，同样的资源可以生产出更多的产品，从而增加世界各国的福利。

第二，产品价格的均等化。各国产品在世界范围内进行竞争，其结果是各种产品在各国的价格相等，而且价格水平最低。

第三，生产要素价格的均等化。通过国际贸易，各国生产要素的价格也均等化。在进行贸易之前，同种生产要素在各国的价格不同，这正是进行贸易的原因。通过各国之间的贸易，某种生产要素价格低的国家生产密集使用这种生产要素的产品并出口，随着需求的增加，该产品价格提高，生产要素价格也提高。而某种生产要素价格高的国家进口密集使用这种生产要素的产品，其生产要素价格必然下降。各国产品流动的结果就是生产要素价格的均等化。

总之，国际贸易对各国都是有利的。

四、关税政策和非关税壁垒

国际贸易政策可以分为两类：一类是自由贸易政策，另一类是保护贸易政策。从总体上看，自由贸易有利于实现世界范围内的资源配置，从而达到全世界经济福利的最大化。但实际上，国际贸易同国内政治有联系，为了保护本国产业免受来自国外的竞争压力，各国政府都在某种程度上奉行贸易保护主义，实行保护贸易政策，通常的做法有关税政策和非关税壁垒两类。

（一）关税政策

关税是一个国家对通过其国境的货物所课征的一种税。关税是一种间接税，最后会转嫁给买方或消费者。关税可以调节进出口贸易和生产方向。按货物的流向分类，关税可分为进口关税、出口关税、过境关税。在各国实践中，主要是征收进口关税。

进口关税是进口国的海关对进口货物所征收的关税。征收进口关税会增加进口货物的成本，提高进口货物的市场价格，影响外国货物的进口数量。对国内现在不能大量生产但将来有可能大量生产的产品征收较高的进口关税，有利于国内同类产品的发展；对奢侈品征收高的进口关税，可以限制这些商品进口；当贸易逆差较大时提高进口关税，可以缩小贸易逆差。但是，使用过高的进口关税，会对进口货物形成壁垒，阻碍国际贸易的发展，也可能遭到其他国家的报复，影响出口。

（二）非关税壁垒

非关税壁垒又称非关税贸易壁垒，是指一国政府采取除关税以外的各种办法来对本国的对外贸易活动进行调节、管理和控制的一切政策与手段的总和，其目的就是在一定程度上限制进口，以保护国内市场和国内产业的发展。非关税壁垒大致可分为直接的和间接的两大类。前者是直接对进口商品的数量、品种加以限制；后者是对进口商品制定严格的海关手续或通过外汇管制，间接地限制商品的进口。

1. 控制数量的非关税壁垒

控制数量的非关税壁垒，其主要措施是实行进口配额制。进口配额制是指一国政府在一定时间内，对于某些商品的进口数量或金额，事先加以规定，直接给以限制。超过配额的不准进口，或者征收高额关税或罚款。进口配额主要有绝对配额和关税配额两种。绝对配额是规定一个最高数额，达到这个数额后便不准进口。绝对配额又可分为全球配额和国别配额。关税配额不对进口绝对额加以限制，而对规定配额内的进口商品给予低税、减税或免税待遇，对超过配额的则征收高关税。

控制数量的非关税壁垒，除了进口配额制外，还有进口许可证制、外汇管制、进口抵押金制、进口最低限价制等。

2. 技术性贸易壁垒

技术性贸易壁垒是指一国以维护生产、消费安全及人民健康为由，制定一些苛刻繁杂的规定，使外国产品难以适应，从而起到限制外国商品进口的作用。技术性贸易壁垒一般通过法规确立，一些标准也被法规引用。从国际贸易壁垒的发展趋势来看，以技术壁垒为核心的新贸易壁垒将长期存在，并不断发展，逐渐取代传统贸易壁垒成为国际贸易壁垒的主体。

3. 绿色贸易壁垒

绿色贸易壁垒是一种新型的非关税壁垒，是指在国际贸易中一些国家为保护本国市场，以保护生态资源、生物多样性、环境卫生和人类健康为借口，通过设置一系列苛刻的高于国际公认或绝大多数国家不能接受的环保法规和标准，对外国商品进口采取的准入限制或禁止措施。与传统的非关税壁垒措施相比，绿色贸易壁垒具有更大的隐蔽性。它不明显地带有分配上的不合理性和歧视性，不容易引起贸易摩擦，而且建立在现代科学技术基础之上的各种检验标准不仅极为严格，而且烦琐复杂，使出口国难以应付和适应。未来，绿色贸易壁垒的使用频率将会越来越高，使用领域也会越来越广。

4. 其他形式的非关税壁垒

除了上述非关税壁垒外，有些国家还采取其他形式的非关税壁垒，如政府采购政策、贸易救济措施、服务贸易方面的壁垒等。政府采购政策是指一国政府制定的必须优先购买本国产品和劳务的规定。贸易救济措施包括对进口产品实施的反倾销、反补贴和保障措施。服务贸易方面的壁垒是指阻碍国外服务或服务供应商进入本国市场的壁垒措施。

五、倾销与反倾销

（一）倾销

倾销是指一个国家的出口经营者以低于国内市场正常或平均价格，甚至低于成本价格向另一国市场销售其产品的行为，其目的在于击败竞争对手、夺取市场，并因此给进口国相同或类似产品的生产者带来损害。

倾销的构成要件有三个：产品以低于正常价值或公平价值的价格销售；这种低价销售的行为给进口国产业造成损害，包括实质性损害、实质性威胁和实质性阻碍；损害是由低价销售造成的，二者之间存在因果关系。

倾销的特征体现在：倾销是一种人为的低价销售措施，是由出口商根据不同的市场以低于有关商品在出口国的市场价格对同一商品进行差价销售；动机和目的多种多样，有的是为了销售过剩产品，有的是为了争夺国外市场、扩大出口，但只要会对进口国某一产业的建立和发展造成实质性损害、实质性威胁或实质性阻碍，就会招致反倾销措施的惩罚；倾销是一种不公平的竞争行为，在政府奖励出口的政策下，生产者为了获得政府出口补贴，往往以低廉的价格销售产品，同时生产者将产品以倾销的价格在国外市场销售，从而获得在另一国市场的竞争优势，进而消灭竞争者，之后再提高价格以获取高额垄断利润；倾销往往给进口国的经济或生产者的利益造成损失，特别是掠夺性倾销，不仅扰乱了进口国的市场经济秩序，而且给进口国的经济带来了毁灭性打击。

（二）反倾销

反倾销是指对外国商品在本国市场上的倾销所采取的抵制措施。一般对倾销的外国商品除征收一般进口税外，还会再征收附加税，使其不能廉价出售，这种附加税被称为反倾销税。

根据世界贸易组织《反倾销协议》的规定，对倾销产品征收反倾销税必须符合三个基本条件：确定存在倾销的事实；确定对国内产业造成了实质损害或实质损害的威胁，或者对建立国内相关产业造成实质阻碍；确定倾销与损害之间存在因果关系。

同步练习

一、单项选择题

1. 按地域、自然条件不同形成的商品成本绝对差异分工的理论是由（　　）提出的。

　　A. 大卫·李嘉图　　B. 亚当·斯密　　C. 赫克歇尔　　D. 俄林

2. A国生产手表需6个劳动日，生产自行车需9个劳动日，B国生产手表需12个劳动日，生产自行车需10个劳动日，则按照比较优势理论，（　　）。

　　A. A国生产手表，B国生产自行车

　　B. A国进口手表，B国进口自行车

　　C. A国生产并出口手表，B国生产并出口自行车

　　D. A国生产并出口自行车，B国生产并出口手表

3. 赫克歇尔和俄林认为国际分工与贸易产生的最直接原因是（　　）。

　　A. 规模经济效益递增　　　　　　B. 商品价格的绝对差异

　　C. 两国要素禀赋的相对差异　　　D. 要素价格的相对差异

二、判断题

1. 国际贸易的发展速度与国际分工的发展呈反比例变化。（　　）

2. 大卫·李嘉图主张按"比较成本"进行国际分工。（　　）

3. 当日本人到中国旅游时，日本就从中国进口了劳务。（　　）

第二节　国际金融

国际贸易与各国间的其他经济交往必然引起国际间的支付问题。所以，现实中，国际贸易总是需要采用多种货币才能得以进行，而国际金融体系作为一种润滑剂，在其中发挥着重要的作用。它能够促成那些需要美元、欧元和其他货币的商品贸易和货币兑换。本节将对国际金融的相关内容作简要的介绍。

一、国际收支

国际收支是指一国在一定时期内全部对外经济往来的系统的货币记录。它有以下几个特征：

（1）国际收支反映的是在国际经济往来中经常发生的债权债务关系。例如，在国际贸易中，出口国有向进口国收取货款的权利；进口国有向出口国支付货款的义务。这种债权债务关系必须在规定时间内结清，债权国收入货币，债务国付出货币，这样就产生了国际收支。

（2）国际收支是一个流量概念，反映的是一定时期所发生的经济交易。这段

时期可以是一年或一个月,也可以是一个季度,一般来说,各国常常以一年为报告期。

(3)国际收支反映的是居民与非居民之间的交易。居民与公民属于不同的概念范畴,公民是一个法律概念,而居民是一个经济概念,区分居民与非居民主要以居民所在地为标准。凡是在本国居住一年或一年以上的个人、企业、事业单位和外国企业,都视为本国的居民,反之就为非居民。例如,某人长年在英国打工,收入颇丰,虽然他是中国公民,但应属英国居民;再如,美国通用电气公司在新加坡的子公司是新加坡的居民、美国的非居民,子公司与母公司之间的业务往来就是新加坡和美国的国际收支内容。另外,外国常驻在本国的外交使节和军事人员不能算驻在国的居民,而是非居民。国际性机构如联合国、国际货币基金组织、世界贸易组织等是任何国家的非居民。

二、国际收支平衡表

在国际经济活动中,一个国家与其他国家的经济交易的总记录称为"国际收支平衡表",也称为"国际收支平衡账户"。国际收支平衡表记录一个国家与其他国家的金融资金借贷、投资资产买卖、商品与劳务的进出口等一切经济交往活动所引起的货币价值流动。

(一)国际收支平衡表的记账原理及账户划分

1. 国际收支平衡表的记账原理

国际收支集中反映在国际收支平衡表中,该表把(也只把)境内外经济单位间的经济交易分成借方和贷方,按复式记账原理编制。

国际收支平衡表的贷方是正号项,记录境外居民对境内居民的支付,是资本流入,包括:商品与劳务的出口;境外居民对境内的单方面捐赠、汇款、遗赠等;境外居民对境内的投资;境内居民在境外进行投资所得收益的流入;境内居民收回以前在境外的投资。

国际收支平衡表的借方是负号项,记录境内居民对境外居民的支付,是资本流出,包括:商品与劳务的进口;境内居民对境外的单方面捐赠、汇款、遗赠等;境内居民对境外的投资;境外居民在境内进行投资所得收益的流出;其他国家收回以前在我国境内的投资。

2. 国际收支平衡表的账户划分

国际收支账户可分为三个一级账户:经常账户、资本和金融账户、错误和遗漏账户,如表12-5所示。

(1)经常账户。经常账户是对实际资源在国家间的交易行为进行记录的账户,包括以下三个二级账户:贸易账户(包括货物和服务这两个重要的子账户)、初次收入账户和二次收入账户。

(2)资本和金融账户。资本和金融账户是指对资产所有权在国家间流动的行为进行记录的账户,包括资本账户和金融账户两个二级账户。

表 12-5 2022 年中国国际收支平衡表　　　　　　　　　　　单位：亿美元

项目	贷方	借方	金额
一、经常账户	39 508	-35 489	4 019
A. 货物和服务	37 158	-31 395	5 763
a. 货物	33 469	-26 782	6 686
b. 服务	3 690	-4 613	-923
1. 加工服务	143	-8	135
2. 维护和维修服务	83	-43	39
3. 运输	1 465	-1 689	-224
4. 旅行	96	-1 148	-1 052
5. 建设	143	-76	67
6. 保险和养老服务	45	-198	-153
7. 金融服务	50	-39	11
8. 知识产权使用费	133	-445	-312
9. 电信、计算机和信息服务	557	-379	178
10. 其他商业服务	944	-525	419
11. 个人、文化和娱乐服务	14	-26	-12
12. 别处未提及的政府货物和服务	17	-36	-19
B. 初次收入	1 902	-3 839	-1 936
a. 雇员报酬	204	-141	63
b. 投资收益	1 658	-3 689	-2 031
c. 其他初次收入	41	-9	32
C. 二次收入	447	-256	191
二、资本和金融账户			-3 113
A. 资本账户	2	-5	-3
B. 金融账户	-2 815	-294	-3 110
a. 非储备性质的金融账户	-1 816	-294	-2 110
1. 直接投资	-1 497	1 802	305
2. 证券投资	-1 732	-1 079	-2 811
3. 金融衍生工具	27	-85	-58
4. 其他投资	1 386	-932	454
b. 储备资产			-1 000
1. 货币黄金			-35

续表

项目	贷方	借方	金额
2. 特别提款权			19
3. 在国际货币基金组织的储备头寸			-2
4. 外汇储备			-982
5. 其他储备资产			0
三、净误差与遗漏			-906

注：① 本表"贷方"按正值列示，"借方"按负值列示，差额等于"贷方"加上"借方"。本表除标注"贷方"和"借方"的项目外，其他项目均指差额。② 本表计数采用四舍五入原则。

资料来源：国家外汇管理局官方网站。

资本账户包括资本转移和非生产、非金融资产的收买或放弃。资本转移是指国内或国外某经济机构或个人无偿转移给国内或国外另一经济机构或个人用作资本支出的一种支付。非生产、非金融资产的收买或放弃是指各种特许权、经销权及租赁和其他可转让合同的交易。

金融账户包括引起一个经济体对外资产和负债所有权变更的所有权交易。根据投资类型或功能，金融账户可分为非储备性质的金融账户和储备资产两类。

（3）错误和遗漏账户。由于国际收支账户运用的是复式记账法，因此所有账户的借方总额和贷方总额应相等。但是，不同账户的统计资料来源不一、记录时间不同，以及一些人为因素（如虚报出口）等原因，会造成结账时出现净借方或净贷方余额，这时就需要人为设立一个抵销账户，数目与上述余额相等而方向相反。错误和遗漏账户就是这样一个抵销账户，它归结了各种统计误差和人为差异，其数值与经常账户、资本和金融账户余额之和相等而方向相反。

（二）国际收支不平衡及调整

从形式上看，一国的国际收支平衡表总是收支相抵的，所以账面上借贷总额必然是相等的。然而，这种平衡仅仅是形式上的平衡。由于众多经济和非经济因素的影响，一国的国际收支难以达到完全平衡，在一定时期内必然出现差额。国际收支差额是一个经济概念，而不是会计概念。支出大于收入称为国际收支逆差或赤字，收入大于支出称为国际收支顺差或盈余。

国际收支的持续顺差会加大本国通货膨胀压力，促使本币汇率上升，影响本国商品出口，加剧国际经济贸易关系的紧张程度。国际收支的持续逆差会促使本币汇率下降，减少本国国际储备，损害本国国际形象，增加国际筹资的难度和成本。考虑到国际收支平衡对经济的影响，一般要通过财政政策、货币政策、汇率政策和直接管制等经济手段对国际收支进行调节。

二、外汇与汇率

由于国际经济交往产生的债权债务关系，需要通过各国金融体系进行结算或清偿，这就产生了国际间货币汇兑和汇兑比率的问题。随着国际经济贸易关系的迅速发展和复杂化，货币汇兑活动变得更为频繁，汇兑活动和汇率的变化对一个国家的经济发展起着越来越重要的作用。

（一）外汇

外汇指的是外国可兑换货币，或者是以外国可兑换货币表示的金融资产。外汇必须同时满足两个条件：其一是以外国货币表示；其二是可自由兑换。例如，美元对于中国来说是外汇。因为它是以外国货币表示的，同时它又是可自由兑换的。而英镑对于英国来说就不是外汇。因为英镑虽然可自由兑换，但对于英国而言，它不是外国货币。同样，缅甸元对于中国来说也不是外汇，因为缅甸元虽然是以外国货币表示的，但它是不可自由兑换的。根据国际货币基金组织提供的资料，目前主要的国际结算货币有美元、英镑、欧元、日元、人民币、瑞士法郎、加拿大元、港元等。

（二）汇率的含义与表示方法

1. 汇率的含义

美国国际经济学家英格拉姆对汇率的比喻是："人们对外国货币似乎像对外国语言一样的陌生，一部字典能将外语译成本国语言，而汇率则能将外币表示的商品价格换算成本国货币表示的价格。"也就是说，正如在国际对话中需要有人担任翻译一样，国际交易也需要通过媒介进行。不同国家货币之间的"翻译者"就是汇率。当我们想把一国货币兑换成另一国货币时，需要按照汇率进行计算。

我们用汇率表示两个国家货币之间的兑换关系，汇率是一个国家的货币折算成另一个国家货币的比率。

2. 汇率的表示方法

汇率有两种标价方法，一种是直接标价法，一种是间接标价法。直接标价法是用一单位的外国货币（以下简称"外币"）作为标准，折算为一定数量的本国货币（以下简称"本币"），即兑换一单位的外币需要多少单位的本币。用这种标价方法，若一单位的外币所折算的本币数量减少，则表明外币贬值或本币升值。人民币的标价方法就是直接标价法，如 1 美元 = 7.285 5 元人民币。

间接标价法是以一单位的本币作为标准，折算为一定数量的外币。在间接标价法下，若一单位的本币所折算的外币数量增加，则表明外币贬值或本币升值。美元的标价方法就是间接标价法，如 1 美元 = 7.285 5 元人民币，1 美元 = 145.380 0 日元。

我们也可以看到，一种标价方法对于一个国家而言是直接标价法，对于另一个国家而言则是间接标价法。例如，1 美元 = 7.285 5 元人民币，对于中国而言是直接标价法，对于美国而言则是间接标价法。而且，从定义中很容易看出，这两种标价法之间是倒数关系。例如，用直接标价法表示人民币的汇率是 1 美元 = 7.285 5 元人民币，如果用间接标价法表示则是 1 元人民币 = 0.137 3 美元。

通常情况下，我们所说的汇率是指用直接标价法表示的汇率，即 e 是外币的本币价格。由于这种汇率没有考虑两国价格因素，我们称之为名义汇率。

实际汇率则是在名义汇率的基础上考虑了价格因素而得到的汇率，是指用同一种

货币度量的外国与本国的价格水平的比率,如果实际汇率用 R 来表示,则有

$$R=\frac{eP_f}{P} \tag{12.2}$$

式(12.2)中,P 和 P_f 分别是国内与国外的价格水平,e 是名义汇率。

实际汇率反映了外国价格水平与本国价格水平的相对比值。实际汇率上升,即本币实际贬值,意味着外国商品价格相对于本国商品价格上升,在其他条件不变的情况下,外国消费者和本国消费者对本国商品的需求增加,则本国商品的出口需求和国内需求增加,我们通常认为本国商品的竞争力上升。反之,如果实际汇率下降,即本币实际升值,此时本国商品变得相对昂贵,即本国商品的竞争力下降了。

(三) 汇率的决定

汇率应是两种货币价值之比,即汇率决定的基础是各种货币具有或代表的实际价值。在不同的货币制度下,货币的发行基础、种类和形态不同,各种货币所具有或代表的实际价值也不一样,因此汇率的决定也有所不同。

购买力平价说是当今世界颇具影响、广泛流传的一种汇率决定理论。其基本思路是:汇率由两国货币的购买力之比决定,汇率随货币购买力的变化而变化。本国人之所以需要外国货币,是因为它在外国市场上具有商品和劳务的购买力;外国人之所以需要本国货币,是因为它在本国市场上具有商品和劳务的购买力。因此,两国货币间的比价主要是由两国货币在各自国内的购买力对比决定的。由购买力平价决定的汇率是一种正常汇率或均衡汇率,而不是实际汇率,在现实兑换中,实际汇率围绕均衡汇率上下波动,并不断接近均衡汇率,所以购买力平价汇率成为纸币流通制度下的基础汇率。

(四) 汇率制度

汇率制度是指一国货币当局对本国汇率变动的基本方式所做的一系列安排或规定,一般可分为固定汇率制度和浮动汇率制度。

固定汇率制度是指一国货币同他国货币的汇率基本固定,其波动仅限于一定幅度之内的一种汇率制度。在这种制度下,政府把本币汇率水平固定在一定的水平不变,当外汇市场上出现供求不平衡时,中央银行就进行反向操作,在本币供大于求的时候买入,在本币供小于求的时候卖出,平衡市场以稳定本币汇率。

实行固定汇率制度有利于一国经济的稳定,也有利于维护国际金融体系与国际经济交往的稳定,减少国际贸易与国际投资的风险。但是,实行固定汇率制度要求一国的中央银行有足够的外汇或黄金储备。如果不具备这一条件,必然出现外汇黑市,黑市的汇率要远远高于官方汇率,这样是不利于经济发展与外汇管理的。

浮动汇率制度是指一国中央银行不规定本国货币与他国货币的官方汇率,听任汇率由外汇市场自发决定的一种汇率制度。浮动汇率制度又分为自由浮动与管理浮动两类。自由浮动是指中央银行对外汇市场不采取任何干预措施,汇率完全由市场力量自发地决定;管理浮动是指实行浮动汇率制度的国家,其中央银行为了控制或减缓市场汇率的波动,对外汇市场进行各种形式的干预活动,主要是根据外汇市场的情况售出

或购入外汇,通过对供求的影响来影响汇率。

实行浮动汇率制度有利于通过汇率的波动来调节经济,也有利于促进国际贸易,尤其在中央银行的外汇与黄金储备不足以维持固定汇率的情况下,实行浮动汇率制度对经济较为有利,同时也能取缔非法的外汇黑市交易。但实行浮动汇率制度不利于国内经济和国际经济关系的稳定,会加剧经济波动。

我国从 1994 年开始,人民币官方汇率与外汇调剂市场汇率并轨,实行银行结汇,建立了全国统一的银行间外汇市场,执行以市场供求为基础的、单一的、有管理的浮动汇率制度,目标是人民币最终走向完全可兑换。

（五） 汇率调整

1. 汇率变动对经济活动的影响

汇率是实现国际商品市场和金融市场货币兑换,从而进行国际贸易或国际资本运作的重要条件。汇率的形成和变动既受经济因素的影响和制约,又会对国内国际各个方面的经济活动产生广泛而深远的影响。汇率的变动有两个方向,即本币对外币的升值和贬值。

（1） 汇率变动对国际贸易收支的影响。一国本币贬值会造成用本币表示的出口收入增加,同时造成购买进口商品或服务所需外币成本的提高,因此本币贬值能起到鼓励出口、限制进口的作用。但如果本币贬值幅度过大,也会引起国内通货膨胀,增加生产和出口成本,削弱出口商品的竞争力,部分或全部抵消本币贬值的作用。相反,本币升值则会使出口商品的竞争力下降,出口贸易萎缩,而使进口贸易扩大,造成国际收支失衡。总之,汇率波动过大会对一国的对外经济关系其至宏观经济活动产生不利的影响。

（2） 汇率变动对非贸易国际收支的影响。一国汇率稳定,有利于资本的转入和转出,保证投资者获得稳定的利息或利润收入,也可免除或减轻筹资者的外汇风险。而汇率频繁波动会对国际资本的流动带来两种不同的消极影响：一是本币贬值,就会造成资金持有者失去信心,将本币换成外币投放国外,引起资金外流或资本外逃。二是本币升值,必然吸引大量外国游资流入,追求升值利润。为了控制本国货币供应量增加所造成的通货膨胀,政府不得不限制外资的流入,从而又可能给正常的国际资本流动带来不利的影响。另外,汇率的大幅度波动还会给投机者以可乘之机,给国际外汇市场及投资市场以剧烈的冲击和干扰。

延伸阅读

广场协议

在 20 世纪 80 年代中期,日本对美贸易大量盈余,特别是日本的汽车产品大举占领美国市场及日本出口导向的外贸政策在全球刮起的廉价日货出口狂潮,使得日本与欧美的贸易摩擦日益激化。1985 年 9 月,在美国的策划下,五国（美、英、法、联邦德国）财政部长与中央银行行长密会于美国纽约广场饭店，就美元高估及美国巨额经常账户赤字问题，协商采取联合行动，降低美元对日元和欧洲货币的比价，史称"广场协议"。其主要内容是：将美元对世界其他主要货币的汇率在两年内贬值30%，从而迫使日元升值。结果，日元从1985年的250日元兑1美元升值到1996年的87日元兑1美元，升值近3倍。这使美国国内经济困境得以缓解，并赢得了经济结构调整的机会，甚至奠定了20世纪90年代整整10年经济高速增长的基础。而反观日本，日元的升值使日本失去了10年的经济增长。撇开经济从高潮到衰退背后的制度性因素，不可否认"广场协议"带动的日元大幅升值是日本经济衰退的罪魁祸首。

（3）汇率变动对国内经济的影响。首先，汇率变动对国内价格的影响。本币贬值造成出口增加、进口减少，国内商品供不应求，价格水平提高；而本币升值会降低国内价格水平，抑制通货膨胀。其次，汇率变动对资源配置的影响。本币贬值，意味着出口商品竞争力的提高，必然引起出口商品的供不应求和价格的上升。本币贬值，意味着进口商品的成本上升，并牵动国内同类商品的价格上升。所有对外贸易品价格相对于非对外贸易品价格上升，由此会诱发资源从非对外贸易品生产部门向对外贸易品生产部门转移，这样，一国的产业结构就会向外向型部门倾斜，从而提高一国的对外开放程度。最后，汇率变动对就业的影响。本币贬值造成出口增加、进口减少，会使国内需求绝对或相对增加，如果还存在闲置的生产要素，本国的生产规模就会扩大，带动国内经济增长和实现充分就业。外向型部门的就业就会随出口的增加而增加；反之，就会相应减少。

2. 汇率调整与总供求平衡

一个国家为了实现宏观经济目标，通常运用经济或行政手段自觉调整和干预汇率的变动。

（1）当国内市场需求不足，价格持续下跌，经济增长缓慢甚至下降时，为了扩大出口，增加需求，刺激经济增长，政府一般会通过中央银行调低本币汇率，同时由国家金融机构以较高的价格买进外汇，增加本币的供给，本币贬值，起到增加出口、限制进口、扩大需求的作用。由于出口收入的增加会转化为国内投资和消费的增长，根据外贸乘数原理，国民收入的增长会按照一定的倍数放大。因此，几乎所有的经济理论和经济政策中，都把对外贸易视为平衡国内供求和刺激经济增长的一个发动机。

（2）当国内市场需求过旺，价格大幅度上升，通货膨胀严重时，政府通常会通过中央银行适当调高本币汇率，使本币升值，鼓励进口，放慢出口增长速度，并通过国家金融机构售出外汇，加快本币回笼，增加国内供给，抑制国内需求，达到平衡供求总量和给经济适度降温的作用，实现经济适度、稳定增长。

总之，汇率变动对总供求及平衡的实现产生着重要作用，是宏观调控的手段之一，但要结合其他宏观调控手段，综合运用才能实现预定的目标。

同步练习

一、单项选择题

1. 下列关于国际收支的表述，正确的是（　　）。
   A. 国际收支是一个流量概念
   B. 国际收支反映的是以货币数量记录的全部国际经济交易
   C. 国际收支记录的是居民与非居民之间发生的经济交易
   D. 以上三项均正确

2. 假设我国最初国际收支账户是平衡的（既无盈余又无赤字），然后我国企业增加了从美国的进口，并通过向美国借款为进口的增加筹资，则现在我国的国际收支是（　　）。
   A. 经常账户盈余，资本账户盈余   B. 经常账户盈余，资本账户赤字
   C. 经常账户赤字，资本账户盈余   D. 经常账户赤字，资本账户赤字

3. 假定美元对日元的汇率从1美元兑140日元变为130日元，那么，（　　）。
   A. 日元对美元贬值，美元对日元升值   B. 日元对美元贬值，美元对日元贬值
   C. 日元对美元升值，美元对日元升值   D. 日元对美元升值，美元对日元贬值

4. 假定美元对日元的汇率是1美元兑120日元，如果美国的物价水平是150，日本的物价水平是100，美元对日元的实际汇率是（　　）。
   A. 1美元兑80日元   B. 1美元兑120日元
   C. 1美元兑180日元   D. 1美元兑240日元

5. 一国的贸易盈余，表示该国（　　）。
   A. 消费超过产出并且净出口盈余   B. 消费超过产出并且净出口赤字
   C. 消费低于产出并且净出口盈余   D. 消费低于产出并且净出口赤字

6. 假设一个日本厂商向美国出口商品，并把所得到的10万美元收入存入美国的银行，则应该在日本的国际收支平衡表中做（　　）的反映。
   A. 经常账户、资本账户的借方同时记入10万美元
   B. 经常账户、资本账户的贷方同时记入10万美元
   C. 经常账户的借方记入10万美元，资本账户的贷方记入10万美元
   D. 经常账户的贷方记入10万美元，资本账户的借方记入10万美元

6. 下列属于国际收支平衡表中经常账户的是（　　）。
   A. 资本性转移   B. 间接投资   C. 服务   D. 证券投资

8. 在采用直接标价法的情况下，人民币对美元的汇率下降，说明（　　）。
   A. 人民币升值，出口下降   B. 人民币升值，进口下降
   C. 人民币贬值，出口下降   D. 人民币贬值，出口下降

二、判断题

1. 由于存在国际收支顺差或逆差，因此国际收支平衡表并不总是平衡的。（　　）

2. 在浮动汇率制度下，中央银行不能对汇率进行任何干预。（　　）

本章小结

国际贸易是指不同国家之间产品和劳务的交换活动。贸易决定理论告诉我们，为什么一国出口 A 商品、进口 B 商品，而不是出口 B 商品、进口 A 商品。绝对优势理论认为，一国应该出口本国具有绝对成本优势的产品。比较优势理论认为，一国应该出口本国具有机会成本优势的产品，并进口本国不具有机会成本优势的产品。要素禀赋理论认为，一国出口产品的要素投入结构应该与该国的要素禀赋相一致，才能产生比较成本优势。

国际收支平衡表记录一国和其他国家的金融资金借贷、投资资产买卖、商品和劳务的进出口等一切经济交往活动所引起的货币价值流动。国际收支平衡表中的主要项目包括经常账户、资本和金融账户及错误和遗漏账户。

外汇指的是外国可兑换货币，或者是以外国可兑换货币表示的金融资产。汇率是指不同国家货币之间交换的比率。按不同的标准，汇率有不同的分类。根据外汇市场汇率的价值，汇率可分为名义汇率和实际汇率；根据汇率制度，汇率可分为固定汇率和浮动汇率。名义汇率是指各国官方公布的汇率，即本国货币所能购买到的外国货币的数量，或者购买一单位外国货币所需要的本国货币的数量。实际汇率是用同一种货币来衡量的国外价格水平与国内价格水平的比率，它反映了一国在国际贸易中的竞争力。固定汇率制度是指一国货币同他国货币的汇率基本固定，其波动仅限于一定幅度之内的一种汇率制度。浮动汇率制度是指一国中央银行不规定本国货币与他国货币的官方汇率，听任汇率由外汇市场自发决定的一种汇率制度。

复习与思考

一、问答题

1. 举例说明绝对优势理论与比较优势理论的内容。
2. 国际收支平衡表中的账户有几类？
3. 何为汇率？汇率的表示方法有哪些？
4. 汇率变动如何影响一国的国内生产总值？

二、计算题

假设美元对人民币的汇率为 1 美元兑 7.3 元人民币，那么用美元表示的人民币的汇率是多少？售价 2 500 元人民币的相机的美元价格是多少？售价 1 000 美元的计算机的人民币价格是多少？

三、案例分析题

"靴子安全论"与"剪刀安全论"

澳大利亚是一个地广人稀的国家，国土面积略小于中国，但是人口不到3 000万，因而在劳动密集型产业上缺乏优势。20世纪70年代到80年代，随着国内制鞋和服装业面临的外国竞争压力加大，澳大利亚学术界和政策部门就是否应当保护国内纺织业发生争论。纺织业利益代言人认为应当保护国内鞋帽业，理由之一是如果打起仗来，澳大利亚士兵得不到靴子，战斗力会下降，因而保护纺织鞋帽业具有国防意义。后来该国经济学家提供的专题研究报告表明，澳大利亚每保护一个纺织业工作职位，国内纳税人和消费者需要以相当于纺织工人平均工资好几倍的福利损失为代价。这类研究和讨论逐渐改变了公众的态度，有关政策也发生了调整和改变。

与"靴子安全论"相媲美的还有美国的"剪刀安全论"。当历史上美国传统剪刀制造业面临外国竞争时，这一行业的代表争辩说："万一国家处于紧急关头而进口中断，美国将没有剪刀的来源。而剪刀是许多行业的基本生产工具，并且对我国的国防至关重要。"

讨论：1. 你如何看待这两种观点？

2. 在制定国际贸易政策的过程中需要考虑哪些因素？

主要参考文献

1. 中共中央宣传部，国家发展和改革委员会. 习近平经济思想学习纲要 [M]. 北京：人民出版社，2022.
2. 高鸿业. 西方经济学 [M]. 8版. 北京：中国人民大学出版社，2021.
3. 郭福春，潘静波. 经济学基础 [M]. 北京：高等教育出版社，2022.
4. 刘文清，赖文燕. 经济学基础 [M]. 3版. 南京：南京大学出版社，2022.
5. 史忠健，李达，韩伟东. 经济学基础 [M]. 6版. 北京：高等教育出版社，2021.
6. 何维达，冯梅. 经济学教程 [M]. 3版. 北京：科学出版社，2020.
7. 吴汉洪. 经济学基础 [M]. 6版. 北京：中国人民大学出版社，2021.
8. 姜会明. 微观经济学 [M]. 上海：上海财经大学出版社，2018.
9. 姜会明. 宏观经济学 [M]. 2版. 上海：上海财经大学出版社，2018.
10. 刘娟，胡玲玲，连有. 经济学基础 [M]. 北京：电子工业出版社，2021.
11. 国彦兵. 经济学原理 [M]. 北京：机械工业出版社，2020.
12. 李艳，黄利春. 趣修微观经济学 [M]. 广州：暨南大学出版社，2021.
13. 缪代文. 西方经济学 [M]. 北京：中国人民大学出版社，2020.